중국지도

- 우루무치烏魯木齊
- 영하회족寧夏回族자치구
- 흑룡강黑龍江
- 하얼빈哈爾濱
- 신강위구르新疆維吾爾자치구
- 내몽고內蒙古자치구
- 장춘長春
- 길림吉林
- 후허하오터呼和浩特
- 하북河北
- 심양瀋陽
- 요녕遼寧
- 북경北京
- 천진天津
- 은천銀川
- 산서山西
- 석가장石家莊
- 청해青海
- 서녕西寧
- 감숙甘肅
- 태원太原
- 제남濟南
- 난주蘭州
- 산동山東
- 서장西藏자치구
- 섬서陝西
- 정주鄭州
- 강소江蘇
- 서안西安
- 하남河南
- 안휘安徽
- 라싸拉薩
- 사천四川
- 호북湖北
- 남경南京
- 성도成都
- 무한武漢
- 합비合肥
- 상해上海
- 중경重慶
- 항주杭州
- 절강浙江
- 호남湖南
- 남창南昌
- 귀주貴州
- 강서江西
- 곤명昆明
- 귀양貴陽
- 장사長沙
- 복주福州
- 운남雲南
- 복건福建
- 대북臺北
- 광서장족廣西壯族자치구
- 대만臺灣
- 남녕南寧
- 광주廣州
- 광동廣東
- 홍콩특별행정구
- 마카오특별행정구
- 해구海口
- 해남海南

테마로 중국문화를 말하다

저자

이규갑 연세대 중어중문학과 교수 (중국의 건축·회화·공예·기공과 무술)
민재홍 덕성여대 중어중문학과 교수 (중국의 자연환경·역사·대중문화)
오제중 건국대 중어중문학과 교수 (중국의 음악과 경극, 음식·차·술, 대중문화)
윤창준 계명대 중국학과 교수　　　 (중국의 언어와 문자·풍속과 생활문화)
장재웅 연세대 인문학연구원 전문연구원 (중국의 정치·문학·과학기술)

테마로 중국문화를 말하다

초판 인쇄　2014. 8. 20
초판 2쇄　2016. 2. 25
재판 1쇄　2019. 5. 10

지은이　이규갑·민재홍·오제중·윤창준·장재웅
펴낸이　하운근
펴낸곳　學古房

주　소　경기도 고양시 덕양구 통일로 140 삼송테크노밸리 A동 B224
전　화　대표(02)353-9908 편집부(02)356-9903
팩　스　(02)6959-8234
홈페이지　hakgobang.co.kr
E-mail　hakgobang@naver.com, hakgobang@chol.com
등록번호　제311-1994-000001호

ISBN　978-89-6071-432-8 93910

정가 18,500원

이 도서의 국립중앙도서관 출판시도서목록(CIP)은 서지정보유통지원시스템 홈페이지(http://seoji.nl.go.kr)와 국가자료공동목록시스템(http://www.nl.go.kr/kolisnet)에서 이용하실 수 있습니다.(CIP제어번호: CIP2014024977)

※ 파본은 교환해 드립니다.

THE THEME OF
CHINESE CULTURE

테마로 중국문화를 말하다

이규갑·민재홍·오제중·윤창준·장재웅 지음

學古房

서문(序文)

우리가 중국과 수교한지도 벌써 이십여년이 흘렀다. 수교 전에는 수십년 동안이나 중국과의 교류가 없어서 중국에 대해 거의 알지 못하고 지내왔는데, 수교와 더불어 중국과의 교류가 활발해지자 중국에 대해 알고자 하는 욕구가 강했으며, 이에 따라 중국의 문화에 대해 설명하는 글이나 책들이 무수히 쏟아져 나왔다. 그 결과로 많은 사람들이 중국에 대한 폭넓은 이해를 할 수가 있었으며, 또한 직접 중국을 여행함으로서 얻어지는 많은 지식들까지 더해져 그 이해의 폭이 한층 넓어졌다. 지금은 우리 나라에 들어와 있는 중국인들도 수십만을 헤아리며, 중국에서 생활하는 한국인도 거의 백만에 이르러 서로를 이해하는데 많은 도움을 주고 있다.

이와 같은 상황에도 불구하고 아직도 중국에 대한 이해가 제대로 전달되고 있다고 보기에 어려운 일들이 많이 있다. 이는 정확하게 중국을 이해하고자 하는 노력이 부족했을 수도 있지만, 보다 정확하게 중국을 이해시킬 수 있는 자료를 충분히 제공받지 못함으로 인해 생겨난 것일 수도 있다. 일반적으로 우리는 중국을 바라보는 눈이 유럽이나 다른 어느 한 나라를 바라보는 눈과 같은 폭으로 보는 경향이 있다. 그러나 중국이라는 나라는 유럽의 땅덩어리 전체와 비견되고, 또 중국의 역사는 유럽 전체의 역사보다 못할 것이 없으며, 문화 유산은 유럽 전체의 문화유산과 맞먹을 정도이다. 그런데 유럽은 여러 나라로 나누어 각 나라마다의 특성을 파악하고자 하면서, 중국은 광활한 땅과 유구한 역사와 다양한 문화를 가지고 있음에도 불구하고 오직 하나로 묶어 이해하고자 하니, 중국에 대한 이해는 진실로 올바로 이루어지기가 어렵다. 사실 중국을 제대로 이해하려면 각 지역별로 이해해야 하며, 오랜 역사적 전통을 꿰뚫을 수 있어야 하고, 수많은 문화유산을 분야별로 나누어 살펴보아야 한다.

이 책은 이와 같은 종합적인 안목에서 중국을 이해하도록 하기 위해 쓴 글이다. 지역별로 자연환경의 차이를 분별하고, 역사를 관통해 보며, 다양한 문화 유산을 섭렵하고, 수많은 생활 모습을 살펴보는 내용으로 구성하였다.

본래 이것은 "중국문화산책"이라는 제목으로 수년 전에 출판된 서적을 바탕으로, 독자들의 수요에 부응하고 변화된 상황에 맞추어 본래의 내용을 수정하고 가감하면서 다시 쓴 책이다. 예전의 책에 있던 장절 중에서 온전한 하나의 장절을 삭제하고, 새롭게 중국의 "정치"와 "대중문화"에 대한 부분을 추가함과 동시에, 기존의 내용도 대폭 삭제하거나 변경시킴으로서, 전체적으로는 최소한 삼분의 일 이상의 내용이 바뀐 것이라 할 수 있다. 이와 같은 대폭적인 교체에는 많은 무리가 따를 수도 있지만, 독자들께서는 이러한 것이 변화하는 상황에 부응하기 위한 것으로 이해하시리라 믿어 의심치 않는다. 마지막으로 이 새로운 책을 만들기 위해 고생하신 집필진 여러분과 편집을 맡아 고생하신 학고방의 관계자 여러분의 노고에 감사드리며, 독자 제현의 아낌없는 질정을 기대하는 바이다.

2014년 8월 필자들을 대표하여 **이 규 갑** 삼가 씀

목차

01 중국의 자연환경 ………… 9
1. 중국의 위치와 면적 ………… 10
2. 중국의 지형 ………… 13
3. 중국의 소수민족 ………… 22
4. 중국의 행정구역과 문화 지리 ………… 26

02 중국의 역사 ………… 47
1. 선진(先秦)시기 ………… 48
2. 진(秦)에서 원(元)까지 ………… 52
3. 명청(明淸) 시기 ………… 62
4. 중화민국과 중화인민공화국 ………… 68

03 중국의 정치 ………… 75
1. 공산당이 없으면 신중국이 없다 ………… 76
2. 중국 공산당 파워 원천 ………… 81
3. 당 조직, 국가 기구, 정치사회 단체 ………… 86

04 중국의 언어와 문자 ………… 91
1. 중국언어의 특징 ………… 92
2. 중국 문자의 특징 ………… 95
3. 한자를 만드는 방법 ………… 102
4. 표의문자인 한자의 외래어 표기방법 ………… 106

05 중국의 문학 ………… 111
1. 중국문학의 특수성 ………… 112
2. 신화(神話), 중국문명의 기원 ………… 114
3. 노랫말, 중국문학의 정수 ………… 117
4. 소설, 그 작고 보잘 것 없는 이야기 ………… 124
5. 종합예술, 중국희곡 ………… 129
6. 사대부의 글쓰기, 중국 고전산문 ………… 131
7. 전통의 부정, 현대문학 ………… 134

06 중국의 음악과 경극 ………… 137
1. 중국의 음악 ………… 138
2. 중국의 경극(京劇) ………… 145

07 중국의 대중문화 ………… 155
1. 영화 ………… 156
2. TV 드라마 ………… 167
3. 예능 프로그램 ………… 172
4. 대중 음악 ………… 174
5. 인터넷 ………… 176

11 중국의 과학기술 ………… 257
1. 중국 전통과학기술의 우수성 ………… 258
2. 중국의 생활과학과 4대 발명 ………… 262
3. 중국의 최첨단 수출상품 도자기와 비단 ……… 268

12 중국의 기공과 무술 ……… 275
1. 기공(氣功)이란 무엇인가? ………… 276
2. 기공(氣功)의 수련법 ………… 280
3. 기공(氣功)의 분류 ………… 282
4. 기공(氣功)의 공법(功法) ………… 285
5. 중국무술의 역사 ………… 289
6. 중국무술의 특징 ………… 292
7. 중국무술의 종류 ………… 294
8. 중국무술의 문파 ………… 300

08 중국의 풍속과 생활문화 ……… 179
1. 전통 명절 ………… 180
2. 기념일 ………… 186
3. 혼례와 상례 ………… 188
4. 중국인들의 금기 ………… 193

09 중국의 음식, 차, 술 ……… 199
1. 중국의 음식 ………… 200
2. 중국의 차 ………… 215
3. 중국의 술 ………… 223

10 중국의 건축·회화·공예 ………… 231
1. 중국의 건축 ………… 232
2. 중국의 회화(繪畫) ………… 245
3. 중국의 공예(工藝) ………… 254

※ 일러두기
중국의 인명과 지명 표기는 한자읽기 발음을 원칙으로 했으나 한국에서 원지음(原地音)으로 정착된 일부 인명은 교육부 표기법에 따라 중국어 발음을 표기했음.

01 중국의 자연환경

중국 대륙의 구조는 유라시아 대륙판이 동쪽 또는 남쪽으로의 이동 중에 태평양과 접촉하여 생긴 것이다. 또한 중국 남서부는 북쪽으로 이동하는 인도양 판과 접촉한 것으로 보인다. 중국은 지형학적으로 크게 동부와 서부로 나뉘는데, 두 지역 모두 지질구조는 과거 지질 환경과 지각 구조 운동이 다양하게 나타난 결과이다. 중국의 육지 면적은 지구 육지 총면적의 1/15이고, 아시아의 1/4을 차지한다. 세계적으로는 러시아, 캐나다에 이어 세계 3위이다. 한반도 면적의 약 44배 정도이고, 남한 면적의 약 100배이다.

1. 중국의 위치와 면적

중국은 북반구의 아시아 대륙 동부와 태평양의 서안에 자리 잡고 있다. 중국 영토의 북쪽 끝은 북위 53도의 흑룡강성 막하(漢河)이고, 남쪽 끝은 북위 4도인 남사군도(南沙群島)의 증모암사(曾母暗沙)이다. 중국의 북단과 남단 사이의 위도 차이는 약 50도정도이고, 그 거리는 약 5,000km에 이른다. 중국의 동서를 말할 때 일반적으로 '서쪽은 고원, 동쪽은 바다'라고 정의하듯이, 중국의 동쪽 끝은 흑룡강(黑龍江)과 오소리강(烏蘇里江)이 만나는 곳이고, 서쪽 끝은 신강위구르자치구의 파미르고원이다. 거리는 약 5000km이고, 경도 차이는 약 62도가 된다. 경도 15도마다 1시간의 시차가 생기므로, 중국의 동쪽과 서쪽 사이의 시차는 4시간 정도가 된다. 즉 동해에 사는 어민이 아침에 일어나 일출을 보며 고기 잡으러 나갈 때, 파미르고원은 별들이 총총한 새벽으로 유목민들은 아직도 깊은 잠에 빠져있다. 그러나 중국은 북경시로 표준을 삼기 때문에, 수치적으로는 중국 전역이 동일한 시간을 사용하고 있다.

중국 대륙의 중심은 감숙성(甘肅省) 난주(蘭州) 부근이다. 난주를 원의 중심으로 하여 원을 그리면 반경 2500km의 큰 원이 되는데, 대륙의 영토는 대략 이 원안에 위치하게 된다.

중국의 남북 분계선은 진령(秦嶺)과, 남방의 장강과 북방의 황하 사이를 흐르는 회하(淮河)이다. 이 남북 분계선은 중국 대륙을 가르는 중요한 경계가 되는데, 남방과 북방의 기후 차이, 농업 생산물의 차이, 남방인과 북방인의 문화적인 차이가 여기에서 생겨나게 된다. 결국 지리적인 요인이 풍속 습관이나 문화적 요소를 지배할 수 있다는 점을 보여주고 있다.

중국 문화의 남북 차이

중국이라는 하드웨어가 갖고 있는 지리적인 차이는, 소프트웨어에 속하는 중국인의 문화적 요소에 영향을 준다. 우선, 중국의 실력 있는 정치 집단은 주로 북방에서 나왔다. 따라서 수도는 주로 북방에 위치하였고, 중국의 병합과 통일을 위한 전쟁도 주로 북방 지역에서 많이 이루어졌다. 반면, 남방은 물산이 풍부하고 기후가 온화하여 경제가 발전할 수 있는 토대가 되었다. 남방 사람들은 말투가 비교적 완곡한 반면, 북방 사람들은 솔직하고 직설적인 편이다. 남방은 쌀을 주식으로 하고, 북방은 밀을 주식으로 한다. 남방 사람들은 단 음식을 좋아하는 반면, 북방 사람들은 짠 음식을 좋아한다. 남방의 건축물은 개방적인 데 비해, 북방의 건축물은 폐쇄적이다. 남방은 경제가 발달한 반면, 북방은 정치 문화가 발달하였다. 이와 같은 남북 차이에 비해 동서의 차이가 언급되지 않는 이유는, 황하와 장강 같은 큰 강물이 서쪽에서 동쪽으로 흘러 내왕이 빈번하여 서로 조화될 수 있었기 때문이다.

중국의 동서남북 끝 지점

경도	최동단	동경 135도	흑룡강과 오소리강이 합류하는 지점
	최서단	동경 73도	파미르고원
위도	최남단	북위 4도	남사군도 증모암사
	최북단	북위 53도	흑룡강성 막하

중국의 육지 면적은 960만㎢로 지구 육지 총면적의 1/15이고, 아시아의 1/4을 차지한다. 대략 유럽의 면적과 비슷한데, 세계적으로는 러시아, 캐나다에 이어 세계 3위이다. 한반도 면적(22만㎢)의 약 44배정도이고, 남한 면적의 약 100배이다.

● 파미르고원

　　중국은 내륙으로 약 22,800km에 달하는 국경선에, 15개 국가와 국경을 접하고 있다. 세계에서 이런 나라가 없는데, 그만큼 중국의 면적이 넓다는 것을 알 수 있다. 중국 동쪽에는 북한이 있고, 동북쪽 및 북쪽 서쪽으로는 러시아, 몽고, 카자흐스탄, 키르기스스탄, 타지키스탄과 접경하고 있다. 서쪽으로는 아프가니스탄, 파키스탄, 인도, 네팔, 시킴, 부탄이 있고, 남쪽에는 미얀마, 라오스, 베트남과 국경을 접하고 있다.

　　중국은 영해도 300만㎢로 상당히 넓은데, 발해(渤海), 황해(黃海), 동해(東海), 남해(南海)의 4대 해양이 있다. 요동반도와 산동반도를 포함한 중국의 내해(內海)인 발해는 평균 깊이가 18m이다. 산동반도에서 장강입구까지의 바다인 황해는 평균 깊이 44m이다. 장강 입구에서 대만 해협까지의 해면을 동해라 부르는데 평균 깊이는 370m이고, 대만해협 이남인 남해의 평균 깊이는 1,212m로 제일 수심이 깊다.

　　또한 중국은 6,536개의 섬이 동해와 남해에 산재해 있는데, 이 중에서도 대만의 면적이 제일 크고 다음이 해남도(海南島)와 상해 부근의 숭명도(崇明島)이다.

2. 중국의 지형

광활한 중국영토는 천차만별의 다양한 대자연의 모습을 보이고 있다. 고산과 빙천(冰川)이 있는가 하면, 사막과 평원, 호수와 삼림 등 온갖 유형의 지형을 고루 갖추고 있다.

특히 전체 면적의 2/3가 산지, 구릉, 고원으로 이루어져 있어서 토지 이용에 한계가 있다. 더욱이 고도 500m 이하의 땅은 전국토의 25%에 불과하고, 3,000m 이상의 땅이 25%를 차지할 정도로 해발이 높고 지형이 험하다.

중국의 지형은 서고동저삼급계(西高東低三級階), 즉 서쪽이 높고 동쪽이 낮으며, 3계단의 지형이다. 중국은 아시아-유럽대륙이 태평양을 향한 경사면에 있기 때문에 전체적인 지형은 해발 4500m이면서 '세계의 지붕'이라 불리는 청장고원(靑藏高原)으로부터 동쪽으로 점차적으로 낮은 형태를 이루고 있다. 중국의 대표적인 강인 황하와 장강도 이 청장고원에서 발원하여 동쪽 지형으로 흘러 들어가는 것이다.

중국은 서쪽이 높고 동쪽이 낮은 지형적 특징으로 인해, 태평양의 따뜻하고 습윤한 기류의 영향을 받아들이는데 유리하며, 하천들이 동쪽으로 흘러 연해지방과 내륙지방의 연계를 도와준다. 계단식 지세로 인해 큰 하천들이 지형 분계점에서 커다란 낙차를 형성하여 풍부한 수력자원을 제공해준다. 또한 중국은 동쪽으로 바다에 접해 있어 해운에 매우 유리하며, 이점은 국제 문화 교류를 전개하고 개방형 경제를 발전시키는데 중요한 장점이 된다.

1) 중국의 산맥

① **천산산맥(天山山脈)** : 서쪽 카자흐스탄에서 시작되어 동쪽으로 신강위구르자치구 중부를 가로로 관통하고 있다. 평균해발 3,000~5,000m로, 산맥의 전체 길이는 2,500km이다. 산꼭대기에 쌓여 있는 만년설은 수려한 경관을 자랑한다. 천산의 만년설이 조금씩 녹아 흘러 내리는 물은 메마른 서쪽 사막 초원지역의 오아시스 역할을 한다. 백두산의 천지와 함께 언급되는 신강 천산의 천지(天池)가 유명하다.

② **곤륜산맥(昆侖山脈)** : 서쪽의 파미르 고원에서 시작하여 신강, 티베트, 청해성을 관통하여 사천성의 사천분지까지 약 2,500km에 달하는 '아시아의 등뼈'이다. 평균해발 5,500~6,000m로 중국에서 빙하가 가장 많은 산이다.

③ **진령산맥(秦嶺山脈)** : 총길이 1,500km로, 중국의 한가운데에 가로누워 있는 형상이어서, 중국의 남북을 나누는 지리 분계선이 된다. 아열대와 난온대의 경계선이고 습윤지구와 반습윤지구의 경계선이며, 또 황하와 장강의 분수계이기도 하다. 평균해발은 2,000~3,000m인데, 남북이 비대칭으로 북쪽이 가파롭고 남쪽이 완만하다.

④ **대흥안령산맥(大興安嶺山脈)** : 중국의 동북 지역에 위치하고, 중국 전체 지형으로 볼 때는 제2단계에 해당하는 높이이다. 평균해발 1,500m정도로, 서쪽이 완만하고 동쪽이 가파롭다.

• 중국지형도

⑤ **태항산맥(太行山脈)** : 평균 해발 1,500~2,000m로, 산동성과 산서성을 가르는 경계가 되어 동서의 지형 구분점이 된다.

⑥ **기련산맥(祁連山脈)** : 남산(南山)으로 불리기도 하는데, 흉노어로 기련산은 '천산'(天山)의 뜻이다. 평균 해발 4,000m로, 감숙성 지역에 위치하여 청해성과의 경계를 이룬다.

● 주목랑마봉(珠穆朗瑪峰)

⑦ **히말라야산맥(喜馬拉雅山脈)** : 히말라야산맥은 청장고원의 남쪽 끝에 위치하며, 서쪽 파미르고원에서 시작하여 동쪽 브라마푸트라강까지 이른다. 평균해발 6,000m인 히말라야는 티베트어로 '얼음과 눈의 마을'이라는 뜻이다. 최고봉은 에베레스트봉으로 일컬어지는 주목랑마봉(珠穆朗瑪峰)인데, 산의 높이는 그동안 8,848m로 알려져왔으나, 2005년 5월 중국 국가측량국의 측정 결과 산 정상 위의 얼음층 두께가 3.5m인 것으로 드러나, 8,844m로 바꾸기로 결정하였다.

2) 중국의 4대 고원

대표적인 고원으로 청장고원(青藏高原), 내몽고고원(內蒙古高原), 황토고원(黃土高原), 운귀고원(雲貴高原)이 있는데, 이를 4대고원이라 부른다.

① **청장고원** : 평균 해발 4,000m이상으로, 세계 최고의 고원이다. 과거 1억년 전에는 바다였는데, 수백만 년 전에 아시아-유럽 지판과 인도 지판이 부딪쳐 지각이 강렬하게 융기되었다. 청장고원의 산줄기 사이에는 아름다운 목초지와 많은

● 황토고원

분지들이 조성되어 있으며, 지세가 높고 기후가 한랭하기 때문에 이곳의 농작물과 가축들은 모두 내한성을 갖추고 있다. 여기에서 재배되는 주요 농작물은 쌀보리이고, 야크는 이곳 유목민들의 중요한 교통수단으로 고원의 배(高原之舟)라고 불린다.

② **내몽고고원** : 중국의 북부에 위치하고, 평균 해발 1,000∼1,500m이다. 중국에서 두 번째로 넓은 고원이다. 파릇파릇한 초원 외에 모래바람이 날리는 사막도 있어, 천연 목장과 사막이 함께 하는 지역이다. 이 지역의 장가구(張家口)는 북경의 북쪽을 향해 모래 바람을 날려, 봄철 황사의 주범이 된다.

③ **황토고원** : 내몽고고원 남쪽에 위치한, 중국에서 세 번째의 넓은 고원이다. 만리장성의 남쪽과 진령(秦嶺)의 북쪽에 위치하여, 중국 황하 문명의 발상지이다. 황토가 넓고 두텁게 분포되어 있고, 오랜 세월 동안 빗물에 황토가 유실되어 수많은 골짜기가 형성되기도 하였다.

④ **운귀고원** : 중국의 서남부 지역인 운남성과 귀주성에 주로 분포하는데, 서북쪽은 높고 동남쪽은 낮다. 비옥한 평야지대가 펼쳐지기도 하고, 광범위한 카르스트 지형도 존재한다.

3) 중국의 5대 분지

중국에는 타림(塔里木)분지, 중가리아(準噶爾)분지, 차이담(柴達木)분지, 사천(四川)분지, 투루판(吐魯番)분지의 5대분지가 있다. 이중 사천분지를 제외한 나머지 4개 분지는 모두 중국 서북내륙에 분포되어 있고, 분지 가운데 대면적의 고비사막이 분포하고 있다.

① **타림분지** : 중국 서북 내륙 신강위구르 자치구 남부에 위치한다. 중국에서 면적이 제일 넓은 분지로, 각종 금속, 석유, 천연가스 등이 풍부하다. 타림분지 내에 있는 타클라마칸(塔克拉瑪干)사막은 중국에서 가장 큰 사막이다.

② **사천분지** : 사천분지는 청장고원의 동쪽, 무산산맥의 서쪽, 운귀고원의 북쪽에 자리잡고 있다. 사천성의 동부에 해당하고, 사천분지에는 유명한 성도평원(成都平原)이 있다. 습윤지역에 자리잡고 있기 때문에 강력한 유수침식작용을 받아 분지 내의 지형은 구릉모양으로 되어 있다. 산위와 산아래, 돌이나 흙 모두 자홍색을 띠고 있어서 '자색 분지'로 불린다.

③ **투루판분지** : 신강위구르 자치구에 위치한 중국에서 해발 고도가 가장 낮은 지역으로, 아이딩(艾丁)호는 호수면이 해면(海面)보다 154m나 낮다.

4) 중국의 3대 평원

중국의 평원은 주로 지세의 제3계단에 집중되어 있는데, 주요 평원으로는 동북(東北)평원, 화북(華北)평원, 장강중하류(長江中下流)평원을 들 수 있다.

① **동북평원** : 소흥안령(小興安嶺)과 장백산(長白山) 사이에 위치한 중국 최

대의 평원이다. 흑룡강성, 길림성, 요녕성, 내몽고자치구에 걸쳐 있는데, 기름진 질 좋은 토양으로 중국의 가장 중요한 식량 생산지이다.

지하에는 석탄과 석유 등 지하자원이 풍부한데, 대경(大慶)유전도 이 동북평원 북쪽에 위치한다.

② **화북평원** : 화북평원은 태항(太行)산맥의 동쪽, 연산(燕山)산맥의 남쪽, 회하(淮河) 부근에 펼쳐진다. 대부분 해발 50m 이하로 지세가 평탄하여 끝이 안보일 정도로 넓게 분포한다.

하북성, 산동성, 하남성, 북경, 천진을 거치고 있는데, 황하, 회하, 해하(海河) 세 개의 큰 강에서 흘러운 흙이 바다를 메워 만들어진 전형적인 충적평원으로 '황회해(黃淮海)평원'이라고도 한다. 중국 고대 문명의 발상지이다.

③ **장강중하류평원** : 장강과 그 지류에 형성된 평원이다. 호북성, 호남성, 강서성, 안휘성, 강소성, 절강성, 상해시에 걸쳐 있다. 지세가 낮고 평형하며 하천들이 밀집되어 있는데, 물고기와 쌀이 많이 생산되어 '어미지향(魚米之鄕)'으로 불리기도 한다.

5) 중국의 사막

중국의 서북 및 서남 지역은 고온 건조한 기후 때문에 사막지대가 넓게 형성되어 있다.

중국의 주요 사막으로는 고비(戈壁)사막과 타클라마칸(塔克拉瑪干)사막을 들 수 있다.

① **고비사막** : 몽고어로 '초목이 살기 어려운 땅'이라는 뜻일 정도로, 척박한 땅이다. 중국의 북방에 위치한다.

② **타클라마칸사막** : 신강위구르 자치구 타림분지 안에 위치한 사막으로 실크로드의 경유지이기도 하다.

6) 중국의 강

중국의 강은 남방을 대표하는 장강(長江)과 북방을 대표하는 황하(黃河)로 대표된다. 여기에 흑룡강(黑龍江)과 주강(珠江)을 포함하여 현재 4대 강으로 언급된다. 4대 강은 강물이 모두 바다로 흘러 들어가는 외류하(外流河)인데, 중국의 강 중에는 한수(漢水)와 위하(渭河)처럼 장강과 황하에 합류되는 내류하(內流河)도 있다.

① **장강** : 전체 길이가 6,300km로 나일강과 아마존강에 이어 세계에서 세 번째로 긴 강이면서 중국에서 가장 긴 강이다. 장강은 청해성 청장고원의 탕굴라(唐古拉)산맥에서 발원하여 청해, 서장, 사천, 운남, 중경, 호북, 호남, 강서, 안휘, 강소, 상해 등 11개의 성, 시, 자치구를 거쳐 최종적으로 동해로 유입된다. 장강의 중하류 지역은 기온이 온난다습하고 토지가 비옥하여 생산물자가 풍부하고 경제가 발달하였다. 중경, 무한, 남경, 상해 등 대도시가 이곳에 집중되어 있다.

• 장강

② **황하** : 중국에서 두 번째 긴 강으로, 길이 5,464km이다. 황하 지역은 중국 고대 문명의 발상지이고, 북방 문화를 상징한다. 청해성에서 발원하여 청해, 사천, 감숙, 영하, 내몽고, 산서, 섬서, 하남, 산

• 황하

동 등 9개의 성과 지역을 거쳐 최종적으로 발해(渤海)에 유입된다. 그 흐름을 따라 지도를 그리면, 마치 '幾'자의 모양처럼 보인다.

황하의 물은 진갈색의 황토물인데, 황토고원에서 내려온 진흙이 강물에 유입되어 황토 강물을 만들어 낸다.

③ **흑룡강** : 중국 북부에 위치한 흑룡강은 길이 3,420km로 중국에서 세 번째 큰 강으로, 몽고와 내몽고자치구에서 발원하여 최종적으로는 오흐츠크해로 흘러들어간다. 중국과 러시아의 경계선이 되기도 한다.

④ **주강** : 중국 남부에 위치한 주강은 길이가 2,197km이고, 운남, 귀주, 광서, 광동을 거쳐 최종적으로 남해에 유입된다. 주강은 수량이 풍부하여 제2의 장강이라 불리며, 특히 주강 삼각주가 발달되고 토지가 비옥하여 각종 농산물의 중요 생산지이다.

⑤ **회하(淮河)** : 남방과 북방의 경계가 되는 중요한 하천인 회하는 총길이가 1,000km이고, 하남성에서 발원하여 안휘, 강소를 거쳐 최종적으로 황해로 흘러들어간다.

7) 중국의 호수

중국에는 면적 1㎢ 이상이 되는 호수가 2,800개 정도 있다. 담수호(淡水湖) 중에서는 파양호(鄱陽湖)와 동정호(洞庭湖)가 유명하고, 함수호(鹹水湖)로는 청해호(靑海湖)가 제일 크다.

① **청해호** : 청해성 동북부에 위치하고 있는 중국 최대의 염호이다. 몽고어와 티베트어로 '푸른 바다'라는 뜻으로, 얼어붙은 겨울 호수는 거울처럼 햇빛을 반사한다.

② **파양호** : 강서성 여산의 근처에 있는 파양호는 면적 3,583㎢인 중국 최대의 담수호로 현재는 호숫가에 철새관망대를 설치하여 철새관람의 명소로 각광받고 있다.

③ **동정호** : 파양호와 더불어 중국의 양대 담수호이다. 호남성 북부에 위치하는데, 유명한 악양루(岳陽樓)도 여기에 있다. 호수의 면적이 계절에 따라 큰 차이가 날 정도로 수량의 변화가 많다.

8) 중국의 5대 명산

중국에서는 5대 명산을 오악(五岳)이라 부른다. 오악은 역대 황제가 제를 올리는 봉선(封禪)의 장소이다. 위치에 따라 동서남북의 네 곳과 중앙에 한 곳을 말한다.

> ### 경항대운하(京杭大運河)
> 운하(運河)는 교통이 원활하지 못했던 시절에, 이미 있는 하천을 서로 연결하여 수로를 만들어 물자 수송을 용이하게 해주었던 인공하천이다. 중국 대부분의 하천이 서쪽에서 동쪽으로 흐르기 때문에 동서로의 운반은 편리했지만, 남북 교통은 쉽지 않았다. 수 양제(煬帝)는 남북의 교통 및 운수에 커다란 변화를 주기 위하여 운하를 건설하였고, 가장 큰 운하가 바로 북경과 항주를 잇는 경항대운하이다. 북경, 천진, 하북, 산동, 강소, 절강 등 6개의 성과 도시를 지나는 이 운하는 기존의 해하(海河), 황하, 회하, 장강, 전당강(錢塘江) 등 5개의 강을 연결하여 총 길이가 1,782km에 이르는 남북물류의 대동맥이다.
>
>

① **태산(泰山)** : 오악 중 동악(東岳)인 태산은 산동성 중부에 위치한다. 대표적인 산봉우리인 옥황정(玉皇頂)의 일관봉(日觀峰)에서 바라보는 일출과 운해는 절경에 속한다.

② **화산(華山)** : 오악 중 서악(西岳)인 화산은 섬서성에 위치한다. 산 정상에 '천엽석련화(千葉石蓮花)'가 자라는데, '花'와 '華'의 중국어 음이 같기 때문에 화산이라는 명칭이 생겨나게 되었다.

③ **형산(衡山)** : 오악 중 남악인 형산은 호남성 중부에 위치한다. '하늘과 별자리는 평형이 있다'라는 의미에서 형산이라는 명칭이 붙었다.

④ **항산(恒山)** : 오악 중 북악인 항산은 산서성 동북부에 위치한다.

⑤ **숭산(崇山)** : 오악 중 중악인 숭산은 하남성 중부에 위치한다. 숭산에 있는 소림사(少林寺)는 무술로 유명하고, 중국 선종 불교의 발원지이다.

3. 중국의 소수민족

중국 역사에서 나타난 민족의 수는 약 140여 종족에 달하지만, 수천 년 동안의 동화과정 속에서 현재까지 남아 생존하고 있는 민족은 한족 이외에 55개의 소수민족이 있다. 이처럼 중국은 다양한 민족들이 다양한 색채와 생활양태를 그대로 지닌 채로 살아가는 통일된 다민족 국가이다.

우리나라 일본과 같이 단일민족국가를 하나의 긍정적 가치로 인정하는 나라에서는, 한 영토 한 국가 안에 서로 다른 생활 습속과 다른 뿌리를 가진 여러 민족이 함께 생활한다는 것은 쉽게 이해하기 어려운 문제이다. 그러나 중국은 오랫동안 사방에 이민족과의 전쟁과 화친이라는 관계 속에서 발전해 왔기 때문에 이민족과 함께 살아본 경험이 많았고, 이를 바탕으로 민족 문제에 관해 개방적인 사고를 갖고 있다.

중국 서북쪽 신강성에 가면 중국인의 모습과는 완전히 다른 서역의 분위기를 느낄 수 있는 위구르족을 만날 수 있고, 서남쪽 티벳자치구에 가면 라마교와 관계가 있는 티베트 사람들을 볼 수 있다. 중국의 북쪽 영하회족자치구에 가면 중동사람들과 비슷한 종족을 만날 수 있는데, 그들이 이슬람교도이다. 이와 같은 중국의 소수민족은 자신들끼리만 거주하는 집단적 주거 형태를 보이기 보다는 한족과 더불어 공존하는 형태를 유지하고 있다.

• 위구르족

소수민족의 인구는 비록 중원의 한족에 비해 적지만, 지역 분포는 전국토의 64%에 달할 정도로 매우 넓다. 소수민족 사람들은 주로 중국의 서북부와 서남부, 동북지역에 살고 있는데, 5개 소수민족 자치구(自治區)와 30개 자치주(自治州) 그리고 116개 자치현(自治縣)으로 되어 있다. 이들 지역은 자원이 풍부하고, 중국의 변방지대에 있다는 중요성 때문에 중국 당국은 소수민족에게 자치권을 부여하여 한족과의 동화(同化)를 시도하고 있다. 소수민족 고유의 풍속습관 및 종교 신앙도 허용하고, 1자녀만 낳을 수 있게 하는 한족에 대한 강력한 인구 정책과 달리, 소수민족에게는 인구 제한 정책을 쓰지 않고 있다. 또한 자치구 지역으로 한족을 이주시켜 중국화하는 정책도 꾸준히 병행하여, 현재 티벳 지역을 제외한 대부분의 소수민족 지역에 한족의 인구 비율이 절반을 넘어서고 있다. 또한 소수민족의 인구는 계속 줄어들 가능성이 많다. 소수민족과 한족이 결혼하여 자녀를 낳았을 때, 그 자녀는 한족과 소수민족 중에서 선택할 수 있기 때문에 주로 한족을 선택하게 된다. 소수민족 보다는 중국의 정통 민족인 한족이라는 신분을 취득하는 것이 앞으로의 생활에 유리하다고 판단하기 때문이다.

이렇게 다양한 민족들로 구성된 국가의 안정된 통일을 유지하기

• 위구르족 여인

• 몽고족 여인

● 몽고족 부부

위해서 중국은 모든 민족의 평등이라는 이념을 기반으로 하여 잘짜여진 소수민족정책을 실시하고 있다. 이 정책은 무엇보다 소수민족의 지역자치를 시행토록 하며 민족 고유의 문화를 존중하고 그들의 언어와 문자를 사용하는 것을 권장한다. 또한 소수민족의 종교적 자유를 보장해주고 그들의 사회적 환경과 삶의 질의 개선과 발전을 도모함으로써 수많은 소수민족들의 지지를 얻고 있다.

그러나 이와 같은 보장에도 불구하고 소수민족 지역은 단지 명목상의 자치 지역일 뿐이다. 한족이 최종적으로 통제를 하고, 소수민족이 중앙정계에 진출하기가 쉽지 않기 때문이다. 결국 소수 민족의 정체성을 인정해 준다는 중국 정부의 외형적인 배려는 하나의 중국을 위한 한족의 의도적인 측면이 강하다고 할 수 있다.

중국에서 민족을 결정하는 요인은, 어느 특정한 민족이 공동의 언어, 공동의 주거지역, 공동의 경제생활, 공동의 문화라는 민족 형성의 네 가지 조건을 충족하고 있는가 이고, 또한 개개의 민족들이 독자적인 민족단위로 존재할 의사를 가지고 있는가 하는 것이다. 중국은 이러한 조건을 충족하고 있는 민족을 55개로 확정하여 소수민족으로 인정하고 있다.

결국 중국은 모두 56개 민족으로 구성되어 있는데, 대표민족인 한족은 총인구의 92%를 차지하고, 기타 55개의 소수민족은 총인구의 8%정도밖에 안된다. 중국 소수민족 중에서 인구가 가장 많은 민족은 장족(壯族)으로 약 1,600만 명에 이른다. 인구가 500만 이상인 소수민족이 9개, 100만~500만인 소수민족이 9개에 달한다. 현재 중국은 소수민족 중에서 인구가 대략 1,000만명이 넘으면 자치구로 인정해 주는데, 중국의 동북방에 있는 우리와 뿌리가 같은 조선족은 약 200만명 정도 되기 때문에 자치구가 아닌 조선족 자치주(自治州)라고 불린다. 소수 민족이 가장 많이 살고 있는 성은 운남성으로, 35개의 소수 민족이 거주하고 있다. 특히 각 소수 민족의 사회 발전 상황과 생활의 질의 차이는 중국의 문화 지역 차이의 중요한 근원이 되는데, 전체적으로 볼 때 서남 지역의 소수 민족은 물질 생활 면에서 생활의 지수가 낮게 나타난다. 이는 운남성 지역의 소수 민족들이 갖고 있는 독특한 생활 풍속 때문이다.

인구 5백만 이상의 소수 민족과 주거지역

민족	인구	주요 주거 지역
장족(壯族)	1,618만	광서성, 운남성, 광동성
만주족(滿洲族)	1,068만	요녕성, 베이징, 하북성, 흑룡강성, 길림성
회족(回族)	982만	영하, 감숙성, 하남성, 신강, 청해성, 운남성
묘족(苗族)	894만	귀주성, 호남성, 운남성, 사천성, 광서, 호북성
위구르족(維吾爾族)	840만	신강
토가족(土家族)	803만	호남성, 호북성, 중경, 귀주성
이족(彛族)	776만	운남성, 사천성, 귀주성, 광서
몽고족(蒙古族)	581만	내몽고, 요녕성, 길림성, 하북성, 흑룡강, 신강
티벳족(藏族)	542만	서장, 사천, 청해성, 감숙성, 운남성

(『中國2000年人口普查資料』, 中國統計出版社, 2002년)

4. 중국의 행정구역과 문화 지리

중국 지도는 수탉에 비유된다. 동북지구가 닭벼슬과 닭머리, 신강서장지구가 닭꼬리, 대만과 해남도가 닭의 두 다리같은 형상을 하고 있기 때문이다.

중국에 가서 자동차 번호판을 유심히 보면 경(京), 진(津), 호(滬)등을 볼 수 있는데, 이것은 각 성과 도시의 약칭임을 알 수 있다. 중국을 이해하는 데 있어서도, 공간적인 이해 즉 지리적 이해는 필수적이다. 중국의 대도시들이 어디에 위치하고, 각 성에는 어떤 도시와 문화유적지가 있는지 등등에 대한 지리적 이해는 광활한 중국에 가까워질 수 있는 지름길이 될 것이다.

중국의 현행 행정구역은 전국을 크게 성(省), 현(縣), 향(鄕)의 3급으로 구분한다. 이 중 성급은 성, 자치구, 직할시를 포함하는데, 현재 전국은 모두 4개의 직할시와 23개의 성, 5개의 자치구, 2개의 특별행정자치구가 있다.

1) 4대 직할시

① 北京市 (京: 北京)

화북평원(華北平原) 북단에 위치한다. 주대(周代) 초에는 연(燕)나라의 도읍이었고, 진(秦)·한(漢) 이후 당(唐)나라 말기에 이르기까지 동북 변방의 정치 군사상의 요충지였다. 요(遼)를 물리친 금(金)은 처음 연경(燕京)으로 명칭하였고, 원(元)은 대도(大都)라고 명명하였다.

명대(明代)에는 처음 수도를 현재의 남경(南京)에 두었다가 1420년에 영락제(永樂帝)가 이곳을 수도로 정하고 북경(北京)이라 칭하였는데, 북경이라는 명칭은 이때에 비롯되었다.

만리장성(萬里長城), 이화원(頤和園), 고궁(故宮), 북해공원(北海公園), 천단(天壇) 등이 북경을 대표하는 관광지이다.

• 위 좌로부터 이화원 석방, 고궁, 천단, 북해공원 구룡벽

> **이화원(頤和園)** TIP
>
> 이화원은 북경의 북서쪽 외곽에 위치해 있으며 북경대학교에서 북서쪽으로 5km 정도 떨어져 있다. 황실 공원인 이화원은 만수산(萬壽山)과 곤명호(昆明湖)가 전체 면적의 약 2/3을 차지하고, 각종 건물, 다리, 호수의 섬 등으로 구성되어 있다. 중국 남부지방의 정원 스타일과 중국 북부지방의 자연경관을 혼합한 건물 배치로 아마도 중국에서 가장 아름다운 중국정원 건축물이라고 할 수 있을 것이다.

② 天津市 (津: 天津)

북경에서 동남쪽으로 140km 떨어진 곳에 위치한다. 天津은 명 영락제(永樂帝)가 이곳에서 나룻터를 건너 출병하였다는 뜻의 천자도진(天子渡津)의 줄임말이다. 화북평원 동북부에 위치하고 있고, 동쪽으로는 발해(渤海)와 접해있다. 중국 북부지역의 주요 공업도시이며, 수도 북경의 관문이다. 수상공원은 천진 서남부에 위치한 천진에서 가장 큰 공원으로, 강남 수향(水鄕)의 특색을 지니고 있다.

③ 上海市 (滬/申: 上海)

장강(長江)하구로, 장강이 바다로 들어가는 곳에 위치한다. 동쪽으로는 태평양 연안이고, 서쪽으로는 절강성(浙江省), 항주(杭州), 강소성(江蘇省)을 접하고 있다.

상해의 오송강(吳淞江)의 옛 명칭인 호독(滬瀆)에서 호(滬)라는 약칭이 생겨나게 되었다. 또한 상해는 초(楚)의 재상 춘신군(春申君)의 봉건 영지였는데, 여기에서 신(申)이라는 명칭이 유래하였다. 북경이 정치의 중심지라면, 상해는 경제의 중심지이다. 그래서 2000년 전의 중국을 만나려면 서안에 가고, 1,000년 전의 중국을 만나려면 북경에 가고, 현재의 중국을 만나려면 상해에 가보라는 말이 있을 정도이다. 노신(魯迅)기념관이 있고, 대한민국 임시정부도 이곳에 있었다. 유명한 정원인 예원(豫園)은 남방문화를 대표한다.

포동(浦東)지구와 동방명주탑(東方明珠塔)

중국 정부는 1992년부터 외국 자본을 끌어들이기 위해 과거 이곳을 지배했던 서양의 자본가들을 다시금 부르고 있다. 2010년 상해를 아시아 제일의 무역항으로 키우겠다는 계획이 바로 황포강 동쪽의 포동신구(浦東新區) 개발계획이다. 황포강의 서쪽은 옛 시가지(外灘:외탄)가 되고 동쪽은 1990년대에 들어 새로 개발한 이른바 포동(浦東)지구이다. 포동지구에는 곧게 뻗은 도로와 수십 층 짜리 빌딩이 즐비한데, 그 중 대표적인 것은 동방명주(東方明珠) TV수신탑이다. 외탄 건너편 포동 개발지구에 세워진 TV 수신탑은 전체 높이 468m로 아시아에서 제일 높고 세계에서 4번째로 높은 TV 수신탑이다.

● 동방명주탑

● 외탄

---

④ 重慶市 (渝: 重慶)

1997년 중국의 네 번째 직할시로 편입되었다. 원래는 사천성에 속했었는데, 직할시로 편제되면서 인구가 약 3,000여만 명으로 늘어나, 중국에서 가장 인구가 많은 도시이다. 중경을 흐르는 가릉강(嘉陵江)의 옛 명칭인 투주(渝州)에서

투(渝)로 약칭해 부르기도 한다. 사천분지(四川盆地)의 동남부에 위치하고 있는데, 시내는 구릉이 기복을 이루어 '산의 도시'라고 불린다. 여름에는 너무 더워 무한(武漢), 남경(南京)과 더불어 '3대 화로도시'로도 유명하다.

2) 23개의 성(省)

① 화북(華北)지역

진황도(秦皇島)

진황도는 북경에서 동북쪽으로 약 300 km에 있는 도시로 중국의 14개 해안 개방 도시의 하나이다. 발해만에 면해있는 진황도는 진시황제가 불로불사의 약을 얻기 위해 찾았던 항구 도시이다. 북대하의 해변리조트와 산해관의 유적 등이 있어서, 하북성 굴지의 관광도시로 꼽히고 있다. 이 섬은 진시황이 장성용의 벽돌로 만든 섬이라고 해서 진황도라는 이름이 붙었다.

河北省 (冀: 石家莊) : 황하 이북이라는 의미에서 河北省이라는 명칭이 생겨났다. 옛날 기주(冀州) 지역이므로 기(冀)라 약칭으로 불린다. 하북 지방은 밀과 면화의 주산지이며 또한 공업 지역으로 발전하고 있고, 성도는 석가장이다.

북대하(北戴河)는 중국 공산당 고급 간부의 여름 휴양지로, 모택동과 등소평이 노익장을 과시하며 바닷가에서 수영을 즐긴 곳이다. 승덕(承德)은 북경에서 북동쪽으로 250km에 위치한 청 왕조의 여름 별궁이다. 승덕의 원래 이름은 열하(熱河)로, 이는 '겨울에도 얼지 않는 따뜻한 강'이라는 뜻이다. 특히 조선시대 박지원의 열하일기(熱河日記)에 나오는 그 열하가 바로 이곳의 옛 지명이다.

● 승덕

河南省 (豫: 鄭州) : 황하 이남이라는 의미에서 河南省이라는 이름이 붙었다. 옛날 예주(豫州)지역이므로 예(豫)라고 약칭된다. 황하 중류에 위치한 충

● 용문석굴

적평야로서, 황하 문명의 발상지이다. 중국 7대 고도의 하나인 개봉(開封), 낙양(洛陽)이 있다.

개봉은 북송의 도읍지로 크게 번성하였고, 수호지의 무대로도 유명하다. 낙양은 기원전 770년부터 역대 9왕조가 도읍을 두었던 고도이지만, 가장 융성했던 때는 장안이 도읍지였던 당나라 때였다. 서안이 정치의 도시였다면 낙양은 예술의 도시였다.

낙양의 용문석굴(龍門石窟)은 운강석굴(雲岡石窟)의 속편으로, 북위의 도읍이 대동(大同)에서 낙양으로 옮겨지자, 대동의 수도 외곽에 만들었던 운강석굴에 이어 공사를 시작하였다. 용문석굴(龍門石窟)은 돈황(敦煌)의 막고굴(莫高窟), 대동(大同)의 운강석굴과 더불어 중국 3대 석굴의 하나이다.

山東省 (魯: 濟南) : 태항산맥(太行山脈)의 동쪽에 위치하여 山東省이라고 부른다. 춘추전국시대 노(魯)나라의 근거지였으므로, 魯로 약칭된다. 공자의 고향인

곡부(曲阜)와 맹자의 고향인 추현(鄒縣)이 있어서, 중국 전통 사상의 원류가 흐르는 곳이라고 할 수 있다. 공자의 고향집에서 만들어 마시던 공부가주(孔府家酒)는 중국의 명주로도 유명하다.

• 대성전

山西省 (晋: 太原) : 태항산맥의 서쪽에 위치하여 山西省이라고 부른다. 춘추시대 진(晋)나라의 근거지였으므로, 晋으로 약칭된다. 산서성은 황토(黃土)고원의 중앙을 차지하는데, 동쪽은 하북성, 남쪽과 남동쪽은 하남성, 서쪽으로는 섬서성, 북쪽으로는 내몽고자치구와 경계를 이루고 있다. 성의 대부분이 평균고도 300~900m에 달하는 고원이며 산으로 둘러싸여 있는 산악지대로 땅은 척박하고 기후도 열악하다. 중국 불교 4대 명산의 하나로 수려한 고산 자연풍경과 찬란한 불교 문화 예술로 유명한 오대산(五臺山)과 중국 3대 석굴의 하나인 대동(大同)의 운강석굴(雲岡石窟)이 볼 만 하다.

② 화중(華中)지역

• 운강석굴

江蘇省 (蘇/江: 南京) : 장강의 하류에 있으며, 동쪽에 바다를 접하고 있다. 옛 행정구역인 강녕부(江寧府)와 소주부(蘇州府)의 두 글자를 따서 강소성이라 불리게 되었다. 강녕부는 지금의 남경(南京)이고, 소주부는 지금의 소주(蘇州)이다. 소주는 강소성 남부에 위치한 도시로 '동방의 베니스라고 불릴 정도로 물이 풍부하고, 정원이발달해 있다. 졸정원(拙政園), 유원(留園), 창랑정(滄浪亭), 사자림(獅子林)이 소주의 4대 정원이다. 소주 정원 문화의 발달은 강남(江南)의 귀족들이 자신의 재력에 대한 과시와 자연과 쉽게 접하려는 정서가 정원문화로 나타나게 된 것이다. 중국의 4대 명원(名園)은 북경의 이화원,

● 유원

● 졸정원

승덕의 피서산장, 그리고 소주의 유원(留園)과 졸정원(拙政園)이다.

초나라 항우(項羽) 이야기, 吳王 부차(夫差)와 越王 구천(勾踐)이 등장하는 吳나라(지금의 소주 지역)와 越나라(지금의 항주 지역)의 吳越전쟁 이야기, 삼국시대 오나라의 손권(孫權) 이야기가 모두 소주를 배경으로 펼쳐진다.

浙江省 (浙: 杭州) : 강소성의 남부, 바다와 접해 있다. 이 성에 있는 전당강(錢塘江)을 절강(浙江)이라고도 명칭하여 절강성이 되었다. 성도인 항주는 중국 동남해 절강성 북부 전당강 하류에 위치하고 있으며 상해와는 180km 거리에 있다. 항주는 '上有天堂, 下有蘇杭'(하늘엔 천당이 있고 땅에는 소주와 항주가 있다)라는 말이 있을 정도로 경관이 아름답다. 항주는 서호(西湖)가 유명한데, 항주 서쪽에 자리 잡고 있다고 하여 붙여진 이름이고, 고대 중국의 미인 서시(西施)에 비유하여 서호라는 이름이 붙었다고도 한다. 서호의 절경을 서호(西湖) 10경이라 부르는데, 중국의 유명한 시인 백거이

항우와 패왕별희

진시황이 초나라를 멸망시키자 초나라의 귀족 출신이었던 항우는 소주에서 인재를 모아 초나라의 부흥을 꾀하게 된다. 이들을 일컬어 '江東의 8천명 병사들'이라고 불렀다. 그러나 결국, 유방에게 패해 회수(淮水)에서 한나라 병사들에게 포위되었다. 항우는 '지금이라도 강을 건너 재건을 꾀하자'는 간언을 듣지만, "내가 회수를 건널 때 나를 따라 왔던 강동의 8천명 병사들이 거의 다 죽고 없는데, 지금 이대로 돌아가면 그 부모들을 볼 면목이 없다"고 하면서 사랑하는 '우미인'을 자결시키고 자신도 자살한다. 이것이 유명한 '패왕별희'의 주요 테마이다.

호구(虎丘)의 기울어진 탑

전국시대 오왕 합려(闔閭)의 무덤인 호구에는 정상에 기울어진 탑이 있다. 이 탑은 소주시 근처 어디에서나 쉽게 볼 수 있어서 소주의 이정표 역할을 하는데, 탑 높이가 47.3m, 모두 7층으로 이루어져 있으며 평면 8각형의 모습을 하고 있는 벽돌로 만들어진 탑이다. 소주사람들은 이 탑을 '동방의 피사의 사탑'이라고 부르기도 하는데, 탑이 기울어진 이유는 1천년의 세월동안 풍화와 침식 때문이었다.

• 장강삼협

• 서호

와 소동파가 西湖를 주관하여, 백제(白堤)와 소제(蘇堤)를 만들기도 하였다.

湖北省 (鄂: 武漢) : 장강의 중류 지역에 있는 호수인 동정호(洞庭湖)의 북쪽에 위치하여 호북성으로 불리게 되었다. 성도인 무한을 당송 시대에 악주(鄂州)라고 불렀기 때문에 악(鄂)으로 약칭한다. 무한은 7, 8월에 기온이 40도까지 올라가 중국 3대 화로도시로 유명하다. 또한 무한에는 천하절경으로 꼽히는 명루(明樓) 중의 하나인 황학루(黃鶴樓)가 있다.

> **전단강의 대역류 현상** TiP
>
> 항주의 남쪽을 흐르는 길이 410km인 절강성 제1의 강인 전당강은 매년 음력 8월 15일부터 8월 18일까지 해수가 위로 거슬러 올라가는 현상이 일어난다. 깔대기 모양의 강에 일시적으로 많은 물이 갑자기 꼭지 부분에 몰리면서 나타나는 현상인데, 시속 25km의 속도로 전당강의 상류 쪽으로 물이 거슬러 올라가는 대장관을 연출한다.

安徽省 (皖: 合肥) : 성내 도시의 옛날 이름인 안경부(安慶府)와 휘주부(徽州府)의 두 글자를 따서 안휘성으로 부르게 되었다. 성내에 환산(皖山)이 있어서 환(皖)으로 약칭한다. 화동지역의 남북부에 위치하고 있고, 성안을 장강과 회강(淮江)이 서쪽에서 동쪽으로 흘러간다. 성도인 합비는 2천년 역사의 고도로서, 삼국시대 치열한 전쟁터였다. 안휘성 동쪽에 위치한 황산(黃山)은 중국에서 가장 아름다운 산 가운데 하나이다. 기송(奇松)과 괴석(怪石)이 조화를 이루는 풍경이 절경인데, 당 현종이 이 산을 황제의 산이라는 의미로 '황산'으로 명칭을 바꾸었다.

• 황산

③ 화남(華南)지역

福建省 (閩: 福州) : 복건성의 명칭은 복주(福州)와 건주(建州)에서 유래하였다. 그리고 약칭인 민은 이 지역에 민월(閩越) 민족이 거주했기 때문에 붙여진 이름이다. 복건성은 화동의 동남쪽 연해에 위치하여 대만해협을 사이에 두고 대만과 마주하고 있다. 이 일대의 사람들은 민남어(閩南語)를 사용하는데, 민남은 통상 천주(泉州), 하문(廈門), 장주(漳州)지역을 말한다.

천주는 해상 실크로드의 출발점이다. 중국의 실크, 도자기, 차 등을 수출하였는데, 마르코폴로는「동방견문록」에서 천주항을 '동방의 베니스'라고 칭찬하였다.

성도인 복주는 秦나라 부터 개발된 오랜 도시로, 唐의 중기부터 발전하기 시작하여 北宋 이후 복건성의 중심이 되었다.

> **마왕퇴한묘(馬王堆漢墓)**
>
> 마왕퇴한묘는 장사의 동쪽에 있는 무덤으로, 호남성박물관에 전시된 미이라가 발견된 현장이다. 1972~1974년에 걸쳐 무덤이 발굴되었는데 각각 전한(前漢)의 장사국(長沙國) 재상과 그의 부인, 아들의 묘라는 것이 밝혀졌다. 특히 1972년에 발견된 시신은 보존상태가 완벽하여 1천여 년이 지났는데도 근육에 탄력성이 있고 관절을 움직일 수 있어 세상 사람들을 놀라게 하였다. 이처럼 미이라가 보존 상태가 좋았던 이유는 마와 견직물로 시신을 싸고, 산소와 수분으로부터 차단시키기 위해 숯과 회점토로 밀봉한 관에 안치하였기 때문이다. 특히 묘에서 발굴된 화려한 자수가 새겨진 비단은 믿을 수 없을 정도로 완벽하게 보존되어 있고, 옛 경전을 기록한 백서(帛書)도 다량 출토되었다.
>
>
> ● 마왕퇴 미이라

江西省 (贛: 南昌) : 당나라 때 장강 이남을 동과 서로 나누어 강남동도(江南東道), 강남서도(江南西道)로 불렀고, 서쪽인 강남서도를 강서도(江西道)로 약칭하면서, 현재의 강서성으로 불리게 되었다. 결국 장강 이남의 서쪽 지역이라는 뜻이다. 성내에 흐르는 감강(贛江)이라는 명칭에서 감(贛)이라는 약칭도 생겨났다. 장강 중하류 남쪽에 위치한 내륙성으로, 공산혁명 요람으로 인민해방군의 탄생을 알리는 1927년 남창(南昌)봉기가 일어났던 남창이 성도이다.

湖南省 (湘: 長沙) : 호남성은 장강의 중류 지역에 있는 동정호(洞庭湖)의 남쪽이라는 의미이다. 省안을 흐르는 상수(湘水)의 명칭을 따서 상으로 약칭된다.

● 장가계

호남성은 춘추전국시대 楚나라 충신 굴원(屈原)이 쓴 초사(楚辭)의 주요 배경으로, 일찍부터 선진 문화를 꽃피웠던 곳이다.

성도인 장사(長沙)는 3000여 년의 역사를 지닌 古都로, 호남성박물관(湖南省博物館)에는 마왕퇴한묘(馬王堆漢墓)에서 나온 유물이 전시되어 있다.

악양(岳陽)은 호남성 북부 동정호 호반의 도시로, 당나라 때의 시인인 두보(杜甫)의 시 등악양루(登岳陽樓)로 인해 유명하다. 악양루(岳陽樓)는 높이 15m인 3층 누각으로, 무한의 황학루(黃鶴樓)와 남창의 등왕각(藤王閣)과 더불어 강남 3대 명루로 꼽힌다.

또한 호남성의 장가계(張家界)는 UN에 의해 세계문화유산에 등재된 세계 자연환경 보호구로, 많은 관광객이 몰리고 있으며 동시에 자동차와 철강으로도 유명하다.

廣東省 (粤: 廣州) : 중국대륙의 최남단에 위치한 성이다. 五代시대에 지금의 광동과 광서지역을 광남(廣南)이라 하였고, 北宋때 광남로(廣南路)로 명칭하였고, 이를 동과 서로 양분하여 광남동로(廣南東路)와 광남서로(廣南西路)로 불렀다. 이 광남동로가 다시 광동로(廣東路)로 줄어들고, 그 영향으로 명초에 지금의 광동성으로

• 광주

• 해남도

명칭 변경된 것이다. 지금의 광서성은 광남서로에서 온 것이다. 또한 광동성 지역은, 진시황이 중국을 통일하기 이전인 선진시대 때 남월(南越, 粵) 민족이 거주하던 지역이었기 때문에 지금 월(粵)로 약칭한다.

성도인 광주(廣州)는 약 2,800년의 역사를 가진 경제와 문화의 古都로서, 중국의 개혁 개방 이후 인근 홍콩과 마카오의 우수성을 바탕으로 중국 남부의 경제 중심이 되었다.

심천(深圳)은 광동성 중남부 연해 지역에 위치하고 있는 중국의 주요 수출입 항인데, 1979년 중국 최초로 경제특구로 지정되면서 개혁 개방 이후 급속도로 경제가 발전한 현대화 도시가 되면서 신흥 상공업 도시로 급부상하였다.

海南省 (瓊: 海口) : 중국의 남쪽 바다에 있는 섬이라 하여 해남성이라 한다. 1988년 광동성에서 분리되어 중국의 마지막 성으로 승격되었다.

대만 보다 약간 작은 중국의 두 번째 섬으로, 해안선은 굴곡이 심하여 대만섬의 해안선보다 길이가 길다. 경주(瓊州) 해협을 끼고 본토의 뇌주(雷州)반도와 마주하고 있어서, 경(瓊)으로 약칭된다. 해남도의 북쪽 연안에 있는 해구(海口)는 성도로, 공항과 항구 등을 갖추고 있

조선남방보국대(朝鮮南方報國隊) TIP

해남도의 야산에는 반세기 전 집단 학살된 1000여 한국인 원혼이 묻힌 천인갱(千人坑)이 있다. 태평양 전쟁이 한창이던 1942년 일본은 인도차이나 침략의 거점인 해남도에 한국인 1250명을 끌어다 공항, 철도, 비행장, 도로, 건설장에서 강제노역을 시켰다. 소위 경성형무소 수감자로 구성된 조선 남방 보국대였다. 일본은 패전과 함께 철수하면서 자기들의 만행을 숨기기 위해 이들을 온갖 잔인한 방법으로 죽였고, 지금 그 흔적은 섬 최남단인 삼아(三亞)시 외곽에 이 섬에 진출한 한 한국인 기업가가 세운 비석 몇 개만으로 찾을 수 있다.

어 해남도의 관문이다.

남쪽 연안에 있는 삼아(三亞)는 아름다운 바다와 모래사장을 갖춘 해남도의 관광 중심지이다.

臺灣省 (臺: 臺北) : 대만은 고대에 이주(夷洲), 유구(流求)로 불렸고, 16세기에는 고산족(高山族) 부락(部落)의 이름을 음역한 대원(大員)으로 바뀌었고, 다시 17세기에 大員과 음이 비슷한 글자인 대만(臺灣)으로 바뀌어 지금에 이른다. 약칭은 대(臺)이다.

대만해협 사이로 복건성과 마주하고 있는 대만은 중국에서 가장 큰 섬이다. 역사적으로 1624년 네덜란드에 점령당했다가 수복되었고, 1895년 시모노세키조약의 결과로 일본의 식민지가 되었다. 1945년 포츠담선언에 의해 해방되고, 1949년 10월 10일 모택동의 공산당 정권에게 쫓겨온 장개석이 국민당 정부를 세워 지금의 대만에 이르고 있다.

④ 동북(東北)지역

遼寧省 (遼: 沈陽) : 성내에 요하(遼河)가 있고, 그 일대가 편안하라는 의미로 요녕성이라는 명칭이 생겨났다. 요녕성은 중국 동북의 남부에 위치하고, 성도인 심양은 동북 지방 최대의 중공업 도시이다.

요동반도(遼東半島) 남단에 위치한 대련(大連)은 '북해의 진주'라고 불리는 아름다운 항구도시이다. 조계지였던 러시아풍 건물들이 아름다운 해안 풍경과 어우러져 이국적인 분위기를 풍긴다.

吉林省 (吉: 長春) : 청나라 때 이 지역의 송화강(松花江) 연안에 길림오랍(吉林烏拉)이라는 도시가 있었는데, 만주어로 吉林은 '沿'(~를 따라 있다)이고, 烏拉는 '大川'(큰 강)이라는 뜻이다. 결국 吉林烏拉는 '沿着松花江'(송화강 연안에 있다)

● 심양

● 백두산 천지

● 하얼빈 빙등제

라는 만주어이고, 이를 간단하게 吉林으로 부르게 된 것이다. 길림성은 요녕성과 흑룡강성의 중앙에 위치하고, 동남부는 백두산을 두고 북한과 국경을 마주하고 있다. 성도는 장춘이다.

黑龍江省 (黑: 哈爾濱): 중국 최북단에 위치한 성으로 러시아와 국경을 접하고 있다. 성내에 흑룡강이 흐르고 있기 때문에, 흑룡강성이라고 부른다.

성도인 하얼빈은 만주어로 '어망을 말리는 곳'이라는 뜻으로, 본래 어촌이었으나 철로가 개통된 이후에 점차 부흥하였다. 19세기 말 하얼빈은 제정 러시아의 침략을 받았고, 1931~1945년에는 일본의 침략을 받는 수난을 겪었다.

그래서 러시아풍이 많이 남아 있어서 '동방의 모스크바'라는 말이 있다.

겨울엔 송화강의 얼음 조각을 이용하여 열리는 빙등제(氷燈祭)가 유명하다.

⑤ **서북(西北)지역**

陝西省 (陝/秦: 西安): 당나라 때 섬서절도사(陝西節度使)를 설치하였는데, 이때부터 섬서성으로 부르게 되었다. 섬서성은 옛날 秦나라의 근거지였으므로,

서안사변(西安事變)

1934년 공산당은 장개석(蔣介石)의 국민당에 쫓겨 서북지역의 연안(延安)까지 철수했다. 공산당은 궤멸상태에 이르렀고, 장개석은 공산당의 휴전 제의를 거부하고 동북군 사령관인 장학량(張學良)에게 전투를 계속하도록 명령했다. 그러나 중국 내륙을 침공하고 있는 일본군과의 전투를 먼저 생각하고 있는 장학량은 1936년 12월 12일 서안 동쪽 휴양지인 화청지(華淸池)에 머물고 있는 자기들의 상관인 장개석을 납치했다. 그리고 공산당과 국공합작을 이루고 항일전쟁에 나서게 된다. 이를 계기로 모택동의 공산당은 완전히 회생되고, 13년 후인 1949년 10월 1일 중화인민공화국을 건국하게 된다.

화청지(華淸池)

서안 북동쪽에 위치한 온천 휴양지로, 당나라 현종(玄宗)이 화청궁을 지어 중국 4대 미인의 하나인 양귀비와 생활했던 곳으로도 유명하다. 연못가에 버드나무가 늘어지고, 석방(石舫)이나 어전, 정자, 회랑을 배치한 중국식 정원이 있고, 양귀비상도 섰다. 화청궁 안의 오간청(五間廳)은 1936년 서안사변이 일어났던 곳이기도 하다. 오간청에는 장개석이 잠깐 머무르다가 장학량에게 체포당하면서 생긴 총탄의 흔적과 구멍 뚫린 유리창 등이 그래도 남아있다.

진(秦)으로 약칭된다. 황하 중류에 위치하고, 북부의 황토고원과 남부의 진령산맥 사이에 있다.

성도인 서안은 3,000년의 역사를 가진 古都로, 12차례에 걸쳐 중국의 수도였다. 가장 번성했던 시기는 장안(長安)으로 불렸던 唐나라때였다.

섬서성 위수(渭水) 지역에 위치하여, 서역의 길목인 감숙성으로 가기 위해서 반드시 거쳐야 하는 교통의 요지로, 마르코폴로는 「동방견문록」에서 서안을 실크로드의 출발지로 기술하였다.

서안은 역사적 중요 사건들의 배경으로, 진시황의 병마용(兵馬俑)과 진시황릉, 현종과 양귀비의 로맨스, 서안사변 등이 그것이다.

甘肅省 (甘/隴: 蘭州) : 감숙성 안의 도시인 감주(甘州:지금의 張掖)와 숙주(肅州:지금의 酒泉)를 합해서 성의 명칭으로 삼았다. 성 안의 농산(隴山)에서 농(隴)으로 약칭하기도 한다.

황하 상류와 영하, 섬서성, 사천성, 섬서성, 사천성, 청해성, 신강위구르, 내몽고

● 위로부터 막고굴, 돈황 명사산 월아천

> **Tip**
>
> ### 하서주랑 (河西走廊)
>
> 漢 무제는 황하의 서쪽에 직할군인 四郡을 두어 직접 통치하였는데, 맨 동쪽에 무위(武威:당시의 凉州), 장액(張掖:당시의 甘州)가 있었고 그 서쪽에는 주천(酒泉:당시의 肅州)이 있었다. 맨 서쪽에 있던 것이 돈황(敦煌:당시의 沙州)이다. 서안에서 출발한 실크로드는 감숙성의 성도인 란주를 지나 이 네 개의 오아시스 도시를 지나게 되는데, 감숙성은 사막과 산이 좁게 이어져 가늘고 길기 때문에 '복도'라는 의미의 '주랑'(走廊)이라는 별명이 붙었다.

와 접경해 있다. 내몽고고원, 황토고원, 청장고원 지대에 위치한다. 기련산맥을 남쪽에 놓고, 북서방향으로 길이 1,000km에 달하는 좁고 긴 하서주랑(河西走廊)을 달리는데, 이것이 바로 실크로드이다.

성도인 난주(蘭州)는 감숙성 중부에 위치하며, 서북 지역의 교통 중심지이다. 난주에는 회족 등 여러 소수민족이 공존하는데, 고대 서역과 중국 중원의 접촉 지대였기 때문이다.

실크로드의 하이라이트는 돈황(敦煌)이다. 돈황은 감숙성 서부에 위치하고 있는데, 막고굴(莫高窟)은 돈황 시내에서 동남쪽으로 25km 떨어진 곳으로 천불동(千佛洞)이라고도 불리는데, 현재 발굴되어 있는 것은 492개의 굴이다. 각각의 굴 안에는 벽화와 불상 등 중국 불교 문화의 보고들이 보존되어 있는데, 16굴, 17굴은 장경동(藏經洞)이라 불린다. 송대까지의 경전이나 문서를 간직하고 있었는데 서하가 지배했을 무렵에 봉쇄되었다가 1900년에 도사 왕원록(王圓籙)이 발견하였는데, 혜초의 왕오천축국전도 여기에서 발굴되었다.

青海省(青: 西寧) : 성안에 최대의 호수인 청해(青海)가 있어서 청해성으로 명명된다. 앞 글자를 따서 청(青)으

◆ 난주 황하모친상

로 약칭한다. 청해성은 중국의 문명을 태동하게 한 근원과도 같은 존재인 장강과 황하가 시작되는 발원지이다. 동쪽으로는 황토고원이 있고, 서쪽으로는 청장고원이 있다. 성의 서북쪽은 차이담분지(柴達木盆地)이고, 곤륜산이 남북에 병풍처럼 펼쳐져 있다.

성도인 서녕은 여름 평균 기온이 17도를 넘지 않는 청량한 지역이다. 티베트족이 많고 민족의상을 입은 사람들이 많아 이국적인 맛을 느낄 수 있다.

⑥ 서남(西南)지역

四川省(川/蜀 : 成都) : 송나라 때 익주(益州), 재주(梓州), 이주(利州), 기주(夔州) 등을 사로(四路)로 구분하여 천협사로(川峽四路)라 했고, 간단히 사천로(四川路)라고 약칭하게 되었다. 이것이 현재 사천성의 유래가 되었다. 삼국시대 蜀나라의 근거지였기 때문에, 촉으로 약칭된다.

사천성은 장강 상류에 위치하는데, 사방이 산맥으로 둘러싸여 있고, 해발 400~800m에 불과한 분지 형태의 광대한 농경지이다. 서쪽으로는 청장고원에 접해 있고, 동쪽으로는 장강에 접하며, 북쪽으로는 진령산맥, 남쪽으로는 운귀고원이 자리잡고 있다.

사천성의 성도인 성도(成都)는 사천분지의 북서쪽에 위치한다. 사천성 북부에 있는 구채구(九寨溝)는 길이 50km에 이르는 골짜기로, 주위는 눈 덮인 높은 봉우리이고 안쪽에는 무성한 원시 삼림이 자라고 있다.

貴州省 (貴/黔: 貴陽) : 이 지역에는 진나라 때 검중군(黔中郡)이 설치되어 있었고, 唐나라 때에는 검중도(黔中道)를 두었다. 당나라 때 이 지역 명칭이 구주(矩州)였는데, 宋代에 이르러 당시 발음으로 구주(矩州)와 귀주(貴州)가 차이가 없어서 귀주로 쓰기 시작했고, 원대 이후 귀주가 정식명칭이 되었다. 약칭은 검중군의 첫글자를 따서 검으로 칭한다.

해발 1,000m 이상의 운귀고원 동북부에 위치한 귀주성은 다민족이 함께 하는 성이다. 한족 외에 묘(苗)족, 포의(布依)족, 동(侗)족, 이(彝)족, 수(水)족, 회

• 려강 고성

• 왕소군묘

(回)족, 요(瑤)족 등 12개의 소수민족이 성 전체 인구의 35%정도를 차지한다.

성도는 귀주(貴州)이고, 1972년 닉슨과 모택동이 정상회담 당시 마셔서 유명해진 모태주(茅台酒)도 귀주에서 생산된다.

雲南省 (雲/滇: 昆明) : 한 무제(武帝)때 오색 구름이 남쪽에 보였다고 해서 운남(雲南)이라는 주장과, 운령(雲嶺) 이남에 위치하기 때문에 운남이라는 주장이 있다. 한편, 운남성의 곤명(昆明)이 옛날 전국(滇國)이라는 명칭으로 불렸기 때문에 전으로 약칭된다.

서남쪽으로는 미얀마, 남쪽으로는 라오스, 동남쪽으로는 베트남과 접경하고 있으며, 해발 2,000m의 전형적인 고산기후를 가진 곳이다.

운남성 중부에 위치한 성도인 곤명은 사계절 내내 꽃이 피어, 꽃의 도시 또는 봄의 도시(春城)로 불린다. 대리(大理)는 운남성 중부에 있는데, 백족(白族)의 자치 지역이다. '동양의 스위스'라고 불릴 정도로 아름다운 도시이다. 운남성 서북부에 위치한 려강(麗江)은 납서(納西)족 자치 지역으로, 납서족이 전통적으로 사용한 동파문자(東巴文字)가 유명하다.

3) 5개 자치구

① 内蒙古自治區 (蒙: 呼和浩特)

몽고(蒙古)는 원래 몽고고원에 살던 부족의 이름인데, 그 명칭이 唐나라 문헌에 처음으로 보인다. 13C초 징기스칸이 몽고제국을 세웠고, 1947년 내몽고자치구가 되었다. 성도인 호화호특(呼和浩特)은 몽골어인 '훅호츠'(푸른성:靑城)의 음역이다. 흉노와의 화친을 위해 선우(單于)에게 시집온 서한(西漢) 원제(元帝)의 비(妃)인 왕소군(王昭君)의 묘가 있다. 시내에서 80km 떨어진 희랍목인(希拉穆仁) 초원은 외국인 여행자가 가장 많이 가는 초원이다.

② 寧夏回族自治區 (寧: 銀川)

옛날 하(夏)나라 땅이 편안하라는 뜻에서 영하(寧夏)로 명명되는데, 1958년 영하회족자치구가 되었다. 성도인 은천은 송대 서하(西夏)의 수도였는데, 명승고적이 많다. 서쪽으로는 하란산(賀蘭山)이, 동쪽으로는 황하가 지나간다. 지금은 신흥공업도시로 바뀌고 있고, 자치구 전역에서 목축업이 성행하여 모피생산량이 많다.

③ 新疆維吾爾自治區 (新: 烏魯木齊)

중국의 서북 변경에 위치하여 러시아, 몽골, 파키스탄 등과 접경을 이룬다. 한민족이 예로부터 서역(西域)이라 불렀고, 청대에 '新開闢的疆域'(새롭게 개척하는 변경지역)이라는 의미에서 약칭 '신강'(新疆)으로 명칭되었다. 1955년부터 위구르족의 자치구가 되었다.

자치구의 2/3가 위구르족이고, 한족과 카자흐족이 그 다음이다. 회족, 몽고족, 타지크족 등 호방한 기질의 여러 민족이 어우러져 있다.

• 천산천지

• 우루무치 풍력발전기

칸얼징 (坎兒井 Karez)

칸얼징이 본격적으로 개발돼 거미줄처럼 지하수로가 완성된 것은 청나라 때이며, 이 칸얼징(카레즈)은 만리장성, 경항대운하와 함께 중국의 3대 불가사의 중의 하나이다. 투루판에는 카레즈가 천 개가 넘고 그 길이를 합치면 5천 km가 넘는다.

천산에서부터 지하 수맥을 찾아서 밭이나 마을 등의 목적지까지 일정한 간격(20~30m)으로 우물을 파고, 다시 각각의 우물 바닥 높이에 맞춰 수로를 뚫는 형식이다. 매년 3억톤 이상 천산산맥의 눈 녹은 물을 도시에 공급하여, 연강수량 20mm도 되지 않는 이 척박한 땅을 적셔주고 있는 것이다.

• 포탈라 궁

우루무치(烏魯木齊)는 위구르어 표기로는 'Wulumuchi', 몽골어로는 'Urumchi'인데, '아름다운 목장'이라는 뜻으로 음역된 것이다. 신강위구르자치구의 성도로, 1992년 실크로드 철도의 개통으로 타슈켄트까지 이어져 교통이 편리해졌다. 우루무치에서 110km 지점에 위치한 천산천지(天山天池)가 유명하다.

④ 西藏自治區 (藏: 拉薩)

중국의 서남단, 청장고원의 서남부에 위치한 이 지역은 원대에 오사장(烏斯藏)으로 불렸는데, 오사(烏斯)는 '중앙'이라는 뜻이고 장(藏)은 '성결'의 의미이다. 이후 '서쪽의 신성한 지역'이라는 의미로 '서장'(西藏)이 되었다.

1950년 10월 중국은 티베트를 침공하였고, 1951년 티베트를 중국의 영토로 정하였다. 1959년 독립을 위한 봉기가 있었지만 무력 진압하였고, 1965년 서장자치구로 인정하였다.

성도인 라싸(拉薩)는 해발 3,700m에 세워진 티베트 정치, 종교의 중심지이다. 일년 내내 햇빛이 비춰 '햇빛의 도시'라고도 불린다.

포탈라궁(布達拉宮)은 달라이 라마 다섯 명의 시신을 보존하고 있는 영탑(靈塔)으로 유명하다.

포탈라는 'Budda'의 티베트 음이고, 이 티베트 음을 다시 중국어로 음역한 것이 '布達拉'인 것이다.

⑤ 廣西壯族自治區 (桂:南寧)

秦나라 때 이곳에 계림군(桂林郡)을 두어 통치하였다. 北宋때에는 광남로(廣南路)로 명칭하였고, 이를 동과 서로 양분하여 광남동로(廣南東路)와 광남서로(廣南西路)로 불렀다. 광서라는 명칭은 광서남로에서 온 것이다. 당시 중심도

시가 계림이었기 때문에 계(桂)로 약칭한다.

1958년 자치구가 되었는데, 이 지역 4대 소수 민족인 장족(壯族), 요족(瑤族), 묘족(苗族), 동족(侗族) 중 제일 인구가 많은 장족의 이름을 따서 광서장족자치구로 부르는 것이다.

대표적인 도시인 계림은 자치구의 북동부에 있고, '계림의 산수는 천하제일이다(桂林山水甲天下)' 라는 명성이 있을 정도로 아름다운 경관을 자랑한다.

가마우지 낚시

예로부터 중국 남부에서는 가마우지를 이용한 독특한 낚시법이 성행했다. 가마우지는 야행성이기 때문에 주로 밤에 낚시를 하는데, 이강(漓江)의 중간쯤에 이르면 대나무 뗏목을 저어온 어부와 가마우지의 모습을 볼 수 있다. 어부가 뗏목에 차례로 앉아 있던 4~5마리의 가마우지를 강물에 풀어 놓으면 가마우지들은 물에 뛰어들어 재빨리 헤엄을 치기 시작하고 물고기를 잡는다. 물고기를 잡은 가마우지는 뗏목으로 돌아올 수 밖에 없는데, 가마우지의 목에는 줄이 감겨 있어 물고기를 삼키지 못한 채 뗏목 위로 힘겹게 올라온다. 그러면 어부는 가마우지를 거꾸로 들어 바구니 속으로 물고기를 토해 내게 하는 것이다.

4) 2개 특별행정자치구

① 홍콩특별행정자치구

홍콩은 중국어로 '香港', 영어로 'Hong Kong'인데, 홍콩으로 부르게 된 역사적 배경에는 정설이 없고 단지 옛날에 香을 수출하던 항구에서 유래되었다는 설과, 지금의 에버딘 근처의 항구 이름인 Heung Gong에서 유래되었다는 설이 유력하다.

홍콩은 크게 나누어 구룡(九龍) 지역, 홍콩 섬 그리고 新界(신계) 지역으로 구성되어 있으며 인구의 대부분이 홍콩 섬 북부와 구룡반도에 밀집되어 있다.

동방의 진주라고 불리는 홍콩은 1842년 아편전쟁의 결과로 맺어진 남경조약에 의해 영국의 통치를 받게 되었고, 중국과는 다른 자본주의 경제체제 하에서 눈부신 발전을 이루게 된다. 1984년 등소평은 홍콩의 자치권과 자본주의 생활방식을 보장하고, 사회주의와 자본주의가 병존할 수 있다는 일국양제(一國兩制)를 제시하여, 1997년 7월 1일 영국으로부터 홍콩을 반환받게 되었고, 특별행정자치구로 지정하였다.

• 마카오 특별행정자치구

② 마카오특별행정자치구

　마카오(澳門)는 홍콩에서 서쪽으로 64km 떨어진 곳에 위치한 작은 섬으로, 주강(珠江) 삼각주의 서안에 있다. 1553년부터 포르투갈의 통치를 받기 시작하였는데, 포르투갈인들이 바닷물에 젖은 화물을 말린다는 핑계로 이 땅을 강제로 빌려 사용하였다. 1986년과 1987년 중국과 포르투갈의 우호적인 협상을 통하여 1999년 12월 20일 중국에 반환되었다.

02 중국의 역사

드넓은 토지에서 단절의 역사 없이 번영해온 중국. 그 역사는 황하문명에서 발원했고, 일찍부터 선진 문화를 꽃피웠다. 다양한 문화 문명은 우리나라를 비롯한 세계 각국에 커다란 영향을 미쳤다. 중국의 역사는 통일과 분열의 연속으로 정리된다. 강력한 세력이 나타나 통합된 중국 제국을 건설하지만, 이는 곧 세력의 약화와 분열로 이어져 혼란의 시기로 빠져든다. 이러한 통합과 분열의 연속에서 중국 역사는 발전하고 현재에 이르렀다. 웅대한 규모를 자랑하는 중국의 역사를 살펴본다.

1. 선진(先秦)시기

1) 신화 전설 시대 - 원시사회와 삼황오제

고고자료에 의하면 대략 100만년 이전에 중국에는 이미 원시인류가 있었다. 1965년 운남성(雲南省) 원모(元謀)지역에서 젊은 남자의 치아 화석 두 개가 발견되었는데, 연대 추정 결과 약 170만년 전에 생존한 것으로 확인되었다. 1963년 섬서성(陝西省) 남전(藍田)에서도 원인 두개골 화석이 발견되었는데, 약 100만년 전에 생존한 것으로 확인되었다. 또한 북경 주구점(周口店)에서는 50만년 전에 살았던 북경원인의 화석이 발견되었다. 북경원인은 이미 직립 보행을 할 수 있었으며, 간단한 도구를 만들어 사용하고 불을 이용하는 등 사람의 기본적인 특징을 구비하고 있었다. 이와 같은 원시 인류 유적의 발견은 100만년 이전부터 중국에 인류가 존재했음을 증명하는 것이다.

그후 중국의 원시인류는 모계씨족사회와 부계씨족사회의 발전 단계를 거쳤다. 기원전 4~5천년경에는 황하유역과 장강유역에 출현한 앙소문화(仰韶文化)가 모계씨족사회를 대표하였고, 기원전 3천년경에는 황하유역에 부계씨족공동체를 대표하는 용산문화(龍山文化)가 출현하였다. 이것이 바로 세계 4대 문명 중 하나인 황하문명인 것이다. 앙소문화와 용산문화 시기를 거치면서 중국의 인류는 도기(陶器)를 만들고 농업과 목축업도 생겨났다.

중국인들은 자신들이 염황(炎黃)의 자손이라고 말한다. 기원전 2000년 중국 황하 유역에는 여러 씨족과 부락이 살고 있었는데, 그 중 비교적 이름이 났던 부락이 황제(黃帝)와 염제(炎帝)를 우두머리로 하는 부락이었다. 이 두 부락은 다른 부락들과 여러 전쟁을 거치면서, 하나의 부락으로 통합되었고, 화하족(華夏族)의 근간을 이루게 되었다. 화하족은 한족(漢族)의 전신으로 중화민족의 구성에 있어 중요한 부분이 된다. 이상은 고고학에 기반한 것이고, 순수 역사적 의미에서 문헌상으로 나타나는 중국 역사의 시작은 삼황오제(三皇五帝)부터 시작된다.

삼황은 중국 고대의 전설적인 제왕들로 일반적으로 수인씨(燧人氏), 복희씨(伏羲氏), 신농씨(神農氏)를 말한다. 수인씨는 불에 익혀 먹는 방법인 화식(火食)을 창안했고, 복희씨는 끈을 매듭지어 그물을 만듦으로써 고기 잡는 법을 가르치고, 팔괘(八卦)를 창조했다. 신농씨는 농경술을 발명하였다.

뒤이어 중국을 통치한 황제(黃帝), 전욱(顓頊), 제곡(帝嚳), 제요(帝堯), 제순(帝舜)을 오제라고 부른다. 오제 중 중국 유가에서 가장 이상적인 제왕으로 칭송받고 있는 요(堯)는 어진 정치를 펴 전쟁을 없애고 태평한 사회를 만들어 백성들을 덕으로 감화시켰으며, 홍수조절을 위해 물을 다스리기도 했다. 말년에 왕위를 아들에게 물려주지 않고 신하인 순(舜)에게 넘겨주었는데, 이를 선양(禪讓)이라 한다.

순(舜)은 요(堯)로부터 왕위를 선양받아 태평성대를 상징하는 요순시대를 열었으며, 순도 늙어 대표들이 치수(治水)에 공이 있는 우(禹)를 추천하니 선양의 방식에 따라 우에게 왕위를 물려주었다.

2) 중국 역사의 시작 - 夏殷周 三代

전설시대를 마감하고 기원전 21세기 경에 고고학적으로 확인된 하(夏), 상(商, 殷), 주(周)의 삼대(三代)가 이어진다.

기원전 21세기 치수에 성공한 우는 중국 역사상 첫 번째 왕조(王朝)인 하(夏)나라를 건립하였다. 게다가 왕위를 계승하는 방식이 이때부터 선양제에서 부자상속제로 전환되게 되면서 전통적인 봉건 왕조가 시작되었다. 우(禹)임금에서부터 시작되어 기원전 16세기, 폭군 걸(桀)임금 때 멸망하기까지 17대 약 5백년 동안 지속

> **주지육림(酒池肉林)** TIP
>
> 비싼 술로 연못을 채운 酒池와 안주로 쓸 익은 고기를 걸어 놓은 肉林. 夏나라 마지막 왕인 걸왕(桀王)과 殷나라 마지막 왕인 주왕(紂王)은 각각 말희(妹姬)와 달기(妲己)라는 여인에 빠져서 사치(奢侈)와 주색(酒色)을 탐닉하다가 결국 나라를 망치고 말았다. 하나라 걸왕은 무악(舞樂)에 싫증이 난 말희의 요구에 따라 궁궐 모퉁이에 큰 못을 판 다음 바닥에 새하얀 모래를 깔고 향기로운 미주(美酒)를 가득 채웠다. 그리고 못 둘레에는 고기로 동산을 쌓고 포육(脯肉)으로 숲을 만들었다. 걸왕과 말희는 그 못에 호화선을 띄우고, 못 둘레에서 춤을 추던 3,000명의 미소녀(美少女)들이 신호의 북이 울리면 일제히 못의 미주를 마시고 숲의 포육을 탐식(貪食)하는 광경을 구경하며 즐겼다. 은나라 주왕 역시 걸왕의 전철을 밟아 달기와의 주지육림에 빠져 주나라 시조인 무왕(武王)에게 멸망당하고 말았다.

된 하왕조는 마지막 왕인 걸(桀)왕에 이르러 주지육림(酒池肉林)으로 통치가 부패해졌는데, 그때 황하 하류에 있던 상(商)나라가 하를 멸망시키고 상왕조를 건립하였다. 상왕조는 19대왕인 반경(盤庚)이 은(지금의 하남성 안양)으로 천도하면서부터, 상을 은이라고도 부른다. 은나라 때에는 청동기가 발달하였고, 중국 한자의 기원이 되는 갑골문자가 사용되었다.

은을 멸망시킨 주(周)왕조는 BC 1122~BC 256년까지 존재하였는데, 원래는 은의 속국이었으나 문왕(文王)의 뒤를 이은 무왕(武王)이 은의 폭군 주(紂)를 몰아내고 건국하였다.

주(周)는 봉건제를 확립하고 정전제를 실시하면서 국력이 점차 번성하였다. 봉건제는 왕권이 닿지 않는 지방에 제후를 봉함으로써 통치를 용이하게 하였고, 정전제는 지배층이 농민의 노동력을 효율적으로 통제할 수 있게 하였다.

주는 도읍을 호경(鎬京:지금의 西安)에 두었는데, 서융(西戎)이라는 유목민의 침입을 피해 기원전 770년에는 동쪽 낙읍(洛邑:지금의 洛陽)으로 천도하였다. 동쪽으로 옮겨갈 때까지를 서주(西周)라 하고, 그 이후를 동주(東周)라고 한다. 동주시대에는 국력이 쇠약하여 각 제후들에게 실권을 빼앗긴 채 명목만 남은 국가가 되었다. 동주는 대개 춘추시대(春秋時代)와 전국시대(戰國時代)를 포함한다.

3) 제후국의 등장 – 춘추오패와 전국칠웅

춘추시대에 이르러 주 왕실은 정치적 실권을 상실하고, 제후들이 천하를 좌지우지하고 있었다. 제후들간에 서로 패권을 다투게 되는데, 140여개의 제후국 중

가장 세력이 강했던 제(齊), 진(晋), 초(楚), 오(吳), 월(越)을 일반적으로 춘추오패(春秋五覇)라고 부른다. 이 오패는 제의 환공(桓公), 진의 문공(文公), 초의 장왕(莊王), 오왕 합려(闔閭), 월왕 구천(勾踐)을 말한다. 이 시기 패자들은, 그래도 주 왕실에 대한 존경심을 갖고 있던 시절이었다. 하지만 전국 시대로 넘어가면 그나마도 사라지고 만다. 춘추시대를 지역별로 보면 진은 중앙에, 제는 동방에, 초는 남방에, 오와 월은 남동쪽에 위치하였다. 이 중 진은 후에 한(韓), 위(魏), 조(趙)의 3國으로 분리되어 전국시대 강국으로 등장하게 된다.

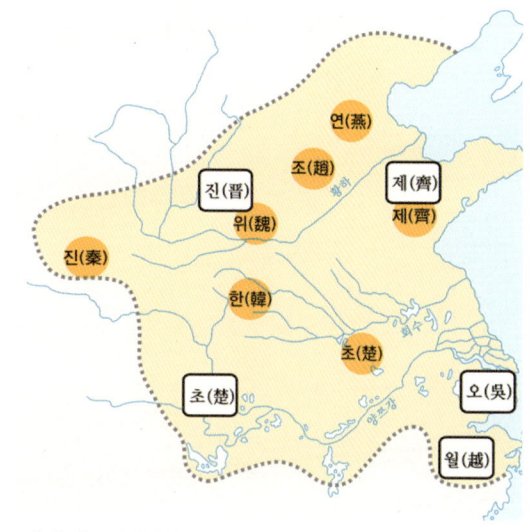
● 춘추전국시대지형도

춘추시대의 여러 제후국은 오랜 전쟁을 겪으면서 서로 합병되어, 전국시대에는 전국칠웅(戰國七雄)만 남게 되었는데, 북쪽의 연(燕), 남쪽의 초(楚), 서쪽의 진(秦), 동쪽의 제(齊), 중앙의 한(韓)위(魏)조(趙)이다. 이들은 자기의 세력 확장을 위해 수많은 인재를 구하는 풍토를 만들었고, 각종 학설이 전개되는 백가쟁명(百家爭鳴)의 시대를 형성하였다. 특히 탁월한 사상가를 배출하고 다양한 논의가 속출했다는 점에서 주목할 만하다.

유가(儒家)사상은 공자(孔子)와 맹자(孟子)가 발전시켰고, 순자(荀子)는 성악설을 주장하여 법가(法家) 사상에 이론적 근거를 제공하였다. 노자(老子)는 무위자연(無爲自然)을 주창하여 도가(道家)사상을 이끌었고, 상앙(商鞅)과 한비자(韓非子)는 법가 사상을 설파하였는데, 도덕보다는 법이 우위에 있는 것으로 간주하였다.

이와 같이 춘추 전국 시대에 꽃피웠던 제자백가의 사상은 진시황의 중국 통일과 함께 끝이 나고 법가 사상이 모든 것을 대신하게 되었다. 그러나 진의 멸망과 한의 통일로 인해 법가사상은 유가사상에 흡수되어 국가권력 강화에 공헌하였다. 이후 유교는 지배계층의 이론으로, 도가는 서민들의 생활 속에 자리를 하는 도교 사상으로 중국 사상의 양대 조류를 형성하였다.

2. 진(秦)에서 원(元)까지

• 만리장성

4) 중국의 통일 – 진의 통일과 한의 성립

칠웅의 하나인 진나라는 기원전 221년 동방 6국을 정벌하고, 드디어 중국 최초의 통일 국가를 이룬다. 진시황(秦始皇)은 자신의 통치를 공고히 하기 위해 법치주의와 군현제도를 시행하였고, 화폐와 도량형을 통일하고 문자를 소전(小篆)으로 규범화하였다. 대외적으로는 흉노(匈奴)를 황하 이북으로 내쫓았으며 만리장성을 더욱 견고하게 증축하고 장군 몽념(蒙恬)으로 하여금 토벌하게 하였다. 그러나 분서갱유(焚書坑儒)로 많은 유학자들로부터 비판을 받았으며, 만리장성이나 아방궁(阿房宮), 능묘(陵墓) 건설 등으로 인해 백성의 원성을 사게 되어 각지의 민중 반란이 일어나게 되었고, 결국 진승(陳勝)과 오광(吳廣)의 농민 봉기로 인해 기원전 206년 진의 통일 15년 만에 그 제국

● 진시황 병마용

● 병마용

은 붕괴하고 만다. 그러나 진(秦)제국은 중국 역사에서 중요한 의미를 지니는데 그것은 처음으로 중국에 통일 국가를 완성했다는 점이다. 현재 차이나(China)라는 영어 이름도 진(Chin)에서 기원한 것이다.

　진나라가 멸망한 후 기원전 206년부터 유방(劉邦)과 항우(項羽)는 서로 황제가 되기 위해 4년에 가까운 전쟁을 벌였다. 유방과 항우의 초한전(楚漢戰) 끝에 BC 202년에 한(漢)의 고조(高祖) 유방은 숙적 항우를 해하(垓下)에서 격파하고 오래도록 평안하라는 뜻에서 장안(長安:지금의 西安)에 도읍을 정하여 통일된 왕조를 세웠다. 진(秦)이 엄중한 법치주의를 채용하여 실패했던 것을 감안해, 법제를 늦추고 부분적으로 봉건제를 부활해 군현제와 병용하는 이른바 군국제(郡國制)을 실시했다. 한나라(漢) 시대에는 유교를 정치체제의 표본으로 삼았고, 종이를 발명하는 등 여러 가지 과학적인 진보가 이루어졌다. 그러나 무제(武帝)를 정점으로 하여 점차 쇠퇴하기 시작하여 기원 8년 왕망(王莽)에게 제위를 빼앗기고 말았다. 왕망은 신(新)왕조를 건설했지만 그의 급진적인 개혁정책이 성공을 거두지 못하고 각지에서 반란이 일어났다. 23년 반란군에게 피살됨으로서 신

> **초한전쟁(楚漢戰)** TIP
>
> 진 멸망 이후 중국 재통일을 위한 초패왕(楚霸王) 항우와 한왕(漢王) 유방 사이에 벌어진 4년간의 전쟁. 전쟁 초기 항우의 세력이 더 강했으나, 유방은 장량(張良) 한신(韓信) 등과 같은 인재의 도움을 받아 전세를 역전시킨다. 사방에서 초나라 노래가 들리는 사면초가(四面楚歌)의 심리전 끝에 항우는 비통하게 자신의 첩인 우희(虞姬)와 결별하고 결국 자살하게 된다. 이 내용은 장국영(張國榮) 주연의 패왕별희(覇王別姬)에 나오는 경극의 주요 테마이다.
>
>
> ● 패왕별희

왕조(8~25)도 단명을 기록하며 멸망했다.

왕망(王莽)에게 빼앗긴 한나라(漢)를 부흥하려는 하남(河南)의 호족(豪族)들에게 추대된 유수(劉秀:光武帝)는 기원 25년에 전국을 평정하고, 도읍을 낙양(洛陽)에 정했다. 이 때 생겨난 한(漢)을 시기적으로 후한(後漢:25~220), 지역적으로 동한(東漢)이라고 부른다. 반면, 한 고조 유방에 의해 건국된 한을 전한(前漢: BC202~AD8) 또는 서한(西漢)이라고 부른다.

서한은 200년간의 통치를 거치면서 통일된 중앙집권적 봉건국가를 공고히 하였다. 중국 역사상 서한 전기는 번영과 강성을 누린 시기이다. 정치적으로는 전국적으로 고도의 집중과 통일을 실현하였으며, 경제적으로는 대규모의 수리공사를 일으켜 농업기술과 수공업 상업이 크게 발전하여 많은 중요한 도시가 출현하였다. 군사적으로는 북방의 흉노를 물리쳐서 서역으로 통하는 무역로인 실크로드를 개척하였으며, 영토를 확장하고 국제무역을 촉진시켰다.

동한 후기에는 중앙집권 세력이 약화되고 군웅할거 세력이 강대해졌으며, 군웅들 사이에 격렬한 권력 쟁탈이 일어난 동시에 황건군(黃巾軍)의 농민대봉기가 발발하였다. 후에 군웅들은 황건군의 봉기를 무력적으로 진압하였지만, 군벌의 대혼전이 일어났다. 이렇게 진의 통일 이후 중국을 재통일한 한은 약 400년 동안 중국을 통치하면서 중국 역사상 가장 긴 왕조로 기록되고 있다.

5) 남북 분열과 민족 융합 – 위진남북조와 수의 통일

삼국(三國), 양진(兩晋), 남북조(南北朝)를 합쳐 위진남북조라 한다. 위진남북조는 220년 조조(曹操)의 아들 조비(曹丕)가 한 헌제(獻帝)를 폐위시키고 제위에 오르면서 시작되어 589년 수(隋)가 전국을 통일할 때까지 약 360여년의 기간이다.

220년 조비가 위(魏)를 세우고, 221년에는 유비(劉備)가 촉(蜀)을 세우고, 222년에는 손권(孫權)의 오(吳)나라가 생겨나면서 삼국시대가 시작된다. 삼국의 정립 국면은 약 45년간 지속되었다가, 263년 위에 의해 촉이 멸망하고 265년 위의 대신이었던 사마염(司馬炎)은 위나라의 정권을 빼앗아 황제를 칭하고 진(晋)을 세운다. 280년 晋은 오나라를 멸망시키고 삼국을 통일하면서 수도를 낙양(洛陽)에 정하였는데, 이를 서진(西晋)이라고 한다.

316년 진(晋)은 흉노(匈奴)에게 망하게 되지만, 진나라의 일족으로 강남을 다스리고 있던 사마예(司馬睿)는 317년 호족의 지지를 받아 건업(建業:지금의 南京)에 진(晋) 왕조를 재건하였는데, 도읍의 위치에 따라 이를 동진(東晋)이라 부른다.

420년, 동진(東晋)의 뒤를 이어 송(宋)나라가 건립되어 남조(南朝)가 시작되는데, 동진 이후 남쪽 지역은

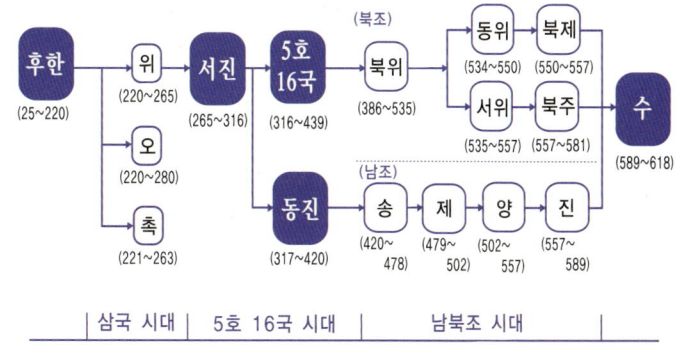

• 위진남북조의 변천

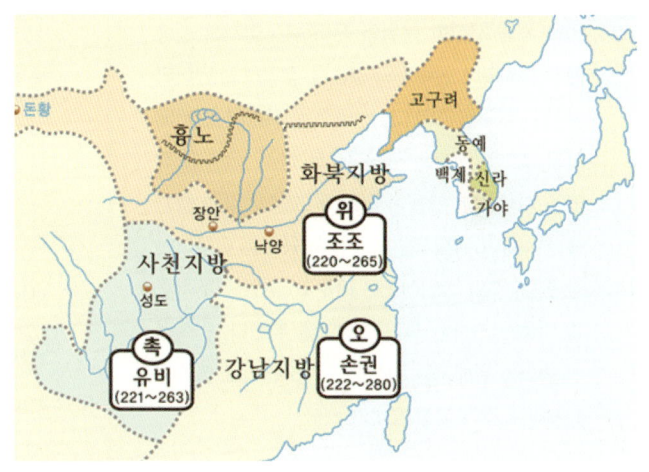

• 삼국의 정립

• 북위(北魏)의 용문석굴

Part 02. 중국의 역사 • 55

420년부터 589년까지 약 170년 동안 송(宋), 제(齊), 양(梁), 진(陳) 네 개의 조대를 거치게 되는데 수도는 모두 지금의 남경(南京)에 정하였다.

한편 북방에서는 서진(西晉)이 흉노에게 멸망한 뒤 북위(北魏)가 통일을 이루었다. 북위는 동위(東魏)와 서위(西魏)로 분열된 뒤 북제(北齊)가 동위를 대신하고 북주(北周)가 서위를 대신하였는데, 이 다섯 개의 조대를 북조(北朝)라고 한다.

남북으로 나누어진 이러한 국면을 남북조(南北朝) 시기라고 부른다. 이 시기에 북방의 각 민족은 투쟁 속에서도 융합을 추구하여 북방 지구의 경제는 발전을 이룰 수 있었다. 남방은 사회가 비교적 안정되고, 전란시에 황하유역으로 이주한 많은 이민들이 선진 생산기술을 가지고 갔기 때문에 장강 유역의 경제도 신속하게 발전할 수 있었다. 경제적 발전 이외에도 위진남북조 시기에는 중국의 문학 철학 과학 불교 예술 등에서 많은 발전이 있었다.

581년 수(隋) 문제(文帝)는 중국의 남북 통일을 새롭게 실현하였다. 300여 년간 지속된 혼란과 분열의 시기를 마무리하고, 통일을 공고히 하기 위한 여러 조치를 통하여 전국을 안정시켰다. 그러나 문제의 뒤를 이은 수 양제(煬帝)는 대대적인 토목공사와 대운하 건설, 세차례의 고구려 원정 등 무리한 정치로 인해 민심의 이반과 농민 봉기를 초래하였다. 결국 수 왕조는 불과 37년만에

북위의 불교 예술

북위는 494년 대동(大同)에서 낙양(洛陽)으로 천도하고, 대동의 수도 외곽에 만들었던 운강석굴(雲岡石窟)에 이어 불상을 조각하는 공사를 시작하였다. 이것이 바로 용문석굴(龍門石窟)인데, 돈황의 막고굴(莫高窟), 대동의 운강석굴과 함께 중국 3대 석굴 중 하나이다.

용문 주변은 돌이 아주 단단해 산에 있는 돌에 불상을 새겼는데, 약 10만 개의 불상이 있다. 이 작업을 처음 시작한 북위의 선비족은 철저히 한족에게 동화되어 한족과의 결혼을 장려하고 언어와 복장도 한족을 따랐다. 선비족은 북중국을 지배하며 불교를 정신의 구심점으로 삼기 위해 이 작업을 시작했다. 그들이 한족의 고향과 같은 중원을 통치하기 위해서는 민족간의 융화를 이루어야만 했다. 성도 한인식으로 바꾸고, 호인의 옷차림과 말을 금지하는 과감한 정책을 취했다. 민족간의 융화를 위해서는 정신적인 지도원리로 불교에 의지하는 것이 가장 효과가 컸다.

수의 대운하 건설

수의 두번째 황제인 양제는 605년부터 6년 동안에 걸쳐, 강과 강을 잇는 인공 운하를 만들었다. 수백만의 백성을 동원하여 대륙을 남북으로 잇는 대운하를 착공하였는데, 이 중 항주에서 북경에 이르는 경항대운하(京杭大運河)는 남방과 북방 사이의 물류 교류에 많은 공헌을 하였다.

종말을 고하고 618년 멸망하였다.

6) 중국을 넘어 세계로 – 당의 번영

농민반란에서 시작된 수나라 말의 쟁란은 군웅쟁패의 형태로 전개되었다. 그러던 중 617년 산서 태원(太原)의 지방 관리에서 거병한 이연(李淵)의 군대는 수나라의 수도 장안을 점령하였다. 이연(唐 高祖)은 수 양제가 살해되었다는 소식을 듣고 황제 자리에 올라 당(唐)나라를 건국하였다. 618년 수나라에 이어 중국 국가통일의 대업을 이룬 것이다.

이연의 둘째 아들 이세민(李世民)은 당 2대왕인 태종(太宗)이 되었고, 그의 치세를 연호에 맞추어 정관의 치세(貞觀之治)라고 부른다.

정관의 마지막 해인 649년 태종의 병이 날로 더해 가던 어느날, 황태자 이치(李治: 高宗)는 태종 곁에서 시중드는 한 궁녀의 모습을 보고 마음을 빼앗기고 마는데, 이 궁녀가 후에 중국 최초의 여제(女帝)가 된 측천무후(則天武后)였다.

태종, 고종시대에는 당나라가 전성기를 맞았는데, 고종이 죽은 뒤 측천무후가 실권을 장악하고 측근을 중용함으로써 정치는 일대혼란에 빠졌다. 그후 현종(玄宗)이 즉위하면서 정치는 안정을 되찾았지만, 양귀비와의 향락적인 생활을 하면서 현종도 정치에 신경쓰지 않게 된다. 마침내 사

측천무후

13세 때 태종의 후궁으로 궁중에 입궐해 태종이 죽을 무렵 태자(후의 고종)와 깊은 관계였다고 한다. 태종이 죽자 관습대로 비구니가 되어 불사(佛寺)에 은거하고 있다가 고종이 궁중으로 다시 데려왔는데, 고종이 오랫동안 중병이 들어 정사를 돌볼 수 없게 되자 무후가 전권을 장악했다. 65세의 무후는 왕위를 찬탈하여 스스로 황제가 되었으며, 아무런 저항도 받지 않고 황제로 군림했다. 비록 많은 비난을 받기는 했지만, 무후는 확고한 기반 위에 새로운 통일 제국을 확립했고, 사회개혁을 단행하였다. 독특한 성적(性的) 기호를 가졌던 측천무후는 78세까지 젊은 남성들과 미소년들을 데리고 자신의 "하렘"에서 향락적인 생활을 한 것으로 알려지고 있다.

● 당의 번영

> ### 양귀비
>
> 양귀비는 원래 당 현종(玄宗)의 18번째 왕자인 수왕(壽王)의 비였다. 현종의 무혜비가 죽자 황제의 뜻에 맞는 여인을 물색하던 중 수왕비의 미색을 진언하는 자가 있었다. 이를 들은 황제는 장안의 화청지에 온 이후로 양귀비를 총애하게 되었다. 양귀비가 27세가 되던 해에 정식으로 현종의 귀비가 되었다. 현종의 사랑을 한몸에 받은 귀비의 일가는 그 뒤부터 번영을 누려 많은 관직에 발탁되었는데, 양귀비의 친척 오빠인 양국충(楊國忠)도 그 중 한 사람이었다. 이에 불만을 품은 안록산이 난을 일으켜 현종과 양귀비의 로맨스에 종지부를 찍게 했다. 이때 현종은 양귀비와 함께 사천성으로 피난을 갔다. 가던 중 양국충이 죽고 귀비도 죽음을 강요당했다. 현종도 어찌할 도리가 없자 양귀비에게 자살할 것을 권유, 길가 불당에서 목을 맴으로써 양귀비는 현종과의 사랑에 끝을 맺었다. 이 이야기는 후에 백거이(白居易)의 장한가(長恨歌)에서 다루어지기도 했다.
>
> ● 서안 화청지
>
>

태는 돌궐 출신인 안록산(安祿山)과 사사명(史思明)이 일으킨 안사(安史)의 난으로 중국은 다시 난세와 분열의 시대로 접어들게 되었다. 결국 양귀비는 살해당하고 국력은 급속히 쇠퇴해갔다. 안사의 난은 종래 중국사에서 흔히 보이던 오합지졸의 농민반란이 아니다. 안사의 난은 이민족이 주체가 되고 군벌이 가세한 조직적인 군사 행동이다. 이 난은 당 왕조의 사회체제 뿐만 아니라 남북조 이래로 발전되어온 사회지배체제인 귀족계층을 붕괴시키고 당말 오대의 사회적 변혁을 거쳐 송대 서민사회를 열어주는 계기를 마련해 주었다고 할 수 있다. 당은 9세기 중기부터 급속도로 몰락하기 시작하였고, 874년 마침내 당조의 재정적 기반이었던 강남을 강타한 황소(黃巢)의 난으로 붕괴의 길로 접어들기에 이르렀다. 황소의 난 이후 당왕조의 중앙집권은 타격을 받았고, 문벌귀족과 절도사 세력도 약화되면서 세력의 재편성을 가져오게 하였다. 중국은 다시 오대 십국이라는 분열의 시대로 빠져들게 되었다.

당은 과거제도를 통해 등용된 인재들을 폭넓게 활용하였다. 또한 균전제(均田制)·조용조(租庸調)·부병제(府兵制)에 기초를 둔 율령제도를 정비하고, 정치 문화가 크게 발전해 당시 세계 최고의 문명국으로 자리잡게 된다. 도읍인 장안에서는 실크로드를 통한 동서교류가 활발해졌다.

당나라의 수도인 장안(長安)은 당시 정치의 중심지였을 뿐만 아니라 아시아 각 나라의 경제 문화 교류의 중심지였다. 통일신라와의 교역과 교류가 활발하여 승려와 학자들이 당을 내왕했는데, 신라인의 집단 거류지인 신라방(新羅坊)에는 거대한 사찰도 있었다고 한다. 특히 한나라 때 전해진 불교가 발전했고, 이백(李白)·두보(杜甫) 등의 시인도 활약했다.

7) 사대부 사회와 상업도시의 번성 – 송

당나라가 망한 뒤 907년부터 오대십국(五代十國)의 분열 국면이 약 54년간 지속되었는데, 5대는 화북(華北)의 5개 왕조인 후량(後梁), 후당(後唐), 후진(後晋), 후한(後漢), 후주(後周)이며, 10국은 화중(華中)과 화남(華南)의 독립국을 말한다. 오대십국의 분열 시기는 이전의 춘추전국시대나 위진남북조의 분열보다 기간은 짧았지만, 무인 절도사들이 정치 무대의 전면에 나선 시기였다. 이 분열 시기를 평정한 것은 후주의 사령관이었던 조광윤(趙匡胤)으로, 960년 송(宋) 왕조가 건립되었다.

분열시기를 극복한 송은 과거제를 매개로 한 문치주의 정책을 강력히 실시함으로써 황제권을 안정시키고 사대부 사회를 형성하였다. 사대부는 지식인임과 동시에 지주계급으로 토지를 매입

● 북송시대

● 남송시대

하여 부를 도모하고자 하였다. 문치주의를 채택하여 문관 관료 정치를 펼쳤는데, 이는 군사력의 약화와 조정 대신들간의 당파싸움이라는 폐단을 낳았다. 내치와 외교상의 폐해가 누적되어 국력이 약해지자, 중국의 북부와 서부에 거란족이 건국한 요(遼:916~1125), 요를 대신한 여진족의 나라 금(金:1115~1234), 탕쿠트족이 건립한 서하(西夏:1038~1227) 정권이 연속으로 생겨났다. 송은 이들과의 화평에 대한 대가를 지불하기 위해 재정적인 위기에 봉착하게 되었다. 이를 타개하기 위해 왕안석(王

安石)이 중심이 되어 신법을 실시하였지만, 근본적인 개혁을 이루지 못한채 실패로 끝나고 말았다.

결국 송은 1127년 여진족이 세운 금의 침입을 받아 변경(卞京:지금의 開封)이 함락되고, 수도를 남방으로 옮기지 않을 수 없었다. 보통 이 때까지의 송을 북송(北宋: 960~1127)이라고 부른다. 북송은 금에 쫓기어 강남으로 내려와 임안(臨安:지금의 杭州)에 도읍을 정하는데, 이를 남송(南宋:1127~1279)이라고 부른다.

남송 때에는 정치 경제의 중심이 강북에서 강남으로, 즉 황하 유역에서 장강유역으로 이동하여 강남지역을 개발하였을 뿐만 아니라 해상무역도 더욱 더 발전시켰다. 이때 많은 외국 상인들과 여행자들이 중국에 들어왔는데, 중국의 화약, 나침반, 인쇄술 등은 송나라에 무역하러 온 사라센 상인들에 의해 서방으로 전해졌고, 이후 근대 유럽에서 개량되어 널리 보급되었던 것이다.

8) 이민족 정권의 성립 – 원

금이 남송과의 전쟁을 반복하던 무렵, 징기스칸이 몽골의 각 부족을 지배하면서 전 몽골을 통일한다. 세력을 확장한 징기스칸은 강력한 통솔력과 친위집단

• 원 제국

의 무력을 바탕으로 금과 서하를 정복하고, 서아시아 지역을 넘어 인도의 인더스강 유역까지 세력을 확장하였다. 이후에는 동유럽과 남부 러시아까지 그 영역을 확대해 갔다.

1279년 징기스칸의 손자인 쿠빌라이는 군대를 거느리고 남송을 멸망시킴으로써 중국 역사상 최초로 소수민족에 의해 전국이 통치되는 왕조인 원(元)이 건립되었다. 원은 고려와 미얀마, 티베트까지 영토를 확장하여 동아시아 최대의 국가가 되었다.

이 시대는 실크로드가 정비되고, 동서의 원활한 왕래가 가능해졌는데, 이탈리아 베니스 상인 마르코폴로가 쓴 여행기인 「동방견문록」(東方見聞錄)에는 당시 중국의 번성한 모습이 구체적으로 소개되어 있다.

쿠빌라이는 도읍을 대도(大都:지금의 北京)에 정하고 아시아 대륙뿐만 아니라 중동은 물론 동부 유럽을 석권하는 대제국을 건설했지만 중국의 문화 제도에 완전히 동화되지 못했다. 거대한 중국대륙 전체를 지배하게 된 원은 소수의 지배민족이 인구나 생산력면에서 훨씬 우세한 피지배민족을 다스리기 위해 엄격한 민족차별정책과 몽골인 지상주의를 내세웠기 때문에 한민족의 불만이 점점 심해졌고 각지에서 민중 봉기가 발생하였다. 마침내 원 통치 100년을 채우지 못하고 1368년 주원장(朱元璋)이 한족의 단결을 호소, 대도를 점령하고 명(明)나라를 건국함에 따라 원나라는 멸망하였다.

칭기즈칸

몽골어로 '최고의 쇠로 만든 인간'이라는 뜻을 가진 테무진(鐵木眞)은 몽골족 내부를 통일하여 대칸(大汗)에 즉위하고, 그의 나이 44세인 1206년에는 칭기즈칸이라 칭해졌다. 칭기즈칸은 매년 서하와 금을 공격해 물자와 가축 및 인원을 약탈했고, 1215년에는 금의 수도인 연경을 점령하였다. 동방을 거의 제압한 후 서방을 공격하였다. 우수한 기동력을 가진 기병집단을 앞세워 중앙아시아의 거의 전역을 아우르는 대제국을 건설하고, 1227년 사망하였다.

마르코폴로의 동방견문록

1271년 마르코폴로는 17세 때 아버지와 숙부를 따라 4년의 여정 끝에 중국에 도착하였다. 그는 원나라 궁전에서 근무하면서 쿠빌라이 황제와 교유하였다. 이때 그는 17년 동안 원나라 각지를 돌아다니며 중국의 문물과 풍습을 배웠고, 고국으로 돌아가 중국을 서양에 알렸다. 「동방견문록」에는 대도(大都), 소주(蘇州), 양주(揚州), 항주(杭州) 등 중국의 도시들을 소개하여 동방 문명에 대한 유럽인들의 관심을 불러 일으켰다.

3. 명청(明淸) 시기

9) 한족의 중원 회복 – 명

명(明) 태조 주원장(朱元璋)은 빈농 출신으로 일찍부터 지주 집에서 소치기, 양몰이 등의 일을 하면서 소년 시절을 보냈다. 그러던 중 원말 정치적 혼란이 계속되고, 각지에서 붉은 두건(紅巾)을 두른 농민 봉기가 일어났는데, 이 봉기는 주원장에게도 영향을 주었다. 이후 주원장은 농촌의 무장자위단과 지방에 할거하는 토호세력들의 민병집단을 회유하고 항복시켜 자신의 군대로 편입시켰다. 홍건군의 총수가 된 주원장은 1368년 남경(南京)에서 명(明) 왕조를 건립하였고, 중국은 한인(漢人)의 통치를 회복하였다.

황제의 자리에 오른 태조 주원장에게 필요한 것은 피폐해진 경제를 회복하고 제국의 지배체제를 확립하는 것이었다. 그는 먼저 몽고의 풍속, 습관, 언어를 폐지하고 한민족의 전

● 명의 지형도

통을 회복하는데 노력하였다. 즉 원나라의 이민족 제도를 폐지하고 중국 고유의 제도로 돌아간다는 복고주의적 방침 아래 적극적으로 내정 개혁에 착수하였다. 이러한 개혁들을 통해 명조는 중국 역사상 더욱 강화된 중앙집권에 의한 군주 독재 체제를 확립하였다. 또한 무역을 엄격하게 통제하여 환관 정화(鄭和)를 여러차례 남해(南海)에 원정시켜 30여 국의 조공을 받았다. 명대의 농업과 수공업은 현격하게 진보하여 명대 말기 이미 많은 방직업과 제철업 등 수공업이 발달하여 자본주의의 싹이 출현하였다. 또한 명말 서양의 마테오 리치, 아담 샬 등과 같은 전도사들이 중국에 들어와 동서 문화 교류에 많은 공헌을 하였다.

강성했던 명 왕조는 16세기에 들어서면서 각지에서 반란이 일어나고 외적의 침입에도 시달리게 되었다. 마침내 이자성(李自成)이 이끄는 농민 봉기가 발발하였다. 명 왕조가 농민 봉기에 의해 심각한 타격을 받고 있을 무렵, 날로 강성해진 동북의 소수민족인 만주족은 청(淸)나라를 세우고 세력을 키워가고 있었다. 1644년 청나라 군대는 이자성을 물리치고 산해관(山海關)으로부터 북경을 공격하여 명왕조를 붕괴시켰다. 이로써 중원은 다시 한족이 아닌 이민족 만주족에 의해 통치되게 되었다.

10) 마지막 봉건 왕조 – 청

중국 역사상 최대의 영토를 통치하게 된 청 제국은 초기에는 명말의 혼란한 사회상이 여전히 지속됐지만, 강희제(康熙帝)가 즉위한 후 통일 제국으로서의 기반을 확고히 다지고 혼란한 사회를 정비하는데 성공했다. 정부의 여러 관직에 원나라와는 달리 만주인뿐만 아니라 한인(漢人)도 등용하는 비교적 관대한 인사정책을 실시했다. 외교적으로는 서구 열강의 개방압력에 문호를 개방할 수밖에 없었으며 이는 중국이 마침내 양이(洋夷)에게 굴복하고 반식민지의 길을 걷게 되는 계기가 된다.

청의 만주족은 강력한 무력을 배경으로 하여 한족을 강압, 자기네 풍속인 변발 등을 강요하는 등 한족과의 사이에 불화가

• 강희제

계속됐으나 강희제(康熙帝), 옹정제(雍正帝), 건륭제(乾隆帝) 3대에 전성기를 구가하고 영토도 만주, 내외몽골, 신강(新疆), 티베트를 포함한 최대의 국가가 된다.

그러나 19세기에는 청나라도 기울기 시작하여 민중의 반란도 일어나게 되지만, 쇠퇴의 길을 가속화한 것은 대외관계였다. 명말청초부터 중서문화의 교류가 있어왔고 청 정부 초기에는 호의적이었으나, 후에는 폐쇄정책을 고수함으로써 서구에 크게 뒤쳐지게 되었다. 서방 선진국들은 이미 공업 혁명의 성숙한 단계에 진입하였고, 자본주의의 발전은 빠르게 진행되었다. 상대적으로 중국은 봉건제도의 속박으로 생산력 향상에 한계가 있었고, 사회 발전이 상대적으로 퇴보하면서 서구 열강의 침탈을 겪게 되었다.

영국이 아편을 밀수하여 엄청난 부를 얻고, 이것을 계기로 아편전쟁(1840)이 일어났다. 결국 청은 영국군에게 패하고, 나라 안에서는 태평천국(太平天國:1851~1864)의 난이 일어난다. 이후 청일전쟁(1894~1895)에 이르기까지 청조는 외세의 침략을 그대로 방치하여 점점 더 국가에 대한 통제력을 잃어갔다. 결국 1911년 손문(孫文) 일파의 혁명당에 의해 신해혁명(辛亥革命)이 일어나고, 중국 역사상 마지막 봉건 왕조인 청나라는 역사의 뒤안길로 사라지게 되었다.

11) 서구 열강의 침탈 - 청의 멸망

1840년 일어난 아편전쟁은 중국 역사의 전환점과 중국 근대사의 발단이 되었다. 아편전쟁 이후, 자본주의 열강의 침략과 무시 하에서 중국은 빠르게 반식민지 반봉건사회로 변화하게 되었다. 서구 열강들은 공업 생산품의 판매 시장을 넓히고, 원료 생산지를 확보하기 위하여 원료기지와 상품시장을 찾았고, 강제적으로 식민지화하였다. 중국은 면적이 넓고 자원도 풍부하였으며, 인구 또한 많아서 서구 열강들이 탐내는 대상이 된 것이다.

19세기 초, 영국은 중국에 아편을 밀매하여 중국의 많은 은을 국외로 유출시킴으로써 중국에 막대한 재정난을 안겨주었다. 1839년 청 정부는 임칙서(林則徐)를 광동(廣東)으로 파견하여 아편을 금지하였다. 1840년 영국 정부는 아편 무역 시장을 보호하기 위해 무력으로 중국을 침공하였고, 이로 인해 제1차 아편전쟁

(1840~1842)이 발발하게 되었다. 영국군은 광주, 홍콩, 절강성, 상해를 거쳐 남경까지 함락시켰다. 결국 1842년 영국 정부와 남경조약(南京條約:난징조약)을 체결하게 되었다. 조약에는 영국에게 거액의 배상금을 보상하고, 홍콩 영토를 인도하고, 광주 상해 하문(廈門) 복주(福州) 영파(寧波) 등 다섯 도시를 개방한다는 내용이 들어 있었다. 이 조약은 서구 열강과 맺은 첫번째 불평등 조약이 되었고, 잇따라 미국, 프랑스 등이 영국을 모방하여 청 왕조 정부와 강압적으로 불평등 조약을 맺었다. 일련의 불평등 조약 체결로

● 아편전쟁과 태평천국운동

중국은 실질적인 주권을 박탈당하면서, 독립 국가가 아닌 반식민지 상태로 접어들게 되었다.

아편전쟁 이후 청 정부는 거액의 배상금을 지불하기 위해 온갖 방법으로 백성들의 착취하였다. 많은 백성들은 저항하기 시작하였고, 각지에서 농민 봉기가 이어졌다. 1851년 홍수전(洪秀全)은 광서(廣西)에서 봉기하고, 부패한 청나라 정부와 맞서 싸울 것을 주장하면서 그 모임 이름을 태평천국(太平天國)이라 지었다.

민중의 열렬한 지지를 받으며 태평군(太平軍)은 중국 남부의 많은 지역으로 세력을 확장하였다. 1853년 태평천국은 남경을 수도로 정하고, 17개 省과 600여 개의 도시를 점령하면서 그 위력을 떨쳤다. 태평천국은 토지 균등 분배과 남녀 평등 등을 시행하면서 그 세력이 북경 근처까지 이르렀고, 이에 놀란 청 황제는 도망갈 준비까지 하였다.

태평군의 이러한 위협 속에 청 왕조는 또 다시 영국과 제2차 아편전쟁(1856~1860)을 치러야 했다. 1856년 영국의 애로우(Arrow)호 사건을 계기로, 영국은 프랑스와 연합하여 연대(煙臺), 여순(旅順)을 점령하였다. 다시 천진(天津)을 거쳐

북경까지 진입한 영불연합군은 북경의 원명원(圓明園)을 불사르고 많은 소장품을 약탈하였다. 결국 1860년 북경에 외교관 주재, 기독교 선교의 자유 등을 내용으로 하는 북경조약(北京條約)이 체결되었고, 중국으로부터 수많은 이익과 특권을 취하였다.

청은 2차 아편전쟁 이후 주권을 상실한 굴욕 속에서도 눈앞의 안일만을 탐내 외세의 침략자들과 합세하여 태평군을 진압하였다. 결국 1864년 태평천국운동(1851~1864)은 14년 간의 미완의 혁명 운동으로 끝나게 되었다.

서구열강의 침탈을 겪으며, 청조는 서양의 군사 기술, 과학 기술 및 정치 제도 등을 도입하여 국력을 강화하고자 하는 자강(自强)을 추구하는 사상이 움트게 되었다. 이것이 바로 증국번(曾國藩), 이홍장(李鴻章) 등이 주도한 양무(洋務)운동(1861~1894)인데, 양무운동의 목적은 강력한 군대와 경제적 부의 축적이었다. 그러나 봉건적인 제도와 관료기구의 부패로 인해 양무운동은 중국을 부강한 나라로 만드는 데 실패하였다.

메이지유신(1867)을 거친 일본은 자본주의가 신속하게 발전하였고, 중국에 대하여 매우 큰 야심을 품고 있었다. 1894년 마침내 중국에 대하여 청일전쟁을 일으켰다. 청 정부는 일본의 침략을 막아내지 못하고, 굴욕적인 시모노세키조약(馬關條約)을 체결하였다. 조약에 따라 일본은 중국의 요동반도, 대만 등을 점거하였고, 중국의 무역항을 자유롭게 드나들 수 있는 자유통선(自由通船)의 특권을 얻었다.

청일전쟁 이후 중국은 무력하게 제국주의 열강에 의해 분할되어야만 했다. 심각한 민족적 위기에 직면한 상황에서, 일본의 메이지유신에 자극받은 강유위(康有

> **TIP**
>
> **원명원(圓明園)**
>
> 북경 서북쪽 교외에 위치한 청나라 황실의 별궁. 1709년 강희제가 황태자를 위하여 조성한 정원으로, 건륭제는 이탈리아 출신 카스틸리오네와 브노아에게 이 동산에 베르사이유 궁전과 맞먹는 현대식 궁궐을 짓도록 설계를 명하였다. 이에 따라, 남에 기춘원, 동에 장춘원을 짓고 중앙에 멋진 바로크식 궁전을 세웠다. 그러나 안타깝게도 이 역사적 걸작은 1860년 베이징을 짓밟은 영불연합군에 의하여 잿더미로 변하였다. 사전에 보물은 모두 약탈당하였다. 150년에 걸쳐서 쌓아올린 문화재가 밤낮 사흘의 불길 속에서 폐허로 바뀌고 말았다.
>
>

● 의화단 운동

爲)와 양계초(梁啓超) 등의 유신파들은 1898년 변법유신운동(變法維新運動)을 일으켰다. 민간주도의 상공업 진흥, 과거제의 개혁, 관제와 법제의 효율적 개혁, 군제의 개혁 등 대대적 유신운동을 전개하였다. 그러나 이 운동은 청 정부내의 자희태후(慈禧太后:서태후)를 비롯한 봉건수구파의 격렬한 반대와 잔혹한 진압하에 실패로 끝나고, 유신파의 주요 인물들은 대부분 피살되거나 외국으로 망명하였다. 이 유신운동은 시작에서 실패까지 불과 100일 밖에 걸리지 않았기 때문에 백일유신(百日維新)이라고도 불린다.

계속되는 서방의 수탈과 사회혼란으로 인해 중국의 민중은 각지에서 비밀 결사 조직들이 생겨났는데, 1900년에 일어난 의화단(義和團)운동이 대표적이다. 의화단은 부청멸양(扶淸滅洋:청을 도와 서양을 물리친다)이라는 명분을 내세워, 제국주의 열강에 대항하였다. 이에 제국주의 열강들은 8개 연합군(영국, 미국, 일본, 러시아, 독일, 프랑스, 오스트리아, 이탈리아)을 구성하여 중국을 침탈하였다. 청 정부는 열강과의 화친을 위해 의화단을 배신하고 외국 군대와 결탁하여 의화단을 와해시켰다. 결국 서구 열강에 항복하고, 1901년 신축조약(辛丑條約)을 맺음으로써 중국이 사실상 열강들의 공동 관리하에 들어가게 되었다.

4. 중화민국과 중화인민공화국

12) 황제 통치의 종말과 공화정의 시작 – 중화민국

1911년 민영철도를 국유화하여 제국주의 열강에게 매각하려는 청의 기도를 분쇄하기 위해 일어났던 신해혁명(辛亥革命)의 불씨는 무창(武昌)에서 혁명파가 청군을 대파하면서 성공을 거두었다. 이듬해 쑨원(孫文)은 혁명정부인 중화민국(中華民國)의 임시대통령에 취임하고 이 해를 민국 원년으로 하였으며, 수도를 남경(南京)에 두었다.

● 신해혁명

신해혁명의 성공으로 청 왕조의 260여 년에 걸친 통치가 끝나고 2,000여 년의 황제통치가 막을 내리면서 공화제의 중화민국이 탄생하게 되었다. 그러나 북양군벌의 지도자인 위안스카이(袁世凱)는 열강을 배후에 업고 제국의 부활을 꾀했으며, 1916년 원세개가 죽은 뒤에는 군벌(軍閥)들이 열강의 세력을 등에 업고 각지에서 할거했기 때문에 중국은 다시 군벌 통치의 혼란 상태로 빠져들게 되었다.

무정부와 비슷한 혼란 상태에서도 민중의 자각은 크게 깨어 있어서, 1919년 5월 4일 북경에서는 대학생의 주도로 반제국주의, 반봉건주의 애국 운동인 5·4운동이 일어났다.

1917년 러시아에서 레닌은 10월 혁명을 일으켜 제정 러시아를 무너뜨리고, 세계 최초 사회주의 국가를 탄생시켰다. 1918년 봄 북경대학 교수인 천두슈(陳獨秀) 등은 '마르크스주의 연구회'를 조직하여 공산주의의 기초가 되었고, 1921년 제1회 전국대표회의가 열려 정식으로 중국 공산당을 창당하였다. 이 대회에서 천두슈가 서기장으로 선출되었고, 마오쩌둥(毛澤東) 등이 참석하였다. 창립 당시의 중국 공산당은 미미한 존재였지만, 불과 수년 후에는 군벌 타도를 위한 북벌에 참가하는 강력한 세력으로 성장하였다.

남창봉기(南昌蜂起)

쑨원이 1925년 3월 12일 북경에서 죽고 나서 좌우 파의 대립이 심각해졌다. 그리고 무한에서 중국 공산당은 대시국선언을 발표해서 국민당을 공격했고 국민당도 국·공 분리선언을 하면서 제1차 국공합작은 결렬되었다. 1927년 7월 무한에서 탈출한 공산당 간부들은 남창으로 모였다. 국·공 분열로 공산당은 혁명을 추진하기 위해 자신들의 무력으로 무장 봉기를 해야 했다. 이것이 남창 봉기이다. 그러나 봉기군은 남창을 점령한지 3일만에 국민당의 공격으로 남창을 포기하고 남하하였다.

1927년 4월 장제스는 상해에서 정변을 일으켰는데, 이 상해 쿠데타에 의해 공산주의자들은 대대적인 숙청을 당하고 산악지대로 철수할 수 밖에 없었다. 이처럼 위급한 형세를 맞아 공산당은 1927년 8월 저우언라이(周恩來), 주더(朱德) 등이 남창(南昌)에서 무장 봉기를 일으켜 국민당에 대항하면서 지속적인 무장투쟁을 전개하였다.

1928년 10월 북벌의 완성으로 남경을 수도로 한 국민정부가 중국을 대표하는 중앙정부가 됨으로써 이른바 남경시대(南京時代:1928~1937)가 개막되었다. 장개석의 남경정부는 중국 공산당의 세력 확대를 경계하고 공산당 토벌을 개시하였고, 결국 1934년 10월 중국 공산당은 역사적인 대장정(大長征)을 떠나게 되었다.

푸이(부의, 溥儀)

푸이(溥儀:1906~1967)는 3살에 황제에 즉위하고 나서 불과 3년 뒤 신해혁명(辛亥革命)으로 퇴위당한다. 그후에도 자금성에서 사치스러운 생활을 했지만, 나중에는 궁전에서도 쫓겨나 천진(天津)으로 거처를 옮긴다. 이윽고 일본군에게 이용되어 만주국(滿洲國)의 황제로 추대받지만, 일본군이 태평양전쟁에서 패하자 곧바로 소련군에게 체포되었다. 조국인 중국으로 돌아온 뒤에도 반역자로서 수용소 생활을 해야만 했으며, 석방 후에는 일반 평민으로 살았다. 실로 파란만장한 삶을 산 중국의 마지막 황제이다. 영화 '마지막 황제'에 자세한 내용이 담겨 있다.

● 마지막황제(푸이)

중국의 약화와 분열을 틈타 일본은 1931년 만주를 점령하고 퇴임한 부의(溥儀)를 황제로 내세워 만주국(滿洲國)을 건국하였다.

1937년 중일전쟁이 시작되자 항일에 대한 서로 다른 견해로 인해, 국민당 정부내에서도 장제스의 정책에 불만을 품은 사람들이 생겨나게 되었고, 장제스의 부하 중 몇 명이 쿠데타를 일으키는데 이것이 서안사건(西安事件)이다.

이후 국민당이 공산당과 다시 연합하는 제2차 국공합작이 성립되었지만, 국민당과 공산당 모두 항전보다는 당 세력을 확장하는데 염두를 두었기 때문에 항일전쟁과 국공간의 교전이 병행되는 이중적 성격을 띠게 되었으며, 결국 1944년 5월 국공합작은 완전히 결렬되고 말았다.

제2차 세계대전이 연합군의 승리로 끝나자 중국은 통일 국가로의 건설이 가장 중대한 과제로 등장했다. 전쟁 직후에는 장제스 정부가 미국의 원조 덕분으로 공산당보다는 훨씬 더 유리한 위치에 있었다. 그러나 공산당군의 유격전과 정치공작, 국민당의 내분과 장기적이고 효율적인 정책 부재, 인플레로 인한 군사기의 저하 등으로 인해 국민당은 중국 본토를 공산당에게 내주고 1949년 대만으로 쫓겨가는 신세가 되었다.

13) 신중국의 탄생 - 중화인민공화국

● 마오쩌둥

1949년 9월 중국인민정치협상회의(中國人民政治協商會議)에서 공산당 주석으로 선출된 마오쩌둥은 1949년 10월 1일 마침내 천안문 성루에 올라 중화인민공화국(中華人民共和國)의 수립을 정식으로 선포하였다. 이 10월 1일이 중국의 국경절이고, 몇일 뒤인 10월 10일 대만에서는 장개석의 국민당 정부가 출범하게 된다.

마오쩌둥은 사회주의를 건립하고 민족의 단결을 강화하면서 낙후한 경제와 사회의 발전을 위한 기초를 다져 나갔다. 이에 자신감을 얻은 마오쩌둥은 백가쟁명(百家爭鳴), 백화제방(百花齊放) 운동을 일으켜 공개적인 언론의 자유와 당에 대한 비판을 허용하였다. 그러나 예상했던 것보다 훨씬 강도 높은 비판이 생겨나자 1957년 모택동은 이것을 반우파(反右派) 투쟁으로 연결시켰다. 또한 이 시기에 중국 경제의 현대화를 가속화하려는 대약진운동(大躍進運動)을 전개하였다. 기본적으로 농업국가인 중국에서 과도한 중공업 성장 위주의 정책을 통해 도약하려던 대약진운동은 중국 지도부내에 심각한 분열을 가져와 그 운동을 지지하는 과격파와 반대하는 온건파가 서로 대립하는 양상을 보였다. 결국 모택동의 혁명이념은 현실을 무시한 너무나 급진적이고 모험적인 정책인 것으로 판명되었고, 대약진운동의 실패로 모택동은 일선에서 물러나게 된다. 이후 등장한 인물이 당시 당의 2인자였던 리우사오치(劉少奇)이다. 리우사오치는 덩샤오핑(鄧小平)을 등용하여 피폐한 국민경제의 회복을 위한 경제 조정 정책을 실시하면서 자본주의적 방법을 도입하여 권력의 핵심으로 부상하였다. 이에 불안을 느낀 마오쩌둥은 문화대혁명(文化大革命:1966~1976)을 일으켜 격렬한 반우파투쟁을 전개하였다. 청년 노동자, 대학생, 중학생, 심지어 소학교 학생까지 가담한 홍위병이라 불리는 단체가 무수히 조직되어 모택동의 외침에 호응하였고, 사회전체를 경직된 사회주의 분위기 속에 휩싸이도록 만들었다. 실세였던 리우사오치는 배신자로 몰려 당적을 박탈당했고, 덩샤오핑은 농촌으로 추방되었다. 당과 군의 지식인사들 역시 대부분 농촌으로 하방(下

● 상해 포동(浦東)지구

천안문사태 TIP

1989년 4월 15일 후야오방 전(前) 총서기가 사망하자 그의 죽음을 애도하고 민주화를 요구하는 학생운동이 발생하게 되었다. 노동자, 지식인까지 참가하게 된 시위는 전국으로 확산되고 천안문에는 지식인, 노동자, 일반시민, 학생 등 약 100만명이 연달아 대대적인 집회를 개최하게 된다. 온건파였던 자오쯔양 총서기는 실각하고, 강경파였던 리펑(李鵬) 총리 등은 1989년 6월 4일 새벽 계엄군을 동원하여 천안문 광장의 시위대를 무력 진압하여 최악의 유혈사태를 초래하였다.

放)당하는 신세가 되었다.

1976년 9월 마오쩌둥이 사망하자 화궈펑(華國鋒)은 문화대혁명의 잔재를 제거하고, 새로운 경제정책을 추진하였지만, 실용주의 노선을 지향하는 덩샤오핑의 개혁 개방 노선이 공산당의 지도방침으로 채택되면서 화궈펑은 권좌에서 물러나게 된다.

1978년 인민대회를 통해 새로운 지도자로 등장한 덩샤오핑은 문화대혁명의 오류를 극복하고 부강한 중국 건설을 위해, 그가 주창했던 경제 이론인 흑묘백묘론(黑猫白猫論)을 내세우며 중국 특색의 사회주의 건설을 위한 개혁개방 정책을 실시하였다. 1979년 광동성(廣東省)과 복건성(福建省)을 경제특구로 지정하였고, 1980년에는 심천(深圳), 주해(珠海), 산두(汕頭), 하문(廈門) 네 곳을 경제특구로 선포하였다. 특히 1992년 상해 포동(浦東)지구를 개발하여 경제의 중심지로 설계한 것은 중국 실용주의 경제 정책의 결정판이라 할 수 있다.

덩샤오핑은 당주석제를 폐지하고 총서기제를 부활하여 자기의 심복인 후야오방(胡耀邦)을 총서기로, 자오쯔양(趙紫陽)을 총리로 각각 임명했다. 그러나 경제발전에 비해 덜 중시되었던 정치민주화를 요구하는 학생과 지식인의 시위가 일어났는데, 이것이 바로 1989년의 천안문(天安門)사태였다.

천안문사태 이후 1990년 자오쯔양 총서기는 민주화시위를 지지했다는 이유로 해임되고, 상해시 당서기였던 장쩌민(江澤民)이 총서기로 선출되어 마오쩌둥, 덩샤오핑에 이은 제3세대 권력세력으로 등장하게 되었다. 이 시기 덩샤오핑은 장쩌민의 후원자 역할을 하면서, 홍콩과 마카오의 중국 복귀라는 어려운 난제를 일국양제(一國兩制)의 정치적 해법을 제시하여 해결하였다.

제4세대 지도자인 후진타오(胡錦濤) 등은 과거 정치 지향의 지도자들과 달리 기술 관료 출신이라는 특징을 갖고 있는데, 이는 세계 미래 기술을 주도하려는 현대 중국의 의지를 반영한 것이다.

현재는 제5세대 지도자인 시진핑(習近平)과 리커창(李克强) 등이 중국을 이끌고 있다.

● 마카오 야경

· 중국 연대표 ·

중 국	연 도	한 국
하(夏)	BC21C ~ BC16C	
상(商)	BC16C ~ BC11C	청동기문화
서주(西周)	BC11C ~ BC770	고조선
춘추(春秋)	BC770 ~ BC403	철기문화
전국(戰國)	BC403 ~ BC221	
진(秦)	BC221 ~ BC206	위만조선
서한(西漢)	BC206 ~ AD8	
신(新)	8 ~ 23	
동한(東漢)	25 ~ 220	
삼국(三國:魏蜀吳)	220 ~ 280	
서진(西晉)	265 ~ 316	삼국시대
동진(東晉)	317 ~ 420	
남북조(南北朝)	420 ~ 589	
수(隋)	581 ~ 618	
당(唐)	618 ~ 907	통일신라
오대(五代)	907 ~ 960	
요(遼)	916 ~ 1125	
북송(北宋)	960 ~ 1127	
금(金)	1125 ~ 1234	고려
남송(南宋)	1127 ~ 1279	
서하(西夏)	1038 ~ 1227	
원(元)	1271 ~ 1368	
명(明)	1368 ~ 1644	조선
청(淸)	1644 ~ 1911	
중화민국(中華民國)	1911 ~ 1949	일제식민기
중화인민공화국	1949 ~	대한민국

# 중국의 정치

현대 중국을 관통하는 키워드를 하나만 꼽으라면 정치라고 할 수 있다. 사회, 경제, 생활 심지어는 예술과 스포츠 영역까지 정치가 간여한다. 정치는 늘 가까이서 중국인의 삶 하나하나를 규정한다. 중국의 정치 특징과 국가 시스템을 통해 정치문화의 지형도를 그려보기로 한다.

1. 공산당이 없으면 신중국이 없다

한 국가의 정식 국호를 보면 대체로 그 국가가 가진 정치권력의 성격을 가늠해볼 수 있다. 중국의 정식 국호는 중화인민공화국(中華人民共和國 People's Republic of China)이다. 인민공화국의 사전적 뜻은 주로 정치적 이데올로기로서 마르크스·레닌주의를 표방하는 프롤레타리아 독재 정부를 구성한 공화국 체제를 의미하지만 대부분의 인민공화국은 공산당에 의한 과두 정치가 실행된다. 현재 중국도 헌법에서 사회주의 실현을 목표로 마르크스·레닌주의와 마오쩌둥(毛澤東) 사상, 덩샤오핑(鄧小平) 이론 등을 정치 이데올로기로 삼고 사회주의를 지속시키기 위해 중국 공산당을 중국의 유일한 집권 정당으로 한다고 규정하고 있다. 우리나라에서 1992년 한·중 수교 이전에 중국을 중국 공산당의 약칭인 중공(中共)이라 부른 것도 이러한 맥락에서였다. 따라서 중국 정치를 알아보기 위한 첫 걸음은 국가권력을 독점하는 당-국가체제인 중국 공산당의 체제와 기타 권력구조와의 상호관계에서부터 출발해야 한다.

민주국가의 정치제도는 주로 서구식의 삼권분립 즉 입법·행정·사법부로 나뉘어져 상호 견제와 균형을 유지시킴으로써 국가권력의 집중과 남용을 방지하는 통치조작 원리를 가진다. 이국희에서 인용한 중국 권력 조직도를 살펴보면 중국의 정치제도는 형태적으로 지방자치를 실시하고 있는 민주국가의 정치제도와 매우 유사하다.

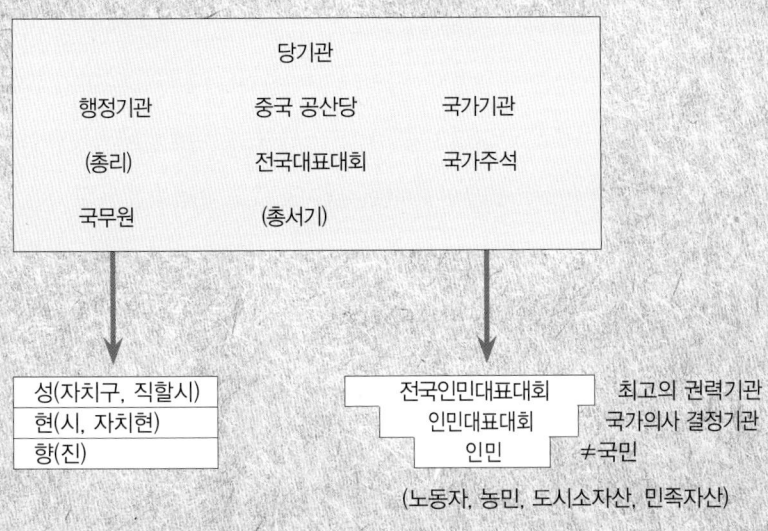

• 중국 권력 조직도

    국무원이 행정부, 중국 공산당이 집권당, 전국인민대표대회가 입법부, 최고인민법원 및 각급 인민검사원이 사법부에 해당된다고 볼 수 있다. 그러나 이들 통치기구의 역할과 역학 관계까지 같다고 착각하면 큰 오산이다. 공산당은 전반적인 정치적·이데올로기적 지도를 담당하고 국가통치와 사회변화의 가이드라인의 역할을 맡는다. 행정기관과 입법기관, 사법기관은 공산당에 의해 결정된 정책을 집행한다. 또한 민주 국가와는 대조적으로 공산당은 기타 국가 기관에 대해 절대적 권한을 행사한다. 중국은 헌법 서문에서부터 "중국 공산당의 영도 아래 중국의 여러 민족과 인민은…중화인민공화국을 건립하였다. 이로부터 중국인민은 국가의 권력을 장악하여 국가의 주인이 되었다(…中國共産黨領導中國各族人民, …建立了中華人民共和國。 從此, 中國人民掌握了國家的權力, 成爲國家的主人。)"라고 규정함으로써 중국 공산당의 기타 국가 기관에 대한 영도의 정통성을 명문화시켜 놓고 있다. 공산당 당 장정(章程) 중의 총강(總綱)에서는 더 구체적으로 "중국 공산당은 중국노동계급의 선봉대이며 동시에 중국인민과 중화민족의 선봉대이고 중국특색이 있는 사회주의사업을 영도하는 핵심이다. 중국 공산당은 중국선진생산력의 발전요구를 대표하고 중국선진문화의 전진방향을 대표하며 중국의 가장 광범한 인민의 근본이익을 대표한다. 당의 최고이상과 최종목표는 공산주의를 실현하는 것이다(中國共産黨是中國工人階級的先鋒隊, 同時是中國人民和中華民族的先鋒隊, 是中國特色社會主義事業的領導核心, 代表中國先進生産力的發展要求, 代表中國先進文化的前進方向, 代表中國最廣大人民的根本利益。黨的最高理想和最終目標是實現共産主義。)"라고 공산당의 리더로서의 지위와 임무를 명시하고 있다.

이러한 공산당의 국가에 대한 절대적 지위와 임무는 헌법과 당장에서만 명목적으로 보장되는 것이 아니라 실질적인 통치과정에서도 국가 권력 기관과 정부 각 영역에 대해 직·간접적인 영향력을 행사할 수 있다. 특히 중국 공산당은 통치과정의 핵심적 부분인 정책의 결정에서 배타적 권리를 가지고 있다. 중국에서 당의 정책을 결정하는 최고 권력은 중국 공산당 중앙위원회에 있는데 당 중앙(黨中央)으로 약칭되며 중국에서 절대적 권력을 상징하는 용어로 되어있다.

중앙위원회의 위원과 후보위원의 위원수는 중국 공산당 전국대표대회가 결

• 중국공산당 중앙조직도

정하며, 위원의 임기는 5년이다. 중앙위원회는 중국의 핵심적 인물이 총망라되어 있기 때문에 정책결정기구로서는 규모가 비효율적이라고 할 수 있다. 따라서 당 중앙의 권력집행기관은 구체적으로 약 20~30명의 위원과 후보위원으로 구성된 중앙정치국(中央政治局)과 이들 정치국의 위원들에서 다시 선출된 7명의 상임위원들로 구성된 상무위원회(常務委員會)이다. 상무위원들이야말로 실제 중국 권력의 최고 핵심 멤버들이다. 상무위원들 간에 공식적인 위계는 없기 때문에 집단지도체제인 것처럼 보이지만 당이나 국가 행사에 참가하는 상무위원들의 입장 순서나 중국 방송 매체에서 상무위원을 호명하는 순서는 언제나 같아서 서열이 없다고 할 수도 없다.

중앙기율검사위원회
(中央紀律檢査委員會 중기위)

중국 공산당의 감찰기구로서 당 관리들의 부정부패와 위법 행위를 조사 감찰하고 당 정책의 집행을 감독하는 기능을 갖는 준-정부 기관이다. 중앙기율검사위원회 위원의 임기는 5년이며 중앙위원회의 지휘를 받는다.

● 중앙정치국 상무위원

정책결정은 정치국 상임회의에서 대체적인 합의가 이루어진 다음에 정치국회의에서 최종적인 결정이 내려진다. 당 중앙에 의해 결정된 정책은 전국인민대표대회 또는 전국인민대표대회 상무위원회에서 형식적으로 논의되어 거의 수정 없이 당 중앙의 결정을 추인하여 국무원과 그 산하부서를 통해 시행되는 시스템이다. 또한 모든 상무위원들은 각각 당과 국가기관의 최고직위를 분담하여 차지하고 있어 당의 정책과 집행과정에 절대적 권한을 행사할 수 있다.

민주주의 제도에서 마지막 보루라고 일컬을 수 있는 사법부도 하드웨어나 소프트웨어적인 측면 모두에서 예외 없이 공산당의 지도 아래 놓여 있다. 법원은 헌법에 따르면 전국인민대표대회 상무위원회의 감독을 받지만 실제로는 공산당 정법위원회(政法委員會) 지휘를 받기 때문에 공산당의 지도에 강하게 영향 받는다. 법원을 지도하는 정법위원회는 공산당 중앙기구 중 하나로 검찰과

> **중전회(中全會)** TIP
>
> 중국 공산당 중앙위원회 전체회의를 줄여 부르는 용어이다. 중전회는 중앙정치국이 소집하며 정책결정보다는 중요한 정책을 공개적으로 발표하여 당 중앙에서 결정된 정책에 사후적으로 합법성을 부여하기 위해 개최된다. 중국은 당대표대회를 5년에 한 번씩 열고 그 사이에 7차례의 중전회를 개최한다. 일반적으로 제1, 제2중전회는 기구를 결정하고 당 중앙정치국, 상무위원회 및 중앙위원회 총서기를 선출하는 회의이고 제3중전회에서는 새로이 선출된 최고 지도자가 향후 중국 발전의 비전을 제시한다.

• 중국 공산당기

공안까지 모두 총괄한다. 또한 법관부터 대부분 공산당원이다. 중국에서 사법고시가 도입되기 전에 법관은 퇴역 군인의 몫이었다. 애초부터 민주국가에서와 같은 법원의 독립을 기대하기 어려운 구조인 셈이다.

중국에서 어린아이들이 우리의 초등학교에 해당하는 소학교(小學校)에 들어가면 "공산당이 없으면 신중국이 없다(沒有共産黨就沒有新中國)"라는 노래를 꼭 배워야 한다. 이 노래의 제목처럼 공산당의 지위가 국가기관보다 절대적 우위에 있다는 것을 함축적으로 명징하게 보여주는 것은 없다. 그리고 이것은 어쩌면 공산당의 절대적 권위와 영도를 중국인들의 마음속에 당연하게 각인시키는데 그 어떤 것보다 훨씬 더 큰 효과가 있을 것이다.

2. 중국 공산당 파워 원천

중국 공산당의 파워 요소에서 첫 번째로 꼽을 수 있는 것은 창당 때부터 지금까지 국가 최고 엘리트 조직이라는 데 있다. 공산당은 12명의 멤버가 1921년 7월 상해에서 비밀리에 공산당대회를 개최함으로써 창당되었다. 규모는 소규모 사상 서클에 불과했지만 멤버들만은 예나 지금이나 당시 민중의 지지기반을 장악할 수 있는 슈퍼 엘리트들이었다. 북경대 교수로서 마르크스 이론을 최초로 중국에 소개한 이대교(李大釗), 중국의 레닌에 비견되는 진독수(陳獨秀), 장차 신중국 수립의 아버지가 되는 마오쩌둥 등이 바로 창당 멤버였다. 현재 중국 공산당은 규모면에서도 당원수가 거의 남·북한의 인구를 합친 규모인 약 8천여 만 명에 이르는 거대한 엘리트 집단으로 비약적인 성장을 이루었다.

• 붉은 대륙을 건국한 마오쩌둥

중국 공산당은 권력 그 자체이기 때문에 많은 사람들이 공산당에 가입하려고 한다. 그러나 가입하고 싶다고 모두 공산당 당원이 되는 것은 아니다. 엄격한 자격심사를 통과한 사회 각 계층의 엘리트만이 공산당원이라는 영예를 얻을 수 있다. 가입 의지만 있으면 되는 민주 국가의 정당제도와는 근본적으로 다르다. 한 마디로 낙타가 바늘구멍을 통과

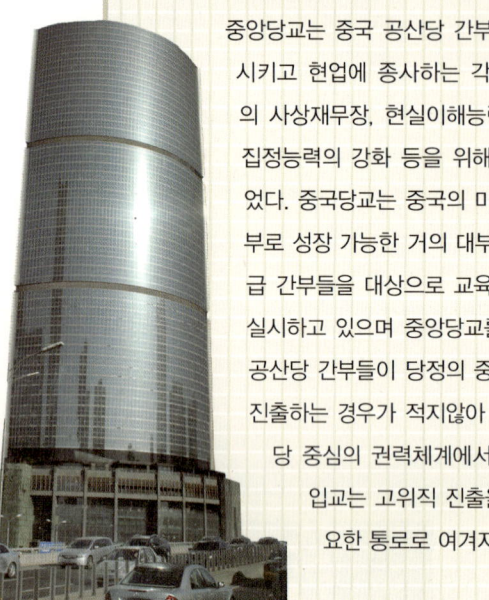

중국 공산당 학교
(中國共産黨學校 당교)

중앙당교는 중국 공산당 간부를 재교육시키고 현업에 종사하는 각급 간부들의 사상재무장, 현실이해능력의 제고, 집정능력의 강화 등을 위해서 조직되었다. 중국당교는 중국의 미래 핵심간부로 성장 가능한 거의 대부분의 중고급 간부들을 대상으로 교육과 훈련을 실시하고 있으며 중앙당교를 거쳐 간 공산당 간부들이 당정의 중요 지위로 진출하는 경우가 적지않아 중국 공산당 중심의 권력체계에서 중앙당교 입교는 고위직 진출을 위한 중요한 통로로 여겨지고 있다.

하는 것만큼 어렵다는 말이다.

중국 공산당의 가입 절차는 "종교는 민중의 아편이다"라고 말한 마르크스(K. Marx)의 말이 무색하게 가톨릭의 입교 절차와 비슷하다. 대학생의 경우 우선 입당 신청서를 제출하면 당원과의 사전 인터뷰를 통해 입당 동기와 평소 언행을 점검 받는다. 이 단계를 통과하면 당 조직에서는 정식당원을 파견하여 입당에 결격 사유가 발생하지 않도록 멘토링해 주고 그 정식당원은 추천인의 신분이 되어 지원자에게 입당 신청서를 작성하게 한다. 일 년 혹은 그 이상의 테스트 기간 동안 예비당원의 신분으로 각종 평가를 통해 당과 인민에 대한 봉사 정신, 지적 능력 등을 다각도로 검증받으며 각종 사회 활동에 참여하고, 당 조직에 정기적으로 사상보고를 해야 한다. 가톨릭에서 세례를 받기 전에 예비신자 교리 기간을 두어 교육을 하고 세례를 받을 때에는 대부(代父)·대모(代母)를 정하는 것과 거의 같다. 이 기간 동안 별 문제점이 없으면 최종적으로 당위원회의 재가를 받아 정식당원이 된다. 이렇게 어렵고 힘든 선발 과정을 거쳐 입당한 만큼 당원들은 그들 표현대로 공산당과 인민을 위해 "칼산에도 오르고 불바다에도 뛰어들 수 있는(上刀山下火海。)" 열성 당원으로 거듭 날 수밖에 없다.

입당하고 나서도 당원들은 평생 교육을 받는다. 입당한 엘리트들 가운데서 다시 더 뛰어난 엘리트를 뽑아 공산당은 당교(黨校)에 입학시켜 재교육을 실시한다. 당교에서는 각계 유력 당원들에게 국가 통치 능력을 가르쳐 장차 당과 정부를 이끌 지도자로 육성한다. 덩샤오핑 이후의 최고 지도자와 간부들이 다 그런 인재 양성 시스템을 통해 배출된 유능한 통치 엘리트들이다 보니 끊임없는 자기 변화와 정화를 통해 공산당의 안정적이고 장기적인 집권을 이끌어낼 수 있는 것이다.

공산당의 또 다른 힘의 원천은 당 조직에 있다. 당 조직은 성위원회(省委員會 성위)가 각 직할시, 자치구, 성에 분포되어 있고 그 아래로 지위(地委), 또 아래로는 시위(市委), 이런 식으로 해서 구위(區委), 현위(縣委), 진당위(鎭黨委), 향당위(鄕黨委) 등의 수직적 방식으로 구성되어 국가 말단 행정기관까지 거미줄처럼 뻗어 있다. 공산당이 인민정부를 영도하고 지도할 권리가 인정되고 있기 때문에 공산당의 하부조직에서도 당서기는 정책의 방향을 제시해주고, 성장은 그 방향에 따라 구체적인 행정 업무를 시행한다. 행정조직뿐만이 아니다. 인민해방군, 공장, 학교, 국영상점에도 모두 공산당의 하부조직이 들어가 있다. 또한 공산당은 운영에 있어서 소수는 다수에, 하급은 상급에, 전 당원과 조직은 중앙에 복종하는 민주집중제(民主集中制)의 조직원칙을 채택하고 있다. 하급기관이 상급기관에 반하는 독자적 결정을 내릴 여지가 사실상 존재하지 않는다.

> **당조(黨組)** Tip
>
> 당 조직 외 공산당의 국가기관뿐만 아니라 사회 전체에 대한 지휘와 감독을 보장하기 위한 제도적 장치이다. 각급 국가기관, 인민단체, 경제조직, 문화조직 또는 기타 당 이외의 조직 상층부에 설치된다. 당조의 구성원은 임명된다.

중국은 천안문 사태 이후 한때 서구 언론매체에서는 덩샤오핑 사후 억눌려 있던 정치 민주화, 경제 불평등, 민족 독립 문제가 한꺼번에 분출되어 중국이 분열될 것이라는 예측보도가 경쟁하듯이 쏟아져 나온 적이 있었다. 그러나 덩샤오핑 이후에도 중국은 세계의 시선을 비웃기라도 한 듯 서구의 예상과는 전혀 다른 방향으로 일사분란하게 움직이고 있다. 중국 공산당의 국가 장악력을 정확하게 보지 못해서 범한 오보(誤報)였다. 당 조직이 비대해지면 뷰어라크라시(bureaucracy)와 부정부패라는 동맥경화증에 걸릴 수 있다. 그러나 공산당의 또 다른 경쟁력은 자기 필터링 기능을 가진 조직이라는 데 있다. 공산당은 최고지도자의 개인적인 카리스마를 이용한 인치(人治)에서 시스템에 의한 법치(法治)로 나아가고 있고, 점진적이지만 정치적 민주화를 위한 의미 있는 행보도 보이고 있다. 이전과는 다르게 피비린내 나는 권력투쟁 대신에 당정 지도자의 지위를 5년 임기의 중임(重任)으로 제한하여 순조로운 최고지도자의 교체도 이루어냈다. 중국 공산당 집권에 대한 중국 인민의 무한한 신뢰와 지지는 로마처럼 결코 하루아침에 만들어진 것이 아니다.

• 중국 인민해방군 열병식

엘리트 당원과 잘 완비된 조직 말고도 중국 공산당의 또 다른 강력한 파워의 원천은 군의 통수권을 장악하고 있다는 점이다. 중국 공산당에게 군대는 삼손(Samson)의 머리카락이다. 중국의 군대, 즉 중국인민해방군(中國人民解放軍)은 창군 이후부터 현재에 이르기까지 항상 중국 공산당에 속해 있다. 중국의 군사를 통솔하는 최고 권력 기구는 중앙군사위원회(中央軍事委員會)인데 구성원은 거의 같으면서 공산당과 정부 조직에 같이 들어가 있다. 이것 하나만 보더라도 중국에서 군이 차지하고 있는 위상을 짐작할 수 있다. 중앙군사위원회는 공식적으로는 전국인민대표대회가 감독하고 있으나 인사가 당의 중앙위원에서 결정되고 이 기구의 대표인 주석(主席)이 당 중앙정치국 상무위원을 반드시 겸직한다는 점에서 중국 공산당의 지휘·감독을 받는다고 봐도 무방하다. 중앙군사위원회의 손과 발이 되는 모든 각급 부대단위에는 당 조직이 위에서 아래로 같이 흘러 들어가 이원화된 지휘체계로 운영됨으로써 당의 통제가 합법적으로 보장된다. 민주국가와 달리 국가주석은 군대와 거의 관련이 없다. 국무원 산하의 국방부도 군 행정을 보조할 뿐이고 직접적인 관계가 없다. 결국 중국인민해방군은 국군(國軍)이 아닌 당군(黨軍)이라 할 수 있다.

중국에서 군대의 역할은 국가의 안정과 군사업무를 담당하는 것 그 이상이다. "권력은 총구에서 나온다(槍杆子里面出政權)"라고 했던 마오쩌둥의 말처럼 군이 권력이고 권력이 곧 군이다. 문화대혁명 기간 동안 국가주석 류사오치(劉少奇)와 당 총서기 덩샤오핑은 군부의 지지를 받지 못해 실각했고 이 과정에서 류사오치는 체포되어 이송되는 중 폐렴으로 사망했고, 덩샤오핑은 강서성(江西省)의 트랙터 공장의 노동자로 하방(下放)되는 굴욕을 당했다. 개혁·개방 후 덩샤오핑은 총서기도 국가주석도 아니었지만 누구나 한테 최고 지도자로 인정받은 까닭은 당 중앙군사위원회 주석직을 맡고 있었기 때문이었다. 또한 장쩌민(江

澤民)은 후진타오(胡錦濤)에게 후계자를 계승하는 과정에서 2002년 중국 공산당 총서기, 2003년 국가 주석직을 이양했지만 공식적 임기가 끝난 후에도 2년 간 더 중앙군사위 주석직만은 이양하지 않고 자기 손에 틀어쥐고 있었다. 역사 속에

● 개혁 개방의 지휘자 덩샤오핑   ● 상해방의 태두 장쩌민

서 중앙군사위 주석이 결국은 실질적인 권력의 중추라는 것을 다시 한 번 확인시켜주는 사례들이라 할 수 있다.

이 세 가지 요소로 인해 공산당은 건국 후 지금까지 일당제를 유지면서 중국을 붉게 물들일 수 있었다. 중국 공산당의 강력한 파워는 언제까지 지속될 수 있을까?

키는 공산당의 자기 개혁 폭에 달려 있다. 일부 공산당 간부들이 관료주의와 부정부패에 빠진 것은 사실이지만 전체적으로 보면 현재까지 공산당의 변신은 성공이라고 평가할 수 있다. 중국 공산당은 개혁·개방 이후 지난 30 여 년 간 꾸준한 개혁을 통해 미증유의 사회주의와 자본주의의 결합을 성공적으로 이룩해내었다. 게다가 현실적으로 현 시점에서 공산당을 대신할 딱히 마땅한 정치적 대안도 없다. 공산당과 중국은 이제 정말로 공산당이 없으면 중국이 몰락하게 되는 운명공동체가 되었다. 그러나 중국 공산당은 여기에 만족하지 않고 역사의 교훈을 상기하며 더 큰 원대한 꿈을 좇고 있을 지도 모른다.

춘추(春秋)시기 여러 정치 이데올로기 중 하나에 불과했던 유가(儒家)가 세(勢)를 강조했던 법가(法家)를 누르고 오늘날까지 중국인들의 생활가치를 지배하는 유교(儒敎)가 된 것처럼 그렇게 변신해가는 프로젝트. 최근 중국에서 활발히 전개되고 있는 공자(孔子)의 부활이 이 프로젝트의 일환으로 여겨지는 것은 필자만의 생각일까?

3. 당 조직, 국가 기구, 정치사회 단체

중국의 통치권력 기구 중에서 비교적 중요한 당 조직과 국가기구, 정치사회 단체에 대해 권한과 체재 등을 알아보자.

중국 공산당 전국대표대회(全國代表大會 당대표대회 또는 전대): 중국 공산당 전국대표대회는 5년마다 한 차례 개최되는 중국 공산당의 전당 대회이며, 당 중앙에 의해 소집되는 최고 권력기관이지만 국가의 중요한 정책 방향이 당대표대회 이전에 이미 결정되어 있기 때문에 명목상일 뿐이다. 그러나 당대표대회는 차기 중국 권력의 핵심이 되는 신임 지도부를 구성하고 새로이 선임된 최고 지도자가 정치보고를 통해 중국의 향후 국정 아젠다를 발표한다는 점에서 대내외적으로 큰 영향력이 있다. 또한 사회주의 국가의 정책결정 과정이나 권력지도부의 변동은 민주국가보다는 대외적으로 공개되지 않기 때문에 특히 마오쩌둥 이전에는 중국의 권력층 내부에 어떤 변화가 발생했는지를 알려주는 바로미터의 기능을 하였다. 공산당 대회의 간격이 5년 이내에 개최된 경우에는 대체로 의외의 노선변경이 있었음을 뜻하며, 5년 이상일 때에는 당의 내분이 매우 치열하게 전개되고 있음을 나타낸다. 당대표대회는 1921년 창당부터 현재까지 단 18차례만 열렸는데 마오쩌둥의 마지막 공산당 대회인 10전대회까지는 권력 투쟁 등으로 인해 매우 불규칙하게 개최되었다.

• 전국인민대표대회

중앙서기처(中央書記處): 중국 공산당의 상설 사무기구로서 중앙정치국과 상무위원회의 권력 집행기구이다. 중앙서기처의 산하기구로는 조직부, 선전부, 대외연락부, 조사부 등의 부서를 두고 있고 당교와 당 기관지 인민일보(人民日報)와 출판물을 관장하고 있다. 당의 방침과 정책을 입안하는 중요한 기능을 수행할 뿐만 아니라 당의 각종 행정부서를 지휘 감독하는 행정 및 참모기구 역할을 한다. 중앙서기처의 대표인 총서기는 중앙정치국 회의와 중앙정치국 상무위원회 회의를 소집하며 중앙서기처의 업무를 주관한다. 중앙서기처를 대표하는 역대 총서기는 포스트 덩샤오핑 시대부터 국가주석직을 겸임하는 것이 상례화되었다. 따라서 총서기가 실질적으로 중국 공산당을 대표한다고 볼 수 있다.

> **TIP**
> **서기(書記)**
> 우리나라에서 서기의 역할은 어떤 단체나 회의 같은 데에서 문서나 기록을 맡아보는 하급직책을 가리키는 반면에, 중국에서는 당 기구의 위원회 대표를 서기라고 부른다. 정무원 산하 위원회의 대표가 주임으로 불리는 것과 대조적이다.

전국인민대표대회(全國人民代表大會 전인대): 헌법상 중국의 최고 권력기관으로 우리의 국회에 해당한다. 국가의 대내외 중요사안에 관한 최고 의결기구이며,

각 지역과 인민해방군에서 선출된 2,900여 명(최고 3,500명)으로 구성되고 임기는 5년이다. 헌법상의 최고 권력기관의 지위에도 불구하고 1년에 한 차례 정도밖에 열리지 않고 실질적인 권력은 공산당이 장악하고 있기 때문에 주요 권한은 공산당의 결정을 통과시키는 거수기 역할에 그칠 뿐이다. 중국을 대표하는 최고 권력자인 국가주석 및 군사를 통솔하는 중앙군사위원회의 주석은 공산당 중앙위원회의 추천에 의해 전인대에서 선출된다. 전인대의 정식명칭에는 기수와 차수와 병기되는데, 기수는 임기별로 붙여지고 차수는 같은 임기 내에서 열린 회의에 따라 순차적으로 붙여진다.

국무원(國務院): 중국의 최고 행정기관이다. 전국인민대표대회에서 결정된 중요사안, 국가행정에 관한 법률의 결의나 결정, 경제·사회 발전계획과 국가 예산의 수립·집행 등에 대한 집행을 한다. 국무원의 임기는 5년이며 대체로 총리 1명, 부총리(약간 명), 국무위원(약간 명), 우리나라의 장관에 해당하는 각 부서의 부장(중국인민은행장 포함), 각 위원회 주임, 우리나라의 감사원장에 해당하는 심계장(審計長), 비서장으로 구성되어 있다. 국무원의 대표인 총리는 국가주석의 추천으로 전국인민대표대회의 승인을 받아 임명되며, 국무원 산하 부총리와 국무위원은 총리의 지명으로 전국인민대표대회의 인준을 받아 임명된다.

전국인민정치협상회의(全國人民政治協商會議 정협): 1949년 이전에는 연합정부의 수립을 위한 여론 주도층의 의견을 수렴한다는 취지로 설립된 전 국민적 협상기구였으나 현재는 통일전선조직으로서 중국 공산당 이외의 정치단체도 허용된다는 것을 나타내기 위한 상징적 기구이며 실제적인 권한은 거의 없다. 전국인민정치협상회의는 중국국민당혁명위원회(中國國民黨革命委員會 민혁), 중국민주동맹(中國民主同盟

양회(兩會) TIP

우리의 국회격인 전국인민대표대회와 국정자문회의에 해당하는 전국인민정치협상회의를 일컫는 말이다. 양회는 1959년에 시작되었는데 1985년부터 3월 개최가 관례화 되었다. 회의기간은 1998년부터 고정되어져 왔으며, 양회 개최 기간은 일반적으로 10일~12일 사이이다.

● 인민대회당

● 공청단

민맹), 중국민주건국회(中國民主建國會 민건), 대만민주자치동맹(臺灣民主自治同盟 대맹) 중국농공민주당(中國農工民主黨 농공당), 중국치공당(中國致公黨 치공당), 9·3학사(九三學社) 등의 민주당파로 통칭되는 8개 정당과 사회단체, 정계의 대표로 구성된다. 이들 정당들은 대부분 명칭에 '민주'를 넣어 형식적으로나마 중국이 공산당 외에 야당도 있는 민주공화국이라는 것을 표방하고 있다.

상해방(上海幫)과 태자당(太子黨) TIP

상해방은 장쩌민 전 중국 국가주석을 중심으로 한 정치 세력을 일컫는 말이다. 상해 시장이었던 장쩌민이 덩샤오핑의 천안문 사태에 대한 강경 진압을 적극적으로 지지한 대가로 차기 후계자가 된 후 장쩌민은 상해 시장 시절 같이 일했던 인물들을 중앙 정치 무대로 대거 불러올렸는데 이들에 의해 상해방이 시작되었다. 상해방은 중국 최대의 도시이자 막강한 경제력을 가진 상해시를 기본 배경으로 하고 있으며 전 국무원 총리 朱鎔基(주룽지)가 대표적 인물이다. 태자당은 혁명 원로의 2세대로 이루어진 정치 세력을 말한다. 혈연 및 지연관계로 긴밀하게 얽혀져 있고 당·정·군·경제계에 걸쳐 폭넓게 포진되어 있다. 현 국가주석인 시진핑(習近平)과 전 중경(重慶)시 당서기 보시라이(薄熙來)를 대표적 인물로 꼽을 수 있다. 부패의 온상이라는 비난을 받고 있기도 하다.

중국공산주의청년단(中國共産主義靑年團 공청단): 공산당의 보조조직이라고 할 수 있을 만큼 중요한 대중조직체이다. 공청단의 전신은 1920년 창단된 중국사회주의청년단으로서 공산당의 창당보다 발족시기가 1년 앞선다.

현재 약 8천만 명의 단원이 있으며 가입연령은 만 14세 이상에서 만 28세 이하까지이다. 후진타오가 공청단에서의 경력을 바탕으로 중앙 정치무대로 진입한 후 중국 공산당 내에서 상해방과 태자당과 더불어 공청단 인맥들이 중요 정치 세력의 하나로 자리 잡았다.

중국의 언어와 문자

사유의 구조는 사유주체가 사용하는 언어의 특성과 밀접한 관계가 있으며, 언어의 구조는 그 언어의 사용주체가 공유하는 사유방식의 특성과 밀접한 관계를 지닌다. 문화가 그 문화를 공유하는 사람들이 만들어 낸 모든 유형·무형의 産物(산물)이라고 본다면, 문화는 그 문화를 만들고 향유해 온 사람들의 사유 구조와 밀접한 관련이 있음을 알 수 있다. 그렇다면 문화는 그 문화를 공유하는 사람들이 사용하는 언어와도 밀접한 관련이 있으며, 언어 역시 그 언어권의 사람들에 의하여 영향을 받아왔다고 말할 수 있다. 또한 문자는 언어를 기록하는 수단이므로, 인간의 사유는 문자를 기초로 이루어지며, 문자는 다시 인간의 사유를 통하여 다듬어지고 인간의 삶을 통해 변화한다고도 할 수 있다. 이러한 측면에서 본다면 漢字는 중국 언어의 특징을 담지하고 있을 뿐만 아니라, 중국 문화와도 밀접한 영향관계를 맺어 왔다고 볼 수 있다. 본 장에서는 중국 문화를 이해하기 위한 준비 작업으로, 중국 언어와 문자의 일반적인 특징에 대해서 잠시 얘기해 보고자 한다.

1. 중국언어의 특징

일반적으로 우리는 '중국어'라고 얘기하지만, 사실 이러한 명칭은 일본 사람들에 의하여 만들어진 것이다. 중국인들은 그들의 언어를 '중국화(中國話)', '보통화(普通話), 또는 '한어(漢語)'라고 부른다.

다음에서 중국언어의 일반적인 몇 가지 특징에 대해서 살펴보기로 하자.

1) 고립어(Isolating Language)

고립어란 간단히 정의하면, 성(姓), 수(數), 격(格), 시제(tense)에 따른 낱말의 형태 변화가 없는 언어를 지칭한다. 즉 굴절어에 속하는 영어나 교착어에 속하는 한국어의 경우에는 낱말의 형태변화가 매우 다양하게 일어나지만, 고립어인 중국어의 경우는 낱말의 형태 변화가 결코 일어나지 않는다.

중국어가 고립어가 된 연원은 문자에서 찾을 수 있다. 즉 중국인들은 처음 문자를 만들 때 언어의 발음을 표기하는 음성부호를 문자로 삼은 것이 아니라, 언어의 의미를 나타내는

> **만다린은 무엇인가?**
>
> 중국어의 명칭으로는 '만다린(Mandalin)'이란 것도 있다.
> 중국 음식점 이름에도 심심찮게 보이는 이 명칭은 관화(官話)(Official Language)라는 의미를 지닌 범어(Sanscrit)를 음역(音譯)한 것으로, 방언(方言)이 유독 많았던 중국에서 중앙정부의 관리가 쓰는 언어를 지칭하는 명칭이었다.

형상을 취하여 문자로 삼았다. 따라서 각각의 문자들은 완정한 의미를 지님과 동시에 한 음절로 표기되는 음절문자였다. 이에 따라 문자의 형태를 변화하는 것은 불가능했던 것이다.

2) 성조 언어(Tone Language)

세계의 언어는 성조의 유무에 따라 성조 언어와 비성조 언어로 나뉘어 진다. 비성조 언어에서 음높이의 변화는 어조의 변화만을 나타낼 뿐, 의미를 변별하는 작용을 하지 않는다. 예를 들어, 영어 book⟨buk⟩의 음절은 발화 환경에 따라 음높이가 점차 하강하기도 하고 점차 상승하기도 하는데, 하강하면 서술형 어조가 되고, 상승하면 의문형 어조로 바뀐다.

그러나 어떤 경우에도 '책'이라는 의미는 전혀 변화하지 않는다. 그러나 중국어의 경우는 이와는 다르다. 예를 들어 'shū'라고 평평하게 읽으면 '책(書)'이란 의미이지만, 음높이를 점차 올려가면서 'shú'라고 읽거나, 음높이를 점차 낮아지게 'shù'라고 읽으면 전혀 다른 의미가 된다. 현대 중국어에는 1, 2, 3, 4성의 기본 성조와 경성(輕聲), 반삼성(半三聲) 등이 있다.

3) 단음절어(mono-syllabic Language)

중국어는 단음절어이다. 단음절어란 하나의 음절이 의미를 지닌 최소의 음운단위인 것을 말한다. 즉 한 음절로 된 하나의 문자가 하나의 독립된 의미를 지닐 때, 이러한 언어를 단음절어라고 한다.

고대 한어의 경우에는 대부분의 낱말들이 한 음절로 된 한글자짜리 단음절어였다. 그러나 현대 한어의 경우에는 두 개 이상의 글자가 결합된 합성어(Affixation)의 비율이 약 90%를 차지한다.

4) 어순(word order)

중국어 어순은 영어와 같이 주어, 동사, 목적어(S+V+O)의 순서이다. 한국어가 주어, 목적어, 동사인 것(S+O+V)과는 다르기 때문에, 한국인 중국어 학습자들은 중국어 공부를 하면서 어려움을 느끼곤 한다.

중국어 어순은 영어와 유사하지만, 고립어라는 특징으로 인하여 어순이 바뀌면 문장의 의미가 바뀌는 특징을 지닌다. 예를 들어 '我愛你'라는 문장에서 주어와 목적어의 위치를 달리하여 '你愛我'라고 하면, "나는 너를 사랑해"라는 문장이 "당신은 나를 사랑해"라는 문장으로 바뀐다. 이는 중국어에 구조조사를 제외한 나머지 주격, 목적격 등의 조사가 없기 때문이다. 따라서 중국어에서는 문장의 어순이 문장의 의미를 결정지어주는 역할을 한다.

5) 방언(Dialect Language)

중국을 여행하다 보면, 각 지역별로 다양한 방언이 현재도 쓰이고 있음을 알 수 있고, 바로 이 점 때문에 의사소통에 문제를 겪기도 한다. 현재 중국어의 방언은 관화(官話), 오(吳), 상(湘), 공(贛), 객가(客家), 월(粵), 민(閩) 방언으로 크게 7가지로 구분하는 것이 일반적이다.

이처럼 다양한 방언이 사용되어 왔지만, 중국은 한자(漢字)를 통하여 상호간의 의사소통을 해왔다. 물론 각 지역의 방언을 한자로 그대로 옮겨 적었을 때, 의사소통이 100% 가능하다는 것은 아니다.

즉 오늘날의 상해말을 한자로 그대로 적는다고 해서, 북경 사람들이 그 문장을 정확하게 읽어낼 수 있는 것은 아니다.

다만 경학(經學)을 중시해온 중국인들은 입말과 다른 글말을 암기했고, 글말을 쓰는 문형만큼은 방언의 차이와는 무관하게 항상 일관된 질서를 유지하여 왔기 때문에, 어느 정도 배운 사람들의 경우에는, 각지의 방언과는 무관하게, 글말의 문형으로써 문장을 써왔다. 따라서 한자를 통하여 의사소통이 가능했다고 말할 수 있는 것이다.

> **광동어란 무엇인가?**
>
> 광동어는 광동성(廣東省) 일부와 광주시(廣州市) 및 홍콩의 표준방언이며 영어로는 'Cantonese'라고 한다. 광주의 주강(珠江) 삼각주 유역을 중심으로 광동성(廣東省)의 남서부와 광서성(廣西省) 남동부 일대에 분포하며, 사용인구는 약 4700만 명으로 추정된다. 미국의 화교 중에 광동계가 많기 때문에, 미국계 중국인들이 가장 많이 쓰는 중국어 방언이기도 하다. 광동어의 자음(字音) 수는 600개 정도로, 북경어(北京語)의 400개보다 많고, 북경어에는 이미 소실된 -p, -t, -k의 입성(入聲)이 아직 남아있어 수(隋), 당(唐) 등 중고(中古)시대의 한자음체계를 보존하고 있다. 성조는 아홉 개(음운적으로는 6종)이며, 발음과 어휘 및 통사면에서도 북경어와는 큰 차이를 보인다. 우리가 영화를 볼 때 중국어는 중국어인데, 어딘가 말이 빠르고 고저의 변화가 무쌍한 중국어가 있다면, 광동어일 가능성이 높다.

2. 중국 문자의 특징

한자는 누가, 언제, 어떻게 만들었으며, 처음의 한자와 요즘의 한자는 어떻게 다른가. 우리는 한자를 많이 사용하면서도, 한자에 대한 기본적인 지식마저 부족한 경우가 많다. 다음에서는 한자와 관련된 몇 가지 특징에 대해서 살펴보기로 하자.

1) 한자는 누가 만들었을까

처음 누가 한자를 만들었을까. 춘추시대(春秋時代)의 학자들은 이 문제를 해결하기 위하여 창힐(倉頡)이란 인물을 만들어 냈다('창힐작서설(倉頡作書說)'). 문헌에 등장하는 창힐(倉頡)의 지위 역시 시간이 갈수록 승격된다. 즉 상고(上古)시대의 한 사람, 황제(黃帝)의 사관(史官), 심지어 창힐(倉頡)이 황제라는 주장까지 나오게 된다. 또한 창힐(倉頡)이 처음 한자를 만들어낸 방법 역시 '어려서부터 알고 있었다.' '태어날 때 이미 알고 있었다' 등으로 확대되면서 창힐(倉頡)의 가치를 높였다. 심지어 상형문자라는 한자 형태의 특징을 참고하여, 창힐이 날아가는 새와 들짐승의 발자국 등을 보고 한자를 만들어냈다

● 창힐(倉頡)

는 주장도 나오게 되었고, 이러한 주장은 결국 창힐(倉頡)에게 우리와 같은 평범한 사람들이 보지 못하는 것까지 볼 수 있도록 두 개의 눈을 더 달아주게 되었다.

그러나 한자는 한 개인에 의해서 단기간에 만들어졌을 가능성이 없고, 또한 창힐(倉頡)이 실존했다는 명확한 증거자료도 없기 때문에 춘추시대 학자들의 이러한 주장은 사실로 받아들이기 어렵다. 다만, 창힐이 어려서 한자를 좋아했고, 평생 한자와 관련된 일을 하였다는 순자(荀子)의 언급은 참고할 만하다.

2) 한자의 변천

① 도자기에 새겨진 문자 – 도문(陶文)

한동안 최초의 한자는 갑골문(甲骨文)으로 인정하여 왔다. 그러나 최근 섬서성(陝西省) 반파(半坡) 등을 중심으로 앙소문화(仰韶文化) 시기의 도문(陶文)이 발견되면서, 한자의 역사는 수천년 소급될 가능성이 있다.

깨진 도자기 파편들을 복원하면 그릇의 주둥이 부분에 한 글자씩 문자가 새

• 도기(陶器)의 주둥이에 한 글자씩 새겨져 있다.

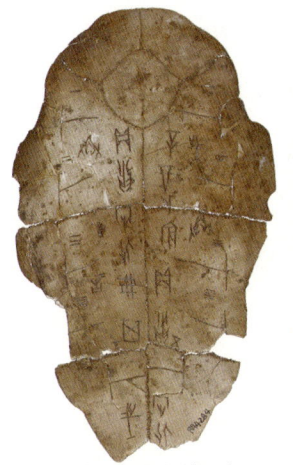
• 거북의 배딱지(龜甲)

• 소의 어깨뼈(肩胛骨)

겨진 것임을 알 수 있는데, 도자기에 새겨진 문자라는 뜻에서 이를 '도문(陶文)'이라고 부른다. 다만, 도문(陶文)을 문자로 인정할 것인가에 대해서는 학자들마다 이견이 있기 때문에, 아직까지는 최초의 한자라고 단정할 수는 없지만, 보다 많은 도문(陶文)이 발견되고, 이에 대한 연구가 진행된다면, 도문(陶文)이 최초의 한자가 될 가능성을 배제할 수는 없다.

② 거북의 배딱지에 새겨진 갑골문(甲骨文)

지금으로부터 약 3,500~3,800년 전의 상(商)나라 사람들은 국가의 중대사나 왕(王)의 일상에 대해서 점을 쳤다. 즉 전쟁, 사냥, 제사, 상왕(商王)의 혼례(婚禮), 왕후(王后)의 출산(出産) 등을 앞두고 그들은 손질된 짐승의 뼈에 홈을 파고, 그 뒷면을 불로 지져 갈라지는 홈의 모양새에 따라 길흉을 판단했다.

그들은 점을 친 후, 점을 친 날짜, 정인(貞人)의 이름, 점 친 내용, 점 친 결과를 가장 자리 혹은 뒷면에 새겨 두었는데, 바로 이렇게 새겨진 문자를 우리는 '갑골문(甲骨文)'이라고 부르며, 바로 이 갑골문(甲骨文)이 현존 최고(最古)의 한자이다.

갑골문자의 발견 TIP

1899년, 북경의 국자감(國子監) 좨주였던 왕의영(王懿榮)은 달인당(達仁堂)에서 지어온 자신의 약재 속에서 문자를 발견한다. '용골(龍骨)'이라 불리던 이 짐승의 뼈 조각에는 무언가 문자 비슷한 것이 새겨져 있었는데, 일반인들의 눈에 뜨이지 않던 이 문자들은 금석학(金石學)에 조예가 깊었던 왕의영의 눈에 뜨인 것이다. 이후 '용골'이었던 이 약재는 중국 최초의 문자로 새로 태어나게 된다.

발견 초기에는 은(殷)나라의 문자이므로 은상(殷商) 문자, 점을 칠 때 사용된 문자이므로 정복(貞卜)문자, 혹은 은허서계(殷虛書契) 등의 명칭으로 불리었으나, 점을 칠 때 가장 많이 사용된 재료가 거북의 배딱지(귀갑(龜甲))와 짐승의 뼈(수골(獸骨))였기 때문에 귀갑수골(龜甲獸骨)문자로 불리게 되었고, 이후 줄여서 '갑골(甲骨)'문자가 되었다. 지금까지 발견된 갑골 조각의 수는 약 10만조각에서 15만 조각에 이르러, 여기에 새겨진 한자의 자종(字種) 수는 약 5천자 정도이다. 이 중 자음(字音)과 자의(字義)가 모두 명확하게 고석된 것이 약 천 자, 자음(字音)은 불명확하지만 편방의 구조와 자의의 추정이 가능한 것이 약 800자 이다. 대부분의 갑골(甲骨)은 반경(盤庚)이란 왕이 商나라의 도읍을 은(殷)으로 옮긴 이후, 주(周)나라에 의하여 멸망할 때까지의 273년간 만들어진 것이다.

갑골문은 최초의 한자라는 점에서도 큰 의의가 있지만, 상(商)나라 사람들의 사유의 방식과 일상의 모습을 반영하고 있다는 점에서 중국 고대문화사 연구에서 차지하는 비중 역시 매우 높다.

• 금문의 탁본

③ 청동기에 주조된 금문(金文)

고대 중국인들에게 청동기의 발명은 핵폭탄의 발명에 버금가는 대단한 것이었다. 새로운 청동기 무기를 든 종족은 마제석기를 들고 투항하는 방국(方國)과 싸워 자신들의 역량을 확대해 갔다. 그들에게 청동기는 권위를 상징하는 것이었다. 주(周)나라 사람들은 이러한 청동기의 내부에 문자를 새겨 넣었다.

갑골문에서 금문으로의 변화는 단순히 서사(書寫)재료가 짐승의 뼈에서 청동기로 바뀌었다는 것 외에도 한자의 발전에 많은 영향을 끼쳤다.

• 대전(大篆)

④ 진시황의 한자 통일 – 대전(大篆)과 소전

주나라 천자(天子)의 권위가 떨어지면서, 각 제후국들은 주나라의 문물 대신 고유의 것을 만들고 싶어 했다. 이에 기존에 동일했던 화폐, 도량형, 수레의 궤폭 등이 달라지게 되었고, 문자 역시 조금씩 달라졌다. 진시황은 전국을 통일한 뒤에, 통일 전에 자신들이 사용해 왔던 대전을 조금 개량한 소전을 만들고, 이를 전국의 공용문자로 선포하였다. 중국 최초의 문자 개혁이다.

간과할 수 없는 사실은, 대전은 주나라의 금문과 크게 다르지 않았다는 점이다.

⑤ 하급관리들의 실용적인 문자, 예서(隸書)

진시황에 의하여 전국의 문자는 소전으로 통일되었으나, 당시 매우 바쁜 하루를 보내던 하급 관리들에게 소전은 불편하기 짝이 없었다. 왜냐하면 소전은 구불구불 이어지는 필획으로 인해, 글자를 쓰기도 어려웠을 뿐만 아니라, 잘못 읽는 경우도 많았기 때문이다. 이로 인해 딱딱 끊어서서 알아보기 쉬운 새로운 문자가 탄생하게 된다.

이 새로운 문자를 '예서(隸書)'라고 부르는데, 이 명칭에는 예서에 대한 경시가 반영되어 있다. 즉 '예(隸)'란 '노예'를 지칭하는 것으로, 당시 옥리(獄吏)처럼 신분이 낮은 계층에서 또박또박 끊어쓰는 예서를 쓰고, 높은 신분의 사람들은 여전히 소전을 썼기 때문에 붙여진 명칭이다.

우리가 요즘 '국(國)'자는 11획이다라고 말할 때, 획(劃)이란, 한번 붓을 종이에 댓다가 떼어내는 횟수를 의미한다. 바로 이러한 획의 개념이 처음 적용된 것이 예서이며, 이에 우리는 한자를 고문자와 금문자로 구분할 때, 금문자의 시작을 예서부터로 삼는다.

● 예서　　　　　● 초서

⑥ 휘갈겨 쓴 초서(草書)

구불구불 이어지던 소전의 필획을 딱딱 끊어썼던 예서는 알아보기 쉬웠던 반면에 쓰기가 불편했다. 왜냐하면 당시의 서사(書寫) 도구가 오늘날의 볼펜 같은 것이었다면, 쓰기 편했겠지만, 붓으로 종이에 글자를 써야했기 때문에, 딱딱 끊어써서 필획의 양끝이 뭉툭했던 예서는 글자를 빨리 쓰기에는 불편함이 있었다. 이에 중국인들은 딱딱한 예서를 빠른 속도로 휘갈겨 쓰는 새로운 서체(書體), 초서(草書)를 만들어냈다.

그러나 초서는 빨리 쓴다는 장점이 있었던 반면, 글자를 알아보기 힘들다는 단점을 지니게 되었다. 즉 초서는 장초(章草)-금초(今草)-광초(狂草)의 단계로 발전하면서, 글자의 일부를 생략하거나, 윤곽만을 휘갈겨 쓰게 되었고, 이에 쓴 사람조차 잘 알아보기 어려울 정도로 변화된 것이다. 따라서 이 때부터 초서는 언어를 기록하는 문자로서의 역할 외에 심미적인 만족감을 충족시키는 예술의 장르로 발전하게 되었다. 서예의 시작인 것이다.

⑦ 가장 모범적인 해서(楷書)

예서의 알아보기 쉽다는 장점과 초서의 빨리 쓸 수 있다는 장점을 결합하여 탄생한 서체가 바로 해서이다. 해서는 위진남북조 시기에 서서히 등장하다가 당대부터는 한자의 가장 전형적이고 모범적인 서체가 되었다. 오늘날 우리가 사용하는 한자는 해서에 해당된다.

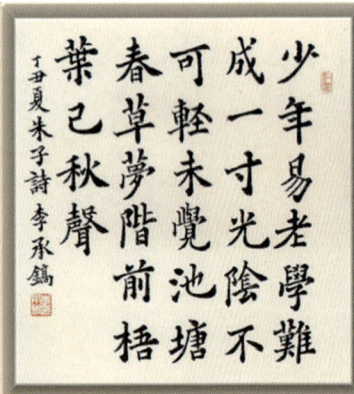
• 해서

⑧ 해서(楷書)의 필기체, 행서(行書)

초서의 서법이 유행하고 있던 시기, 새로운 해서의 등장은 초서(草書)의 전통을 쉽게 받아들였다. 즉 해서를 초서의 서법으로 쓴 행서(行書)가 등장한 것이다. 그러나 행서는 초서와는 달리 해서를 빨리 휘갈겨 썼음에도 필획을 생략하지는 않았기 때문에, 초서처럼 알아보기 힘들지는 않았다.

오늘날 해서를 만일 손으로 쓴다면, 넓은 의미에서 행서라고 할 수도 있다. 따라서 행서는 해서(楷書)의 보조 서체로써 오늘날까지 즐겨 사용되고 있다.

• 한자의 간화

⑨ 인민을 위한 간체자(簡體字)

1949년, 마오쩌둥은 새로운 중국(新中國)을 건국하였다.
그러나 그에게 남겨진 것은 가난하고 헐벗고 무식한 노동자, 농민, 부녀자였다. 보다 큰 문제는 그들 대부분이 문맹이었다는 점이다.

마오쩌뚱은 한자 학습의 어려움이 첫째, 한자의 모양이 너무 복잡하다. 둘째, 외워야 할 한자가 너무 많다. 셋째, 각 지역마다 방언(方言) 음(音)의 차이가 커서 동일한 글자임에도 발음이 서로 상이하다라는 것을 알고, 바로 한자개혁을 시작한다.

우선, 한자간화 통하여 복잡한 한자의 필획을 간단하게 변형시킨 간체자(簡體字)를 만들었다. 물론 수 만자에 이르는 모든 한자의 모양을 간화한 것은 아니었고, 2,235자에 대해서 간화를 진행하였다.

둘째, 잘 쓰지 않는 벽자(僻字), 고자(古字)를 없애고, 동일한 글자임에도 모양만 조금씩 다른 이체자(異體字)들을 폐기함으로써, 외워야 할 한자의 수를 대폭 줄였다.

셋째, 영문 자모를 가지고 한자의 발음을 병기해 주는 한어병음(漢語拼音)을 채택하여 한자의 발음을 통일하였다.

반절(反切)이란 무엇인가?

오늘날과 같이 알파벳 자모로써 중국어의 발음을 표기하기 전에는 어떻게 한자의 발음을 표기했을까?

동한(東漢)시기부터 줄곧 한자의 발음을 표기해온 가장 전통적인 음 표기법은 반절(反切)이다. 반절이란 반절 상자(上字)와 하자(下字)로써 한 글자의 성모와 운모의 음을 표기하는 방식이다. 예를 들어 '東'자의 반절은 '德紅切'인데, 반절상자인 덕(德)의 성모는 [d]이고, 반절하자인 홍(紅)의 운모는 [ong]이다. 이 둘을 합하면 [dong]가 되는데, 이것이 바로 피반절자(被反切字)인 '동(東)'의 독음이 된다.

3. 한자를 만드는 방법

고대 중국인들이 바라보는 세계는 어떠한 모양이었을까. 그들은 외부세계를 어떠한 방식으로 인지하고, 해석하였을까. 그들에게 세상만물은 어떠한 의미였을까.

이러한 문제를 해결하는 데에는 고대 중국인들이 만들어 사용해온 초기 한자가 큰 도움이 될 수 있다. 왜냐하면, 한자는 처음 만들어질 때 언어의 의미가 담지하고 있는 형상을 취하여 문자로 만들어졌기 때문이다.

다음에서 한자를 만드는 여섯 가지 기본 방식에 대해서 간략히 살펴보기로 한다.

1) 사물의 형체를 따라 구불구불 그린 문자 – 상형(象形)

고대 중국인은 세상에 펼쳐진 '나무'들을 보고, '나무'라는 이미지를 머리 속에 담지하기 시작하였다.

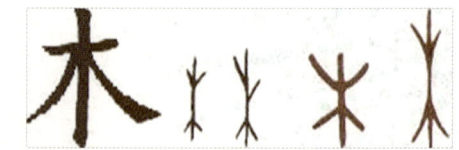

이후 그들은 그 '나무'라는 것을 '나무'라는 언어를 통해서 구체화한다. 점차 문명화되면서 그들은 '나무'라는 언어를 기록해야할 매체, 즉 문자를 필요로 했고, 결국 객관적으로 존재하는 '나무'의 모양을 간략히 형상화하여 '나무'라는 뜻의 '木'자를 만들어냈다. 이러한 방식이 바로 '상형'이다.

2) 추상적인 개념을 위한 부호 문자 – 지사(指事)

객관적으로 존재하는 사물은 그 사물의 형상을 그려 문자로 표현하였지만, 개념은 있지만 본뜰 대상이 없는 것들은 상형의 방법으로 문자를 만들 수 없었다. 이에 고대 중국인은 추상적인 부호를 만들어냈다.

예를 들어 '위 / 아래'라는 개념을 표현하기 위하여 그들은 기준선인 횡선을 긋고, 횡선의 위와 아래에 점이나 짧은 횡선을 그려 넣음으로써, '위'와 '아래'라는 의미를 글자로 표현하였다. 이러한 방식을 지사라고 한다.

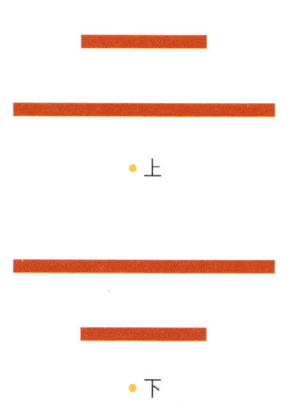

3) 상형과 지사의 결합

고대 중국인들의 위의 두 방법을 결합하여 보다 쉽고 빨리 새로운 문자를 만들어낼 수 있게 되었다. 예를 들어 사람의 '눈'의 모양을 본떠 '목(目)'자를 만들어 낸 뒤, '눈'의 형상에 '눈썹'을 의미하는 짧은 곡선들을 추가함으로써, '눈썹'이라는 의미를 나타내는 새로운 글자를 만들어냈다. 이러한 방법으로 새로운 한자를 만들기 시작하면서, 유사한 의미들을 보다 명확하게 분석하여 인식하게 되었고, 한자의 자의(字義) 역시 보다 세분화되고 구체화되는 경향을 보이게 되었다.

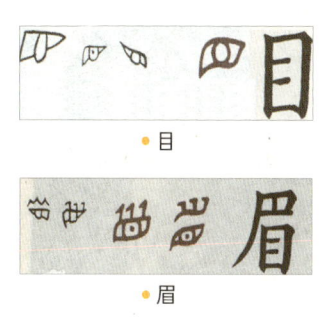

4) 의미와 의미의 결합 – 회의(會意)

이미 사용 중인 상형자에 추상적인 부호를 더하여 새로운 글자를 만들어내는 것은 한자 조자법에 일종의 혁신이었다고 할 수 있다. 결국 이 방법은 기존 독체자들을 2개 이상 결합하여 새로운 글자를 만드는 회의로 발전하게 되었다. 회의란 두 개 이상의 글자를 결합하여 새로운 의미를 나타내는 글자를 만드는 방법이다.

갑골문 시기에는 아직 글자의 모양이 정형화되지 않았기 때문에, 갑골 조각마다

동일 글자의 모양이 조금씩 다를 수 있었다. 예를 들어 위의 그림에서 호(好)자의 갑골문은 🅐와 🅑 등 다양하게 나타난다. 그러나 회의의 방법으로 글자를 조자할 경우, 결합되는 두 글자의 의미상의 연관관계는 반드시 고려되어야 한다. 즉 여성이 아이를 앞에 앉고 있어야 '좋아하다'는 의미를 나타낼 수 있기 때문에, '호(好)'자의 갑골문은 반드시 '여(女)'자의 앞 쪽에 '자(子)'자가 놓인다. 가로 세로 1cm, 엄지 손톱만한 공간에 새겨진 3,500년 전의 갑골문이지만, 이처럼 과학적인 시스템이 내재되어 있다는 점은 현대인들을 놀라게 하기에 충분하다.

5) 소리와 의미의 결합 – 형성(形聲)

사유체계가 보다 발전되고 문물이 발달하면서, 고대 중국인들에게는 예전에 없던 새로운 말들이 많이 만들어졌고, 이에 따라 새로운 문자도 보다 많이 필요하게 되었다. 그러나 기존의 상형, 지사, 회의 등의 방법으로는 빠른 속도로 증가하는 언어를 모두 기록하기 어려웠다. 이에 고대 중국인들은 표의문자인 한자에 표음성분을 추가하는 형성의 방법을 고안하게 되었다. 형성이란, 글자의 의미를 나타내는 형부(形符)와 글자의 독음을 나타내는 성부(聲符)가 결합하여 만들어진 글자로, 한자 조자법에 일종의 혁신이라고 할 수 있다.

예를 들어, 처음 고대 중국인들은 하늘에서 내리는 모든 것을 '우(雨)'라고 여기고 yǔ라고 불렀다. 그러나 점차 서리, 구름, 안개 등의 자연현상은 '비'와는 다르다는 것을 인지하게 되었고, 이에 이들을 부르는 새로운 말, shuāng, yún, wù등이 생겨났다. 문제는 이들 말을 기록할 만한 새로운 한자를 만들어내야 한다는 점인데, 이들을 구분하여 기록하기란 쉽지 않았다. 이에 고대 중국인들은 '서리'라는 뜻의 'shuāng'이란 언어를 기록하기 위하여 우선 '서리'가 하늘에서 내린다고 생각하여 '雨'자를 취하고, 기존의 글자 중에서 shuāng과 발음이 비슷한 '相'자를 취하여 '霜'자를 만들었다.

형성의 방법으로 한자를 만들기 시작하면서 고대 중국인들은 보다 쉽고 편리하게 새로운 한자를 만들어내게 되었고, 이에 한자의 수는 빠른 속도로 증가하였다. 갑골문 중에도 이미 형성자가 보이며, 동한때 편찬된 중국 최초의 자전(字典) 「설문해자(說文解字)」에도 표제자의 약 80%가 형성자이다.

6) 글자를 운용하는 방법 - 전주(轉注)와 가차(假借)

육서(六書)라는 명칭은 이미 주대에 보이지만, 구체적으로 무엇을 말하는 것인가에 대해서는 명확하지 않았다. 이후 동한때 허신(許愼)은 육서(六書)의 여섯 항목에 대한 설명을 비교적 구체적으로 하였고, 육서는 한자를 만드는 가장 기본적인 방법(造字之本)으로 여겨져 왔다. 그러나 송대에 이르러 정초(鄭樵)는 전통적인 육서설(六書說)에 반기를 들고 육서 중의 전주(轉注)와 가차(假借)는 조자법(造字法)이 아니라 용자법(用字法)이라는 새로운 주장을 제기하였다. 즉 새로운 글자가 만들어지면 조자법이지만, 그렇지 않다면 조자법으로 볼 수 없다는 것이다. 예를 들어 설명해 보자.

좌측의 갑골문은 나뭇가지와 도끼의 형상이 결합되어 만들어진 글자로, 오늘날의 신(新)이다. 그러나 본래의 의미는 오늘날처럼 '새롭다'가 아니라 '땔감, 땔나무'였다. 이후 고대 중국인들은 '새롭다'라는 추상적 관념을 알아냈고, 이에 이를 기록할 새로운 문자가 필요하였다. 그러나 이를 문자로 만들어내기는 그리 쉬운 일이 아니었을 것이다. 따라서 그들은 새로운 글자를 만드는 대신, 기존의 글자 중에서 발음이 같은 '신(新)'자를 빌려서 '새롭다'라는 뜻으로 쓰기 시작하였다. 이를 가차(假借)라고 한다. '신(新)'자가 '땔감'과 '새롭다'라는 두 가지 의미를 지니게 되자, 사람들은 의미상의 혼동을 막기 위하여, 신(新)자에 초(艸)를 더한 신(薪)을 새로 만들고, 이를 '땔감'이란 의미의 전용자(專用字)로 삼았다. 이 때 본래의 신(新)과 신(薪)은 한동안 서로 주석을 달 때 사용되었으므로, 신(薪)과 신(新)을 전주의 관계라고 한다.

이처럼 가차와 전주는 새로운 한자를 만드는 방법은 아니었지만, 한자를 폭넓게 운용하는데 반드시 필요한 용자법이었다.

4. 표의문자인 한자의 외래어 표기방법

문자는 언어를 가장 정확하고 빨리 기록할 수 있어야 좋은 문자라고 할 수 있다. 이런 측면에서 보자면 표의문자인 한자는 외래어를 표기하는데 많은 불편함을 지닌 문자체계이다.

예를 들어 2008년 북경 올림픽을 앞두고, 중국에는 변화의 움직임이 활발히 일어나고 있는데, '올림픽'이란 단어를 한자로 표기하는 것은 생각처럼 간단하지 않다. 즉 표음문자인 한글로는 'Olympic'을 소리 나는 대로 '올림픽'이라고 쓰면 되지만, 중국어는 발음이 비슷하게 날수 있도록 글자를 조합하여 '奧林匹克('ào lín pǐ kè')'라는 새로운 낱말을 만들어내야 한다.

다음에서 중국인들이 외래어를 표기하는 네 가지 방식에 대해서 예를 들어 살펴보기로 하자.

1) 외래어의 발음만을 음역(音譯)

외래어의 발음만 유사하게 표기할 수 있도록 글자를 조합하는 방법이다.

이 경우 음역된 외래어의 글자의 의미는 외래어의 의미와는 전혀 관계가 없다.

중국어	발음	원어	뜻
威士忌	wēi shìjì	whisky	위스키
咖啡	kāfēi	coffee	커피
沙拉(色拉)	shālā	salad	샐러드
巧克力	qiǎo kèlì	chocolate	초콜릿
的士	díshì	taxi	택시
模特儿	mótèr	model	모델
夏娃	xiàwá	eve	이브
亚当	yàdāng	adam	아담
沙发	shāfā	sofa	소파
索尼	suǒní	SONY	쏘니
索纳塔	suǒnàtǎ	sonata	쏘나타
纽约	niǔyuē	New York	뉴욕

위의 단어들을 해석하려고 한다면 매우 엉뚱한 말이 되지만 중국어로 발음하면 외래어의 발음과 비슷하다는 것을 알 수 있다. 예를 들어 쇼파(sofa)를 기록한 '沙發'을 해석하면 "모래가 날린다(?)"라는 이상한 의미가 된다.

2) 외래어의 발음과 의미를 모두 고려한 방법

외래어와 발음도 비슷하지만, 한자의 뜻도 고려하여 한자를 조합하는 방법이다. 몇 가지 예를 들어보자.

중국어	병음	원어	뜻	한자 의미
可口可乐	kěkǒu kělè	cocacola	코카콜라	입에 맞고 매우 즐겁다
维他命	wéi tāmìng	vitamin	비타민	사람의 생명을 유지하다
浪漫	làng màn	romantic	낭만	물결이 출렁거리다
香波	xiāng bō	shampoo	샴푸	향기가 물결치다
雷射	léi shè	laser	레이저	전자를 쏘다
百事可乐	bǎi shìkělè	Pepsicola	펩시콜라	백가지 일이 모두 즐겁다
家乐福	jiālèfú	Carrefour	까르푸	집이 즐겁고 복이 넘친다
百事吉	bǎi shìjí	Biscuit	비스켓	백가지 일이 길하다
伟哥	wěi gē	viagra	비아그라	위대한 오빠
圣达菲	shèng tàfēi	SANTAFE	싼타페	성스럽고 통달한 것

영어의 coca cola를 可口可樂라고 쓰면, kěkǒu kělè로 읽어서 발음도 비슷하고, '입에 맞고 즐겁다'라는 의미 역시 제품 이미지 제고에 도움이 된다. 우리나라 유통 브랜드인 '이마트(E-Mart)'는 '易買得'로 쓰는데, yìmǎi dé라는 발음도 비슷하지만, '쉽게 살수 있다'는 의미까지 전할 수 있어서 일거양득이다.

> ### 可口可樂의 유래
> 1920년대 중국에 처음 들어 온 코카콜라는 처음에는 '蝌蝌啃蜡'라고 이름을 붙였었다. 이것은 단순히 코카콜라의 발음만을 고려하여 만든 이름(kēkēkěn là)으로, '蝌蝌'는 '올챙이'라는 의미이고, '啃'은 "입으로 뭔가를 들이킨다." 혹은 '깨물다'라는 뜻이다. 따라서 중국인들에게 처음 '검은 액체'가 소개될 때, 중국인들은 제품도 생소한데다가 이름까지 이상해서, '올챙이를 바짝 말려서 깨물어먹거나 혹은 후루룩 들이마시는 것'이라는 느낌을 주게 되었다. 뜨거운 차를 마시는데 익숙한 중국인들에게 이름까지 이렇게 이상한 탄산음료는 선뜻 받아들이기 힘든 대상이었다. 이런 문제를 간파한 영국 런던의 코카콜라 회사는 1933년 6월 런던 시민을 대상으로 코카콜라의 중국 이름 짓기 경품 행사를 벌였고, 그때 마침 영국에서 유학하던 중국 청년이 생활비를 벌기 위해 이 행사에 응모하여 당선되었는데, 그 이름이 바로 可口可樂이었다.

3) 외래어의 발음을 음역하고 한자를 더하여 표기

먼저 외래어를 음역한 뒤, 해당되는 종류의 이름을 한자로 더하는 방법이다. 예를 들면 다음과 같다.

중국어	발음	원어	뜻	결합 원리
因特网	yīn tèwǎng	internet	인터넷	因特(음역)+网(net)
高爾夫球	gāo ěr fūqiú	golf	골프	高爾夫(음역)+球(공)
乒乓球	pīng pāng qiú	ping-pong	탁구	乒乓(음역)+球(공)
香檳酒	xiāng bīn jiǔ	champagne	샴페인	香檳(음역)+酒(술)
啤酒	píjiǔ	beer	맥주	啤(음역)+酒(술)
芭蕾舞	bālěi wǔ	ballet	발레	芭蕾(음역)+舞(춤)
艾滋病	ài zībìng	AIDS	에이즈	艾滋(음역)+病(병)
卡片	kǎpiàn	card	카드	卡(음역)+片(조각)
綁級跳	bǎng jítiào	bungee jump	번지점프	綁緊(음역)+跳(뛰기)
保齡球	bǎo líng qiú	bowling	볼링	保齡(음역)+球(공)
薩克管	sākèguǎn	saxophone	색스폰	薩克(음역)+管(관)
康康舞	kāng kāng wǔ	cancan	캉캉	康康(음역)+舞(춤)

이러한 유형의 공통점들은 앞부분은 영어의 발음을 음역(音譯)한 것이고, 뒷부분은 해당 외래어의 종류를 한자로 나타낸다는 점이다. 즉 '啤酒'에서 啤(pí)는 'beer'의 발음을 음역한 것이고, '酒'는 맥주가 술의 한 종류임을 나타내 준다.

4) 외래어의 의미를 나타낼 수 있게 새로 만드는 방법

외래어의 발음은 고려하지 않고, 그 뜻만을 고려하여 새로 만드는 방법이다. 몇 가지 예를 들어보자.

중국어	발음	원어	한자 의미
鸡尾酒	jī wěi jiǔ	cocktail	혼합주(수탉의 꼬리)
电脑	diàn nǎo	computer	전자 두뇌
复印	fùyìn	copy	흔적을 되풀이 하다
减肥	jiǎn féi	diet	살을 줄이다
笑星	xiào xīng	gagman	웃음을 주는 스타
守门员	shǒu mén yuán	goal keeper	골 지키는 사람
口红	kǒu hóng	lipstick	입이 붉어진다
黑洞	hēi dòng	black hole	검은 구멍
黑匣子	hēi xiázi	black box	검은 상자
汽水	qìshuǐ	cider	기포가 있는 물
美洲虎	měi zhōu hū	jaguar	미국 호랑이
宝马	bǎo mǎ	BMW	귀한 말(차)
热狗	règǒu	hot dog	뜨거운 개
非典	fēi diǎn	SARS	급성호흡기증후군
微软	wēi ruǎn	Micro Soft	작고 부드럽다
千年虫	qiān nián chóng	millennium bug	천년 벌레

지금까지 중국 문자와 언어의 특징에 대해서 간략히 살펴보았다. 세계 속의 중국의 위상이 날로 부상하고, 한중 관계 역시 정치, 경제, 사회, 문화적으로 보다 긴밀해 지면서 중국어를 배우려는 사람들이 빠른 속도로 증가하고 있다.

중국어를 배우는 것은 중국인들과의 원활한 의사소통을 위해서 반드시 필요한 작업이지만, 동시에 중국의 문화와 중국인들 이해하는 하나의 방법이 될 수 있을 것이다.

중국의 문학

문학은 문화예술의 한 영역으로 중국인들의 마음과 이상을 가장 잘 읽어낼 수 있는 수단이다. 중국은 원시시대부터 한자를 사용했고, 종이와 인쇄술을 발명한 나라로 수천년 간이나 되는 문학활동의 역사를 지닌다.

유구한 역사와 빛나는 문학적 성취를 가진 중국문학을 한눈으로 파악하는 것은 그리 쉬운 일이 아니지만 그래도 문학을 파악하기에 가장 좋은 방법은 갈래구분일 듯싶다. 여기서는 중국문학의 장르를 신화, 시가, 소설, 희곡, 산문, 현대문학으로 나누어 기술하기로 한다. 이렇게 하면 중국문학의 장르를 대부분 포함시킬 수 있다고 본다. 이제부터 역대 중국의 문학양식을 통해 중국인의 사유와 감성체계를 탐구해 보자.

1. 중국문학의 특수성

이 장을 읽는 독자들이 중국문학을 이해하기 쉽도록 우선 중국문학의 특징에서부터 이야기를 풀어가야 할 것 같다.

역사적 연속성은 중국문학의 가장 두드러진 특징이다. 그 연속성은 중국의 문학뿐 아니라 국가이데올로기를 비롯한 중국의 정치, 경제, 외교 등의 모든 국가 시스템, 나아가 중국문화권 전반의 뚜렷한 특성이기도 하다. 특히 현대문학기로 접어들기 전까지의 중국문학사는 수천 년을 두고 비슷한 문학적 흐름이 지속되어 온 세계 문학사상 매우 보기 드문 경우이다. 중국문학의 특징을 꼽으라면 역사적 연속성을 우선 들어야 한다.

다음으로는 중국의 영토는 한대(寒帶)에서 열대(熱帶)에 이르는 광활한 지역을 차지하고 있기 때문에 황하 유역의 북방사람들은 현실적, 이지적, 투쟁적, 산문적 기질을 가지고 있는 반면에 장강 이남의 남방사람들은 환상적, 낭만적, 평화적, 시적인 기질을 지니게 되었다. 이러한 기질상의 차이는 문학작품에 광범위하게 반영되어, 선진시기에 벌써 북방적 기질이 두드러지는 『시경(詩經)』이 황하유역에서 나왔으며, 장강 유역을 중심으로 한 남방에서는 『시경』과는 매우 대조적인 『초사(楚辭)』가 출현하였다.

중국의 고전문학은 이중적인 계층구조에 따라 형성된 이중적 구조를 가지고

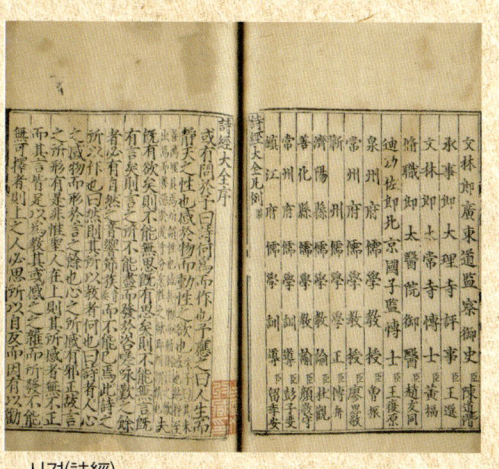
▶ 시경(詩經)

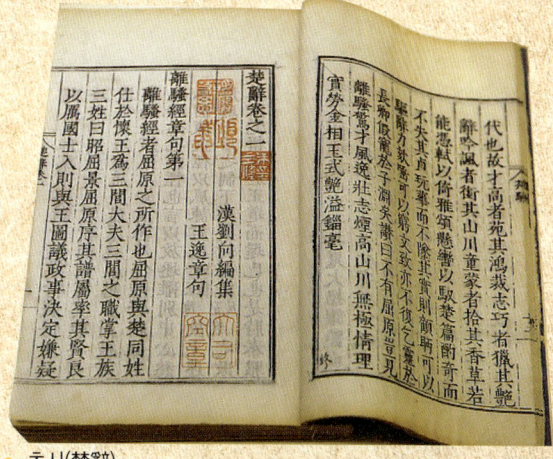
▶ 초사(楚辭)

있다. 물론 그 경계가 모호한 경우도 있지만 대체로 중국 고전문학은 사대부 문학이라고 할 수 있는 상류사회의 문학과 민간문학이라고 할 수 있는 하층사회의 문학으로 나뉘어 발전해 왔다. 중국의 고전문학에서 계층구조의 차이로부터 발생한 이러한 이중적인 구조는 산문문학에 하층계급의 접근을 허락하지 않았고, 소설과 희곡의 지위가 격상되는 것을 막았다.

끝으로 문학의 표현수단인 한자의 특성을 이야기하지 않을 수 없다. 그림에서 출발한 한자의 특성상 중국문학은 수식성이 강하고 형태미를 중시하는 경향, 즉 시각적인 심미성에 호소를 하는 데 많은 주의를 기울였다. 중국의 산문이 정형화와 간략화의 길을 걷게 된 것도 이러한 연장선상에서 이해해야 할 것이다.

2. 신화(神話), 중국문명의 기원

신화는 고대 인류의 철학·문학·과학·의학 등 모든 지식의 종합체로서, 대부분 구전으로 대를 이어 전승되어 왔다. 우리가 신화에 열광하는 것은 단순하게 환상적인 이야기라서가 아니라 이런 신화를 통해 민족적 동질감, 정체성, 자긍심 등의 고양을 가져올 수 있어서이다.

중국신화는 단순히 중국인에게만 중요한 역사적 가치로 작용하는 것이 아니라 우리나라나 일본 등 동양문화와 밀접한 관계가 있다. 현재 염제(炎帝)편에 서서 황제와 싸웠던 치우(蚩尤) 등이 한민족의 조상이라는 논의가 조심스럽게 대두되고 있다. 따라서 중국 신화의 연구는 단순히 중국 문화나 정신의 원형을 찾는 것으로 그치는 것이 아니라 우리 만족의 기원을 추적할 때도 가치있는 과제이다.

1) 중국신화 바로보기

우리는 대부분 그리스 로마신화나 유대민족 신화와 같은 서구신화의 창을 통해 신화의 세계를 바라보기 시작한다. 서구신화가 신화–서사시–로망스–소설로 이어지는 서사문학적인 전통의 한 축을 담당하고 있는 반면에, 중국신화는 은·상 시대 전성기를 맞이한 이후, 주나라의 인문정신의 부흥으로 인해 역사시기 이래 줄곧 중국 문화의 전면에 나서지 못했다.

중국신화의 가장 큰 특징은 흔히 단편성과 역사화를 꼽는다. 이 둘은 독립적인 것이 아니라 동전의 양면처럼 뗄 수 없는 관계로 존재한다. 중국신화 또한 서구신화와 마찬가지로 풍부한 내용들을 가지고 있었지만, 서구신화에서의 호머(Homeros)나 볼핀치(Bulfinch) 등의 부재로 인해 창조적인 재해석과 정리작업이 존재하지 않았다. 또한 역대로 중국인의 실용정신과 공자 이래의 중국의 지식인이 지녔던 '경세치용(經世致用)'의 학술관념은 신화의 발전을 가로막아 괴이하고 환상적인 이야기들은 지식인들의 호응을 얻지 못하였고, 영웅들의 이야기는 기록서사의 발달과 함께 일찌감치 역사속으로 편입되어 버렸다.

중국신화는 그리스 로마 신화처럼 완정한 신화체계와 고사성을 구비하고 있지는 않지만 그 내용만은 매우 풍부하고 광범위하다. 세계 각 민족 신화의 중요한 유형인 천지개벽신화, 인류기원신화, 홍수신화, 자연신화, 영웅신화, 신괴신화 등이 모두 망라되어 있으며 등장하는 신도 천존(天尊), 옥황상제(玉皇上帝), 서왕모(西王母), 풍백(風伯) 등 근 100여 명에 달한다. 『산해경(山海經)』, 『목천자전(穆天子傳)』, 『회남자(淮南子)』 등은 중국신화의 보고(寶庫)이다.

• 복희와 여와

2) 동양의 헤라클레스 예(羿)신화

중국신화는 내용적으로 크게 천지창조신화(반고盤古신화), 영웅신화(삼황오제三皇五帝, 예, 여와女媧), 자연신화(홍수신화, 공공共工) 등으로 분류할 수 있다. 이 가운데 천지창조신화는 본래의 중국 한족에게는 존재하지 않았던 것으로 삼국시대 이후 중국의 지배력이 장강 이남으로 확장됨에 따라 소수민족의 신화를 받아들인 것으로 보인다.

영웅신화는 일찌감치 역사서속에 편입되어 황제의 세계(世系)를 수식하는데 활용되었다. 자연신화는 원시성이 가장 잘 드러난 신화로 고대인들의 우주관, 세계관, 과학지식 등을 살펴볼 수 있는 활화석이다. 예사십일(羿射十日)이라는 영웅신화를 통해 중국신화의 재미를 느껴보자.

요(堯)임금 때 열개의 태양이 한꺼번에 나타나 무더위로 인해 사람들이 살기

● 까마귀가 그려진 태양을 향해 화살을 쏘고 있는 예의 모습

힘들게 되자, 천제인 제준(帝俊)이 활솜씨가 뛰어난 천신 예에게 이 문제를 해결하도록 시켰다. 제준은 단지 이 열개의 태양을 혼만 내주기를 원했으나 예는 제준의 아들들인 이 태양을 하나만 남겨놓고 모두 죽여버렸다. 또 백성들을 위해 그들의 일곱가지 재앙을 없애주었다. 천제는 자식을 죽인 예를 미워해 다시는 하늘로 올라오지 못하게 하였다. 이후 예는 서왕모(西王母)를 만나 불사약을 얻었으나 이마저도 부인인 항아(姮娥)가 성급히 신이 되겠다는 욕심을 부려 몰래 훔쳐 달나라로 도망가 버렸다. 인간을 위한 행위로 활을 쏘았다는 점에서 예는 그리스신화의 헤라클레스에 비견할 것이다.

3. 노랫말, 중국문학의 정수

선사 시대에도 시가와 춤, 노래가 함께 어우러진 형식의 악무(樂舞)가 존재했기 때문에 어느 문명권을 막론하고 시가문학의 발달은 서사나 산문문학보다는 시기적으로 이르다. 중국 또한 시가 문학이 여타 장르보다 일찍 등장했다.

1) 중국시가 문학의 비조, 『시경』과 『초사』

중국의 시가문학은 바로 『시경』에서 시작되었다. 이것은 당시 중국인의 주 활동무대였던 황하 유역을 중심으로 한 지역의 민간에서 떠돌던 노래를 정리한 것으로, 서주 초기(기원전 11세기)에서 춘추 중엽(기원전 6세기)까지 약 500년동안 불리던 민가와 종묘제례악 등 대략 305편으로 구성되어 있다. 『시경』에 수록된 노래는 당시 사람들의 생활상과 감정을 꾸밈없이 반영하고 있다. 남녀의 사랑, 서민들의 고난, 전쟁의 비정함 등 갖가지 주제들이 생동감 있게 그려지고 있다. 이러한 『시경』의 내용은 후대 중국시의 서정적 전통과 현실성을 가지게 되는데 결정적인 역할을 하였다.

아래의 「관저(關雎)」는 『시경』에 첫 번째로 등장하는 시이다. 이 시는 평이한 민요가락을 통해 소박한 고대사회의 남녀관계의 사랑을 그려 낸 전형적인 연가이다.

짝을 찾는 물새(關雎)

까악까악 물수리, 황하의 모래톱에서
아리땁고 참한 처자, 멋진 남자의 좋은 배필

들쑥날쑥 물마름, 여기저기 흐르고요
아리땁고 참한 처자, 자나깨나 뒤쫓아
뒤쫓아도 얻지 못해, 자나깨나 그 님 생각
기나긴 밤 지새우며, 엎치락뒤치락 모로 바로 (생략)

關關雎鳩, 在河之洲.
窈窕淑女, 君子好逑.

參差荇菜, 左右流之.
窈窕淑女, 寤寐求之.
求之不得, 寤寐思服.
悠哉悠哉, 輾轉反側. (생략)

　　『시경』이 중국문학에 서막을 열던 시기에 장강 이남의 초(楚)지방을 중심으로 한 남방 지역에서는 그것과 내용과 형식면에서 판이한 성격의 노래가 등장하였다. 이것을 일반적으로 초사(楚辭)라고 부른다. 초사는 남방의 온화한 기후와 풍부한 물산을 배경으로 기원했기 때문에 낭만적이며, 초현실적고, 화려한 수사를 특징으로 갖는다. 초사는 전국시대의 애국시인인 굴원(屈原)에 의해 그 면모가 일신되면서 이후에는 굴원이 창작한 새로운 시체를 가리키는 말로 쓰이게 되었다. 굴원의 「이소(離騷)」는 『초사』의 대표작으로 꼽히는데 허구적인 세계의 아름다움을 극도로 발휘함으로써 화려한 수사와 낭만적 문학의 가능성을 개척하였다.

2) 중국시가 문학의 완성

『시경』의 시들은 한나라를 거쳐 위진남북조로 들어오면서 형식과 내용면에서 크게 변화되어 중국 고대 시가사상 일대 전기를 맞게 된다. 형식면에서 가장 두드러진 변화는 이전의 자유로운 시형에서 5언과 7언을 바탕으로 한 정형화된 것인데 이를 중국 문학사에서는 고체시(古體詩)라고 부른다. 이것은 중국의 세력권이 양자강 이남과 서쪽 중앙아시아로 확대됨으로써 그 지역에서 들어온 새로운 음악이 중국 시가의 형성에 영향을 주었을 것으로 짐작된다. 『시경』의 시들은 주로 4언으로 구성되어 있는데 이와 같은 글자수의 변화는 단순히 글자가 추가된 것 이상의 의미를 갖는다. 시가의 구조가 4언보다 치밀하여, 풍부하고 자세한 내용과 작가의 감정 변화와 기복을 표현할 수 있는 틀을 만들게 해주었고 결과적으로 중국인들의 심미의식과 인성도 자연스럽게 동반 발전할 수 있었기 때문이다. 고체시가 중국 시가의 주류이든 시기에 위대한 시인을 꼽으라면 당연히 우리에게 도연명(陶淵明)으로 잘 알려진 도잠(陶潛)을 꼽는다. 그는 문인이자 생활인으로서 어쩔 수 밖에 없었던 자신의 고민을 비교적 솔직하고 담담하게 관조적인 필치로 그려내어 중국시의 새로운 국면을 열었다. 도연명 시의 특성이 잘 묻어 있는 「귀원전거(歸園田居)」를 읽어보자.

● 전원시로 중국시의 새로운 경지를 개척한 도연명

전원의 고향집으로 돌아와서(歸園田居)

어려서부터 세속에 적응치 못하고
천성이 본래 산을 좋아하였네.

잘못하여 티끌먼지 그물 속에 떨어져
어느새 30년이 지나가 버렸다.
새장 안의 새는 옛 수풀 연모하고
연못 물고기는 옛 연못물 그리워한다.
남쪽 들판가 황무지를 개간하며
어리석음을 지키려고 전원으로 돌아왔다.
네모난 택지 10여 이랑 초가집 여덟아홉 칸
느릅과 버드나무는 뒷 처마에 그늘 드리우고
복숭아 오얏나무는 대청 앞에 늘어서 있네.
아득아득 저 먼 촌락 모락모락 한적한 마을의 연기
개는 깊은 골목 안에서 짖고 닭은 뽕나무 꼭대기에서 운다.
집안과 뜰에는 티끌먼지나 잡된 것 없고
텅빈 방에는 여유로운 한가로움이 있다.
오랫동안 새장 속에 갇혀 있다가
다시 자연으로 돌아오게 되었구나

少無適俗韻, 性本愛丘山.
誤落塵網中, 一去三十年.
羈鳥戀舊林, 池魚思故淵.
開荒南野際, 守拙歸田園.
方宅十餘畝, 草屋八九間.
楡柳蔭後簷, 桃李羅堂前.
曖曖遠人村, 依依墟里煙.
狗吠深巷中, 鷄鳴桑樹顚.
戶庭無塵雜, 虛室有餘閑.
久在樊籠裏, 復得返自然.

고체시는 당나라에 들어와 글자수를 5언·7언으로 맞추는 것 외에도 리듬(운율), 음운의 높낮이(평측), 그리고 내용상에서 구와 구가 서로 짝을 이루도록(대우) 강구하는 시가체가 완성되었는데, 이를 근체시(近體詩)라고 부른다. 근체시는 자구와 형식이 자유로운 고체시와 상대되는 의미를 가진다. 근체시는 4구로 이루어진 절구(切句)와 8구로 이루어진 율시(律詩)로 나뉜다. 내용면으로는 두보(杜甫)와 백거이(白居易)와 같은 사실주의, 이백(李白)과 같은 위대한 낭만주의 시인들이 등장함으로서 이전『시경』시들에서 보여지던 남녀간의 사랑이나 고된 현실생활의 풍자 외에도 다양한 예술 풍격과 유파가 형성되게 되었다.

중국시인에서 가장 위대한 시인을 꼽으라면 두보와 이백이 앞자리에 놓이게 될 것이다. 시성(詩聖)이라 불리는 두보는 인간의 고뇌에 깊이 침잠하여 시대적 아픔과 세심한 자연묘사에 심혈을 기울였다. 특히 장편의 고체시는 주로 사회성을 표현해서 시사(詩史)라고 불린다. 두보와 함께 시선(詩仙)으로 병칭되는 이백은 시풍(詩風)과 기질에서 두보와 정반대의 시인이었다. 이백은 역대로 대중들의 사랑을 가장 많이 받았던 시인이었으며, 숱한 전설과 아름다운 신화의 주인공이기도 하다.

두보가 언제나 인간으로서 성실하게 살고 가혹한 현실에 대한 비판과 고통받는 서민들에 대한 동정을 바탕으로 침울하면서도 비장한 느낌을 주는 시를 지은데 비해, 이백은 인간을 초월하여 신선을 노래하고 일상성을 벗어난 환상과 웅장한 풍경을 시로 담아냄으로써 호방하고 낭만적인 느낌을 표현해내었다.

근체시의 완성은 문학사적으로 노래말에서 시작한 중국의 시가문학이 눈으로 읽는 시들로 전환되었다는 의미가 있다. 또한 당나라의 과거제도를 통해 지배계층으로 새로 등장한 문인

● 성도(成都)에 있는 두보의 초당(草堂)

지식인들에게 시가가 그들의 문화권력에 대한 지위를 공고히 해주고 유지시켜주는 주요하고도 보편적인 글쓰기의 하나로 자리 잡았다는 의미를 포함한다. 근체시의 모범이라고 일컬어지는 두보의 「春望」시를 감상해보자.

봄의 시름(春望)

나라는 망했으나 산천은 그대로고
도성에 봄은 왔으나 초목만 무성하네
때를 느껴 꽃을 보고 눈물을 흘리고
이별이 한스러워 새소리에 놀래네
봉홧불이 연이어 석 달을 피어올라
가족의 편지 만금보다 귀하네
흰머리 긁으니 더욱 적어지더니
아예 비녀도 꽂지 못할 정도구나

國破山河在, 城春草木深.
感時花濺淚, 恨別鳥驚心.
烽火連三月, 家書抵萬金.
白頭搔更短, 渾欲不勝簪.

3) 부활한 노랫말

중국 시가의 뿌리는 생활 속에서 자연스럽게 만들어진 민요라 할 수 있겠으나 당나라에서 전문적인 시인, 사대부로의 교양으로서 시짓기를 하는 시인이 등장하고부터 시와 노래는 분리되기 시작한다. 우리가 마지막으로 기술할 사(詞)는 이러한 분위기 속에서 자연스럽게 출현하였다. 사는 새로운 시가의 형식으로 송나라 때에 가장 발달하였다. 사는 이미 작곡된 악보에 붙여진 가사를 의미하는데 시와 근본적으로 다른 점은 음악성을 강조한 형식에 있다. 사는 시와는 달리 글자수가 한정되어 있지도 않고, 운율(韻律)과 평측(平仄)이 엄격히 정해져 있지도 않다. 송나라에서 사가 발전하게 된 원인은 경제적 구조의 변화가 가장 큰 원인으로 지목되고 있다. 송나라에 상업 경제의 발달로 인한 도시 문화의 번성은 시민계층을 급속히 성장시켰고, 그 결과 이들의 문학활동에 대한 요청에 부응하는 양식이 바로 사라는 것이다. 이들이 비록 경제적 시간적으로 문학활동을 할 수 있는 잠재력은 획득하였지만 사대부계층의 전유물인 정형화된 시보다는 형식이 자유롭고 음악성이 뛰어난 사가 더욱 그들의 욕구에 부합되었기 때문이다. 송나라에서 사는 궁중과 사대부에서부터 기녀, 승려에 이르기까지 거의 모든 계층에서 유행하였다. 대표적인 작가는 유영(柳永), 소식(蘇軾), 이청조(李淸照) 등을 꼽을 수 있다.

> **TIP**
> 이백의 생애는 아이로니컬하게도 그의 명성에 비해 모호한 부분이 많다. 특히 그의 출생지와 조상에 관해서는 여러 가지 이설이 존재하여 그가 중국땅에서 태어났는지 순수한족(漢族)인지조차 분명하지 않다.
> 그는 어려서부터 신동으로 소문이 났을 뿐만 아니라 검술에 능하고 협객들과 어울려 살인사건에도 가담하는 등 40대 초반까지 중국 각지를 돌아다니며 은사, 도사와 사귀는 자유분방한 생활을 하였다. 이후 그는 현종의 부름을 받고 장안에서 잠시 벼슬을 지내면서 당시의 세도가 고력사(高力士)에게 자기 신발을 벗기도록 하고 양귀비(楊貴妃)에게는 벼루를 받쳐들게 해서 시를 지었다는 유명한 일화를 남겼다. 이백은 말년에는 도사생활을 하기도 하였고 반란에 연루되어 사형선고를 받는 등의 파란 많은 생애를 살다가 결국 62세에 병사하였다. 이백의 생애는 방황의 연속이었고, 술과 달은 이런 그를 현실의 번민에서 해방시키는 도구였다. 그래서였을까 후대 사람들은 이백의 죽음을 술에 취해 뱃놀이를 하다 물 속에 비친 달을 건지려고 물에 뛰어들어 죽었다는 전설로 가공해내었다.

4. 소설, 그 작고 보잘 것 없는 이야기

우리는 작고 보잘 것 없는 이야기 즉 소설에 대한 여행을 시작해보려고 한다. 여행을 가기 위해서는 사전 준비물이 있어야 하듯 본격적인 중국소설로의 여행을 앞두고도 몇 가지 예비 지식이 필요할 듯 싶다.

1) 중국소설에 관한 두 가지 예비지식

중국에서 소설이라는 명칭은 비교적 오래전에 등장하였지만 그 개념이 지칭하는 범위와 속성은 서구와 아주 달랐다. 중국 사람들은 짤막한 이야기 혹은 간단한 비유담이나 자잘한 일화 등을 가리켜 소설이라 불렀고, 이를 이용해 이름을 날리려 하는 것을 상당히 천박한 짓이라고 몰아붙였다. 따라서 이야기의 종류는 전설·사화(史話)·야담(野談)·실화(實話) 등에서 상상(想像)으로 꾸며진 이야기에 이르기까지 잡다한 성질의 것들이며, 작자도 밝혀지지 않거나 전해지지 않은 것이 다수를 차지한다.

그러나 서구의 소설은 반드시 작가가 상상으로 꾸며낸 이야기라야 하는 것이 전제되어야 하기 때문에 전설이나 야담같이 예로부터 내려오는 이야기는 물론, 실화와 같이 역사적 사건이 아니면서 실제에 있었던 일이라고 전해지는 이야기들은 소설이 될 수 없다.

2) 영웅호걸들의 이야기, 『삼국지연의』와 『수호지』

중국 소설의 대표적 작품들은 우리에게도 친숙한 백화소설에서 찾아 볼 수 있다. 중국의 백화소설은 중국의 시가문학이 당나라에서 활짝 꽃을 피운 것에 비해 훨씬 늦은 시기인 원·명나라 교체기에서나 들어와 그 싹을 틔웠다. 아무래도 이는 자연적으로 발생될 여지가 많은 시가보다는 인위적인 창작이 필요한 소설이 가지는 문학적 특징에 그 주요원인이 있겠지만, 명대에 들어 도시 사회와 상업 자본이 발달함에 따라 시민 계층의 문예에 관한 요구가 크게 증대된 점과 문학을 통속적인 즐거움의 대상으로 여기기 시작한 인식의 변화도 무시할 수 없다. 이처럼 중국의 소설은 시나 산문보다는 시기적으로 상당히 늦게 출발했지만 시문이 후대로 가면서 발전속도가 둔화되었던 것과 달리 소설은 그 발전속도가 갈수록 빨라졌으며 내적으로도 성숙해 갔다. 중국소설사에서 가장 빼어난 걸작들도 바로 이 원·명 교체기에 탄생한다. 이 때 만들어진 『삼국지연의』, 『수호지』, 『서유기』, 『금병매』를 비롯해 청나라 때 조설근(曹雪芹)이 지은 『홍루몽』은 서사문학의 진수로 꼽히고 있다.

● 삼국지 공명출산도(孔明出山圖)

역사 이래 우리나라에서 가장 팔린 소설이라는 『삼국지연의』는 명나라의 나관중(羅貫中)이 지었다고 전해지지만 이미 원나라 말기에 분량만 적을 뿐 주요 줄거리도 거의 일치하는 작품이 있었던 것으로 보아 정리자라고 보는 것이 보다 정확할 듯 싶다. 이렇듯 작자가 분명치 않은 것은 중국소설의 또 하나의 특징이라고 할 수 있을 것이다. 문학을 전아한 규범의 도구로만 인식해왔던 풍토는 소설을 창작할 수 있는 지식인들로 하여금 떳떳하게 그들의 이름을 드러나게 하지 못하는 재갈로 작용하였다.

『삼국지연의』가 시대를 막론하고 중국을 비롯한 우리나라와 일본에서도 스테디 베스트셀러로 사랑받은 까닭은 그것이 문학작품으로서의 기능 외에도 세상을 살아가는 눈과 지혜를 제공해준다고 인식되어왔기 때문이다. 문학사적인 관점

● 낙양(洛陽)의 관우 사당에 모셔져 있는 관우상

에서 『삼국지연의』의 가장 큰 장점은 인물의 전형성을 성공적으로 창조한 점이다. 『삼국지연의』를 읽지 않았더라도 제갈량(諸葛亮), 유비(劉備), 관우(關羽), 장비(張飛), 조조(曹操) 등의 이름을 떠올릴 수 있을 것이다. 그리고 우리는 그들이 실제 역사속에서 가졌던 무게와는 무관하게 『삼국지연의』에서 그려낸 이미지로 기억한다. 가장 큰 수혜자는 관우일 것이고 가장 큰 피해자는 조조일 것이다. 중국 역사와 문학에서 조조가 가지는 무게와 관우가 가지는 무게는 비교대상 조차 될 수 없지만 『삼국지연의』이후 두 인물의 이미지는 역전되어 관우는 인간에서 무신(武神)으로 격상되었고, 조조는 권모술수와 간사한 인물의 전형으로 격하되었다. 이렇듯 소설책 한 권이 가지는 힘은 막강하기 때문에 고대중국에서 소설책을 빈번하게 금서로 만든 이유를 미루어 짐작할 수 있을 것이다.

『수호지』는 역사속에서 모티브를 가져온 것이나, 작가가 불명확한 점, 인물의 전형에 성공한 점 등에서 『삼국지연의』와 많은 유사점을 가지고 있다. 『수호지』의 가장 큰 문학적 성취는 민중적인 주제의식을 잘 표현해내었다는 점이다. 중앙정부의 부패에 대항하는 민중들의 삶을 그린 『수호지』의 내용은 안정을 추구하는 기득권 세력의 입장에서는 두려울 수도 있겠지만 혁명을 원하는 그 반대 세력의 입장에서는 굉장히 큰 매력으로 다가올 수도 있다. 공산화 이후 『수호지』가 중국 최고의 고전이 된 까닭이 바로 여기에 있다. 문화대혁명시기에 모택동(毛澤東)이 홍위병들의 행동을 격려하고 동의를 표하는 말로 『수호지』에 나온 '造反有理(모든 항거에는 무릇 정당한 이유가 있다)'를 갖다 씀으로써 정치적으로 이용한 것이 아주 좋은 예일 것이다. 혼란스러운 시기에 초월적인 능력을 가진 영웅의 출현으로 문제의 해결을 기대하는 통속적인 낙관주의를 즐기는 중국인에게 현재까지 『수호지』는 큰 즐거움을 주고 있다.

『수호지』를 기술하면서 같이 논의할 소설이 음서로 알려진 『금병매』이다. 『수호지』의 4~5회 가량의 이야기가 확대되어 만든 소설이 바로 『금병매』이기 때문이다. 『금병매』는 노골적인 성 묘사로 말미암아 오랫동안 금서로 지정되어 왔을 만큼 당시 공식적으로 중국 사회의 지배 이데올로기인 유가적 윤리의 틀을 무시한 소설이다. 특히 『금병매』는 이제까지 영웅의 이야기나 환상의 세계에서 벗어나 실제 현실을 반영한 것으로 중국 통속소설사상 새로운 장을 열었다는 데에서 그 중요한 의의를 찾을 수 있다.

3) 역사를 넘어선 『서유기』와 『홍루몽』

『서유기』는 어느 소설보다도 이야기 자체로서의 재미를 추구한 작품이다. 특히 환상세계를 즐기는 중국인들에게 옥황상제와 마귀 등을 통해 인간사회의 여러 모습을 담은 이 소설은 큰 재미를 주었고 여전히 중국 대중문화계에서 가장 사랑받는 소재로 대접받고 있다. 『서유기』 역시 앞의 두 소설처럼 실제 역사인 당나라 때의 유명한 고승 현장(玄奘)의 인도 여행 이야기에서 모티브를 빌려 왔고, 명나라 이전에 이미 『서유기』라고 불리울 수 있는 작품들이 존재했으며, 작가가 불명확하다는 공통점을 가진다. 『서유기』의 가장 큰 문학적 성취는 기상천외한 상상력, 환상과 낭만, 등장인물들의 전형성 등을 통해 중국 소설의 큰 특징인 오락성 추구의 모범을 보인 점이다.

• 화염산의 손오공

• 금릉십이채(金陵十二釵)

    청나라에 들어와 출현한『홍루몽』은 중국인들에게 가장 인기 있는 작품 중의 하나이다.『금병매』에서 주인공이 영웅이거나 괴물이 아닌 평범한 인간으로 축소된 전통을 이어받아 현실 사회 속에 존재하는 사람들 사이의 실질적인 인간관계를 다룬 소설이다.『홍루몽』은 가보옥(賈寶玉)이라는 귀공자와 그를 둘러싼 임대옥(林黛玉), 설보채(薛寶釵) 등 금릉십이채(金陵十二釵)라는 열두 미녀의 이야기를 중심으로 하여 극도의 영화를 누리던 한 사대부 가정이 몰락해 가는 과정, 주인공의 비극적 사랑과 출가에 이르는 우여곡절 등을 사회 현실에 기초하여 굉장히 사실적으로 엮어 냈다. 또『홍루몽』은 다른 중국 소설들이 해피엔딩으로 끝을 맺는 것과는 달리 비극적인 결말을 가진다는 점도 여타 작품과는 구분되는 특징이다.『홍루몽』은 중국 봉건 사회의 실상을 심도 있게 묘사해 낸 작품으로 풍부하고 다양한 걸작의 면모를 갖추고 있기 때문에 출현이후부터 지금까지 계속해서 중국인들에게 사랑받고 있다.

    중국소설의 지위는 중국이 봉건사회의 옷을 벗고 근대로 들어선 이래 중국문학의 정통이었던 시문을 밀어내고 일약 중국문학의 주류로 급부상하게 된다. 당시의 지식인들이 5,000년 중국 역사에서 최대위기상황에 직면한 중국사회를 구원할 목적에서 서구문화의 영향을 받아 소설의 중요성을 새롭게 인식한 결과이다. 중국소설은 결국 시작은 미약하였으나 그 끝은 창대하리라는 성경 말씀처럼 이루어졌다.

5. 종합예술, 중국희곡

중국 희곡(戲曲)은 춤, 노래, 대화 등이 모두 구비되었던 종합예술이고, 당시 무대위에서 실제로 활발하게 상연되었던 공연예술이다. 중국 희곡의 규모나 공연 모습, 음악 등의 전모를 지금에 와서는 비록 다 파악할 수 없지만 현존하는 희곡의 대본은 그 자체만으로도 독자적인 문학적 가치를 지닌다.

1) 중국의 오페라, 잡극(雜劇)

중국 희곡은 원시 가무(歌舞)에서부터 그 기원을 찾을 수 있지만 본격적인 공연예술로서 논의할 가치가 있는 형태는 이보다 훨씬 뒤에 형성된 원나라의 잡극이다. 원나라의 잡극은 음악, 춤, 연기, 대화와 독백이 하나로 된 비교적 성숙한 희곡의 형식을 갖추었다. 잡극을 포함한 중국의 희곡은 대부분 서양의 오페라처럼 노래를 위주로 구성된다. 잡극에 쓰인 노래가사는 음악적인 차원에서는 원나라에서 유행한 가곡을 의미하며, 문학적인 차원에서는 일종의 서정시로서 산곡(散曲)이라고 부른다. 당시(唐詩), 송사(宋詞)처럼 후대에 원곡(元曲)이라고 하는 것은 바로 이 산곡과 잡극을 통칭하는 말이다. 원나라에서 잡극이 발전하게 된 배경은 백화소설과

● 관한경(關漢卿)

마찬가지로 송나라이후 도시경제의 발달과 대중들의 오락요구를 들 수 있지만, 몽고 통치 이후 갈 곳 없는 사대부들이 적극적으로 잡극 창작에 참여한 것도 중요 원인으로 꼽을 수 있다.

잡극의 대표적인 작가는 관한경(關漢卿)과 왕실보(王實甫)를 들 수 있다. 관한경은 문학적 성취가 매우 높고 영향력이 가장 큰 잡극 작가로 평생 60여 종의 잡극을 지였으며, 현존하는 작품만도 18종이나 된다. 관한경의 잡극은 대부분 하층 여성의 고단함과 투쟁을 표현하였고 그들의 기지와 용감함을 찬양하였다. 왕실보가 지은 『서상기(西廂記)』는 중국 고전희곡의 걸작으로서 최앵앵(崔鶯鶯)과 장생(張生)의 사랑이야기가 읽는 이의 감동을 자아내는 아름다운 문장으로 짜임새 있게 엮어져, 중국에서 가장 유명한 사랑 얘기로 널리 전해지게 되었다. 극 속의 최앵앵과 장생, 홍랑(紅娘)의 사랑스러운 모습은 거의 모든 중국인이 알고 있을 정도이다.

6. 사대부의 글쓰기, 중국 고전산문

중국 고전 산문은 오랜 역사동안 시와 더불어 문필(文筆)로 불리우면서 문학을 양분해왔다. 특히 시가 대부분 민간의 노래말에서 나와 지배계층에 흡수된 반면에 산문은 언제나 지배계층과 그 궤를 같이 하였고 이러한 고전 산문의 정체성은 중국 역사에서 마지막 봉건왕조인 청나라가 망할 때까지 유지되었다. 한 마디로 표현해서 중국 지배계층의 전유물이라고 할 수 있다.

1) 글쓰기에 대한 중국인의 미의식
중국 산문이 이러한 위치에 있었던 이유는 글쓰기에 대한 중국인들의 독특한 관념과 탄생배경에서 비롯되었다. 중국인들은 예로부터 자기의 뜻을 솔직하게 꾸밈 없이 표현하는 말이란 문장으로 꾸며지고 다듬어져 아름답게 표현될 때 비로소 설득력이나 보급력을 갖게 된다고 생각하였다. 글을 의미하는 문(文)이란 본래 모양(紋)이란 뜻이었다. 문자(文字)의 문(文)도 선(線)에 의해 하나의 모양을 묘사해낸 것에서 이름 붙여진 것이다. 그러므로 문이란 일종의 꾸밈인 것이다.

중국 고전 산문의 최초 작가는 사관(史官)이었고, 전국시대 이후 학자들의 손으로 바통이 넘겨졌다. 따라서 자연스럽게 이들 계층에게는 글쓰기의 행위 자체는 개인의 감정이나 소회를 표현하는 것이 아니라 세상을 올바로 이끄는 데 도움이 되는 어떤 사상이 담기어 있어야 한다는 생각이 생겨났다. 그 사상은 후세에 와서는 도(道)라는 말로 대체되어 계승되었다. 중국 고전 산문에 『서경(書經)』, 『좌전(左傳)』, 『사기(史記)』와 같은 역사서와 『논어(論語)』, 『맹자(孟子)』와 같은 제자백가(諸子百家)의 철학서가 포함되는 것도 바로 이러한 이유에서이다. 한나라 이후 문학이 경학(經學)과 사학(史學)에서 독립하여 자기 고유의 문화영역을 구축한 이후에도 이러한 전통은 사라지지 않았다. 특히 선진시기 제자백가의 글과 한나라의 『사기』는 개성적이고 세련된 문장과 극적인 표현 방식으로 인해 훌륭한 문학작품으로까지 인정받으며, 『장자(莊子)』와 『맹자』 등에 등장하는 우언(寓言)고사나 『사기』의 사전문(史傳文)은 중국 소설을 비롯한 후대 각종 문학에 많은 영향을 주었다.

2) 형식미와 공용성의 충돌

글쓰기에 있어서 형식을 아름답게 치장하는 것과 사상을 담아야한다는 것은 일견 모순이 있어 보이지만 한자의 특성과 문장 사용의 특수한 여건 및 문장에 대한 개념 등 때문에 중국 문학사를 통하여 이 두 가지 성격은 언제나 공존하여 왔고 상호 보완관계를 유지해왔다. 역사서와 철학서에도 수식성과 함축성을 찾아볼 수 있는 이유가 바로 여기에 있다. 다만 이 두 가지 가운데 어디에 치중 하느냐에(문장안에 완벽하게 재현된다면 더 바랄 나위가 없겠지만) 따라 다른 하나는 소홀해질 수 밖에 없었다. 그것이 중국 고전 산문에서 극단으로 실현된 것이 변려문과 고문운동이었다.

변려문(騈儷文)은 산문이지만, 운문처럼 극도의 형식미와 음악적인 수식효과를 추구한 문장으로서 위진남북조 시기부터 당나라에서 발생한 고문운동에 의해 저지당하기까지 약 6~700여 년간 중국 산문의 주류로 행세하였다. 고문(古文)이란 개념은 한유(韓愈)가 처음으로 제기한 것으로 남북조 이후에 성행했던 변려문의 상대적인 의미로서 선진·양한의 문체를 계승한 산문을 일컫는다. 고문운동은 단순히 극단적으로 수식을 추구했던 변려문을 공용성을 우선시 하는 고문으로 대체하고자 했던 문체개혁운동이 아니었다. 과거제도를 통해 배출된 문인 지식층이 위진남북조의 귀족을 대신하여 중심사회로 부상하기 위해 자기 계층의

TIP

당송팔대가란 당나라와 송나라에서 문장(산문)으로 이름난 여덟명의 사람들을 말한다. 한유와 유종원은 당나라 사람이고, 나머지 여섯 사람, 즉 구양수, 왕안석, 소순, 소식, 소철, 증공은 송나라 사람이다. 따라서 우리가 익히 들어본 이백이나 두보, 백거이 같은 대시인들은 포함되지 않는다. 한유와 유종원이 고문운동을 전개한 이후 이 운동은 획기적인 성과를 거두었지만 최종적인 성공은 구양수와 그가 배출해낸 문학자들에 이르러서야 비로소 결실을 맺을 수 있었기 때문에 이들을 하나로 묶어 부르게 된 것이다. 이들은 이념적으로는 유교적 정신을 바탕으로 간결하며 뜻의 전달을 지향하는 공통의 목표를 가지고 문장을 지었으며, 또한 친구(한유와 유종원), 스승과 제자(구양수와 소식, 왕안석) 부자(소순, 소식, 소철) 정치적 라이벌(소식과 왕안석) 등으로 서로 관계가 얽혀 있는 사이였다. 이들의 등장 이후 위진남북조 이후 산문의 맹주로 군림하던 변려문은 전면에서 한 발 뒤로 물러나게 되었고 고문이 그 자리를 대신하게 되었다.

- 한유
- 유종원
- 구양수
- 왕안석
- 소순
- 소식
- 소철
- 증공

문화적 헤게모니를 장악하고 그 기득권을 유지하기 위한 장치로서 고문을 슬로건으로 내세운 것이다. 이들이 문벌귀족 사회와 맞설 수 있는 무기는 결국 자신들이 가지고 있었던 지식과 교양에 의존할 수 밖에 없었기 때문이다. 이 과정에서 한유, 유종원(柳宗元), 구양수(歐陽修), 왕안석(王安石), 소순(蘇洵), 소식(蘇軾), 소철(蘇轍), 증공(曾鞏) 등 이른바 당송팔대가(唐宋八代家)를 배출하게 되었다.

송나라 이후 고문은 명나라 말의 개성적인 묘사와 자유로운 표현을 추구했던 소품문(小品文)과 청나라에서 복고주의 기운을 타고 다시 일어선 변려문에 의해 일시적으로 내용과 형식면에서 도전을 받았지만 계속해서 중국 고전 산문을 주도해나갔다.

7. 전통의 부정, 현대문학

현대문학은 앞에서 설명한 고전문학과 완전 별개의 문학으로 근대이후 서구의 문학관념이 수입된 후 형성된 문학을 가리킨다. 중국은 서구 제국주의와 봉건주의의 극복을 위한 하나의 수단으로 문학을 생각함으로써 중국의 현대문학은 현실정치의 참여를 가장 큰 특징으로 갖게 되었다. 중국의 존망의 위기에서 중국 현대문학이 걸어온 발자취를 간략히 따라가 보기로 하자.

• 진독수(陳獨秀)

• 『신청년(新靑年)』

• 호적(胡適)

• 모순(茅盾)

1) 문학개량에서 문학혁명으로

아편전쟁에서 비롯된 서구의 충격은 중국인들을 위기감으로 내몰았고 중국의 과거전통에 대한 회의감을 불러일으켰다. 이러한 시대적 상황에서 문학 역시 고전문학을 부정하고 그것과의 단절을 주장하는 점에서 존재의식을 찾았다. 그 운동의 무대가 되었던 것이 1915년 진독수(陳獨秀)에 의해 창간된『신청년(新靑年)』이라는 잡지였다. 이 잡지를 통해 서구의 문학이념을 도입하여 중국문학을 세계문학의 조류에 진입시키고자 한 문학혁명이 시작되었는데, 1917년에 발표된 호적(胡適)의 『문학개량추의(文學改良芻議)』가 그 도화선이었다. 그는 현대문학의

• 중국 최초의 현대소설 『광인일기』의 표지

표현양식으로 고전문학에서 줄곧 경시받아 오던 구어의 사용을 극력 주장하였고, 노신(魯迅)은 『광인일기(狂人日記)』를 발표하여 처음으로 작품면에서 문학혁명의 방향을 결정하였다. 『광인일기』는 문학혁명이 단순히 문체개혁운동에 그쳐서는 안되고 중국의 낡은 사상을 개조하는 차원으로 추진되어야 함을 제시한 것이었다. 문학혁명의 정신은 오사운동을 통해 광범위한 지지를 획득하였고 1920년대 이후 출현한 문학사단들의 활동으로 마침내 결실을 맺게 되었다.

> **TIP**
> 노신의 본명은 주수인(周樹人)이며 주작인의 형이다. 일본에서 의학을 공부하던 노신은 병에 걸린 중국과 중국인을 구하는 길은 의학이 아닌 문학임을 깨닫고 한평생 철저한 자기 반성속에서 중국의 모순된 현실을 가장 치열하게 비판한 중국의 대표적 지성인이자 작가이다. 실제로 노신은 현실에 참여하여 벌인 활동에서도 자신의 글에서 보여준 철저한 태도를 어김없이 고수함으로써 중국의 근현대사에 걸쳐 가장 존경받는 지식인으로 대접받고 있다. 『아Q정전』은 노신이 1923년에 발표한 중편소설로서 중화주의에 사로잡혀 문화민족임을 자랑하던 중국인들의 치부를 날카롭게 해부한 작품이다. 『아Q정전』의 주인공 이름인 Q에 관해서는 여러 가지 설이 존재한다. 첫번째는 노신이 생각한 사람의 반대개념으로서 귀신(鬼guī)을 표현했다는 설이고, 두 번째는 Q가 변발한 중국인의 모습을 상징한다는 설이다. 마지막으로 책에 언급된 작가의 변인데, 이름을 잘 기억하지 못하는 관계로 발음상 비슷한 Q를 붙여서 아Q라고 불렀다고 하는 설이다.

주작인(周作人), 모순(茅盾) 등이 주도하여 1920년에 결성된 문학연구회(文學硏究會)는 '인생을 위한 예술'이라는 슬로건 아래 서구문학 이론을 소개하고, 작품을 번역하여 독자들의 인식을 새롭게 바꾸는데 크게 기여했으며, 창작과 비평에서 뚜렷한 성과를 남긴 많은 신진작가와 비평가들을 배출해내었다. 한편 욱달부(郁達夫), 곽말약(郭沫若) 등에 의해 1921년에 결성된 창조사(創造社)는 문학연구회에 맞서 '예술을 위한 예술'이라는 슬로건을 내걸고 문학의 고유한 가치를 주장하였다. 또 이 시기에 발표된 노신의 『아Q정전(阿Q正傳)』은 신문학의 승리를 확인하고 노신의 작가지위를 확립시킨 중국현대문학의 대표작이다.

• 곽말약(郭沫若)

06 중국의 음악과 경극

중국의 고대 음악은 시가, 무용 등과 더불어 음악이 가지고 있는 유교적 교화의 작용을 강조한 것이 특징이다. 상고시기의 아악, 속악, 연악을 시작으로 각 조대를 거치며 발전을 거듭하여 명청시기의 민간음악과 악률학의 정립에 이르게 된다. 또한 다양한 이민족의 악기를 중국의 전통 악기와 적절히 융합하여 정착시켰다. 이 밖에도 청대에 등장한 경극은 서양의 오페라에 대비되는 중국의 전통 종합예술로 지금까지도 가장 대중적인 사랑을 받는 중국의 공연 예술로 자리 잡았다.

1. 중국의 음악

1) 중국 음악의 변천

상고(上古) 시기의 아악(雅樂), 속악(俗樂), 연악(燕樂)

중국 음악의 기원과 발전은 중국의 예악(禮樂) 문화와 밀접한 관계를 가지고 있다. 중국의 고대 음악은 시가(詩歌), 무용과 함께 어우러져 일체를 이루고 있으며 이와 동시에 원시 종교의 형태인 제사와도 깊은 연관이 있다. 하상주(夏商周) 삼대의 통치자와 왕공(王公) 귀족들은 음악이 가지고 있는 교화(敎化) 작용을 강조하여 이를 악교(樂敎)라 불렀다. 『주례』(周禮)의 기록에 따르면 궁궐 내에 음악 교육 전문 담당관인 대사악(大司樂)을 두어 그로 하여금 음악 상연 제도를 구현하는 법을 제정하여 음악이 국가를 다스리고 조정을 보좌하는 정치적 작용을 할 수 있게 하였다. 이러한 사명을 다하기 위해서 대사악은 왕후와 공경대부의 자제인 국자(國子)들에게 악덕(樂德), 악어(樂語), 악무(樂舞) 등을 가르쳐 장차 국가의 동량이 될 수 있도록 훈련시켰다. 이처럼 교화(敎化)와 예의(禮儀)가 함께 결합된 음악을 아악(雅樂)이라고 한다. 아악은 일반적으로 궁정의 제사와 조회의례 중에 사용되는 음악으로 주대(周代)의 예악 제도에서 기원하였다.

그러나 주평왕(周平王)이 낙양(洛陽)으로 천도를 한 이후에 왕실이 쇠락의 길을 걷게 되면서 예악 제도와 궁정의 아악도 몰락하여 소위 예붕악괴(禮崩樂壞)의 국면을 맞이하게 된다. 이후 정국과 위국의 음악인 정위지음(鄭衛之音)으로 대표되는 신흥 속악(俗樂)이 점차 각 제후국의 궁정에 유입되어 과거 아악의 위치를 대신하게 된다. 공자 역시 『논어』 「양화」(陽貨)편에서 정국(鄭國)의 음란한 음악이 선왕의 아악을 문란하게 하는 당시의 추세를 우려하였다. 속악은 각종 민간음악에 대한 명칭으로 선왕(先王)의 음악과 상대되는 세속지악(世俗之樂)에 기원을 두었다. 주대의 연악은 손님에게 향연을 베푸는 용도로 사용되는 음악을 말하나 후세의 연악은 일반적인 감상 목적 이외에 궁정에서 사용하는 일체의 속악을 지칭하게 되었다.

한편 전국 각지의 민정과 풍속을 살피기 위해서 주대의 궁정에서는 민간 가요를 정리하는 채시관(採詩官)을 두어 민요 3000여 수를 수집하게 하였고 이 중 공자가 305편을 정리하여 중국 최초의 시집인 『시경』(詩經)을 엮었다. 시경의 작품은 원래 모두 노래가 가능한 것들로 그 사용되는 음악에 따라 풍아송(風雅頌)으로 분류된다. 풍은 십오국풍(十五國風)으로 15개 제후국의 지방 음악이며 아는 주왕조의 음악, 그리고 송은 종묘 제사에 사용되는 음악을 말한다. 이 중 아와 송은 아악으로 제사 및 예식 등에 사용되는 음악이며, 풍은 속악으로 지방의 민속 음악이 적지 않은 부분을 차지한다. 공자는 이처럼 민요를 수집하고 정리 했을 뿐만 아니라 실제 음악활동에도 전념하였다. 음악을 중시하는 공자의 이러한 태도는 예술에 대한 심미의식의 발로이자 정치 교화의 윤리적 목적 역시 가지고 있었다. 공자에게 있어서 음악에 대한 교육과 수양은 인격과 도덕의 완성에 중요한 역할을 한다고 믿었다. 그리하여 『논어』 「태백」(泰伯)편에서는 음악을 예교(禮敎) 및 도덕과 동등한 위치로 올려놓았다.

2) 중국의 악기

① 재료별 분류

고고학 연구 결과를 토대로 은상(殷商) 시기의 악기로 밝혀진 것으로는 고(鼓), 령(鈴), 경(磬), 종(鐘), 부(缶), 훈(塤), 약(籥), 언(言), 화(龢) 등이 있다. 고는

> ### 편종(編鐘)
>
> 편종은 팔음 중 금류에 속하는 고대의 중요 악기로 조합성, 계열화, 대규모의 특징을 가지고 있으며 서로 다른 크기의 동종(銅鐘)들이 각각의 음질을 표현해 낸다. 지금까지 발견된 최대의 편종은 호북성(湖北省)의 증후을묘(曾侯乙墓)에서 출토된 전국시대의 것으로 총 64개의 종이 3단에 걸쳐 나뉘어 걸려있다.
>
>
> • 증후을묘 편종

신석기 시대의 것은 흙으로 만든 토고(土鼓)였으나 은대에는 나무틀에 가죽을 입혀 만들었다. 경은 두드려 소리를 내는 타악기로 매달아 배열하는 편경(編磬)이 있다. 종에는 편경과 유사한 편종(編鐘) 이외에도 손으로 잡고 치는 것과 매달아 치는 종이 있다. 부는 원래 식기의 일종인데 타악기로도 사용하였다. 훈은 흙을 빚어져 만든 취주(吹奏) 악기이고 나머지 약, 언, 화는 모두 관악기이다. 이밖에 전설에 따르면 복희씨(伏羲氏)가 금(琴)을 만들었다고 하나 은대 이전에 현악기가 있었는지 결론을 내리기는 어렵다.

주대(周代) 문헌 기록 중에 등장하는 악기는 대략 70종으로 타악기, 관악기, 현악기가 모두 등장한다. 중국 역사상 최초의 악기 분류인 팔음 역시 이 때 등장하게 된다. 팔음(八音)이란 악기를 만든 재료에 따른 금(金), 석(石), 토(土), 혁(革), 사(絲), 목(木), 죽(竹,) 포(匏)의 여덟 가지 분류법으로 『주례』(周禮)와 『상서』(尙書)에 기록이 보인다. 금속으로 제작된 編鐘(편종), 鏞(용), 鉦(정), 鈴(령) 등은 金類(금류)에 속하고, 돌이나 옥으로 제작된 編磬(편경)은 석류(石類), 흙을 구워서 만든 훈(塤)이나 부(缶)는 토류(土類)에 속한다. 이밖에 가죽으로 만든 고(鼓)는 혁류(革類), 나무로 만든 축(柷)과 어(敔)는 목류(木類), 박으로 만든 생(笙)과 우(竽)는 포

• 청대의 생

• 마왕퇴(馬王堆) 한묘(漢墓)에서 출토된 슬(瑟)

• 적

류(匏類), 대나무로 만든 관(管)과 소(簫)는 죽류(竹類)이다. 이러한 팔음 가운데에 金石類(금석류)의 타악기는 궁정과 귀족사회에서 행해지는 의식에서 특별히 중시되어 중기(重器)라 불렸으며 지위와 권세의 상징이었다.

한편 여러 가지 고대 악기 중에서 지식인 계층 사이에서 각별히 사랑받은 것은 팔음 중 은상대까지는 확인할 수 없었던 현악기인 사류(絲類)에 속하는 고금(古琴)으로 고대 사대부들이 감정을 의탁하는 주요한 악기이자 상류 계층 신분의 상징이었다. 고대인들은 금기서화(琴棋書畵)라 하여 장기, 서예, 그림과 더불어 거문고로 문인들의 재능을 나타냈으며 많은 재인들의 애정고사 역시 이와 깊은 연관을 가지고 있다. 춘추전국시대에도 쟁(箏), 축(筑), 적(笛) 등으로 대표되는 새로운 악기들이 등장했다. 현악기인 쟁은 진나라 때 민간에서 유행했던 것으로 슬(瑟)과 비슷하나 크기가 작고 현의 수도 적다.

● 송대의 청금도(聽琴圖)

● 송대의 주악도(奏樂圖)

축은 대막대로 두드려 소리를 내는 현악기로 역시 전국시대 민간에서 유행했다.

② 고유악기와 전래악기

한대에는 서역(西域)을 통한 아랍계통의 악기와 북방 유목민족의 악기가 전래되었다. 이를 계기로 중국의 음악은 전통음악과 이역의 음악인 호악(胡樂)으로 구분되기 시작했다. 호악의 대표적인 악기는 호가(胡笳), 호적(胡笛), 호금(胡琴)과 비파(琵琶) 그리고 꽹과리와 유사한 동발(銅鉢)이다.

위진남북조시대에는 불교음악과 북방음악의 영향으로 악기의 종류도 증가했다. 4줄 비파인 곡항비파(曲項琵琶)와 오현비파(五絃琵琶), 봉수공후(鳳首箜篌), 태고(太鼓)는 인도에서 수입되었고, 갈고(羯鼓)와 관악기인 필률(篳篥) 등은 서역에서 전래되었다. 기타 방향(方響), 라(鑼), 성(星), 달복(達卜) 등의 타악기도 당시 서역에서 유입되었다. 이들 외래악기는 한족의 전통악기와 자연스럽게 결합되어 점차 중국의 고유악기로 정착된다.

• 쇄납

• 당대의 명금(名琴)

당대의 중국악기는 이미 300여 종에 달했으며 자체적인 악기의 개발과 개량에도 노력을 기울였다. 현종(玄宗) 때는 12현 현악기인 태일(太一)이 만들어졌으며 이밖에도 6현, 7현, 14현의 현악기가 개발되었다. 또한 비파, 필률, 생(笙), 적(笛) 등은 연악에서 중요한 위치를 차지하게 된다.

명청대는 전통악기와 서역악기의 토대 위에 소수민족의 악기가 융합되는 시기이다. 또한 당시 민간음악의 발전은 중국 악기의 변화에도 적지 않은 영향을 주었다. 당시의 기악(器樂)은 지방 특색을 가지고 있는 설창 예술과 관련지어 발전하면서 태평소의 일종인 쇄납(嗩吶), 양금(揚琴), 단포랍(丹布拉), 살랑제(薩朗濟) 등과 같은 유럽과 서아시아 지역의 외래 악기들을 흡수하였다.

이 중 관악기인 쇄납은 명대에 등장했다. 명청 시기의 거문고 연주곡은 비록 우수한 작품은 찾아보기 힘들지만 거문고 악보의 정리와 간행에 있어서는 탁월한 성적을 냈다. 1425년 최초의 거문고 악보집인 『신기비보』(神奇秘譜)가 출판된 이래 계속해서 유사한 성격의 악보집이 선을 보여 중국 음악사상 진귀한 자료로 남게 되었다.

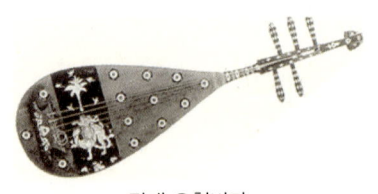
• 당대 오현비파

③ 비파(琵琶)와 이호(二胡)

중국음악에 가장 큰 영향을 가져온 것은 탄주(彈奏) 현악기인 비파이다. 비파의 원산지는 메소포타미아 지역으로 한대말기에 중국에 유입되어 위진남북조를 거치며 중국음악의 실정에 알맞게 점차 개량되었고 호악과 호무(胡舞)의 영향으로 대중적인 사랑을 받았다.

또한 현악기인 호금(胡琴)은 당대에는 해금(奚琴), 송대에는 계금(稽琴)으로 불렸다. 호금은 두 개의 현이 있어 이호(二胡)라고도 했으며 청대에는 네 개의 현을 사용하여 사호(四胡)가 되었다. 사호는 주로 경극(京劇)의 반주에 사용되어 경호(京胡)라고도 불렸다.

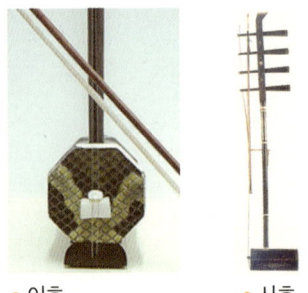
• 이호   • 사호

3) 중국의 악률 상식

① 오성(五聲)

오성은 궁상각치우(宮商角徵羽) 다섯 개 음계의 명칭으로 오음(五音)으로도 부른다. 현대 음계로는 '도레미솔라'와 비슷하다. 중국의 전통 음계는 모두 오성을 기본적으로 포함하고 있다. 서로 다른 형식의 음악과 음계에 있어서 오성은 가장 중요한 역할을 담당한다. 오성에 현대 음계의 '파'와 '시'에 가까운 변치(變徵)와 변궁(變宮)이 더해지면 칠성(七聲)이 된다.

> **TIP**
>
> **백아절현(伯牙絕絃)과 지음(知音)**
>
> '백아절현'은 자기를 알아주는 참다운 벗의 죽음을 슬퍼함을 말한다. 중국의 고전인 『열자』(列子)에 나오는 춘추시대 사람인 백아(伯牙)는 거문고의 명인으로 그의 절친한 친구인 종자기(鍾子期)가 이 거문고 소리를 듣고 가장 잘 이해했는데 종자기가 죽은 뒤 백아는 절망한 나머지 이제는 자기의 거문고 소리를 들을 만한 사람이 없다고 거문고 줄을 모두 끊어 버리고 다시는 거문고를 타지 않았다는 고사이다. 음악을 잘 이해한다는 의미의 '지음' 역시 여기에서 유래하여 절친한 친구를 비유하는 말이 되었다.

② 삼분손익법(三分損益法)

삼분손익법은 중국의 전통 음계 계산법으로 기본음으로 정해진 음을 낼 수 있는 악기의 관(管) 또는 현(絃)의 길이에 따라 정해진다. 일정 길이의 악기를 통해 나오는 음의 높이를 기준으로 하여, 이 악기의 길이를 삼등분한 후에 1/3씩을 줄이거나(損一) 늘여서(益一) 다른 음을 정한다. 수학적으로 계산하면 기본음을 내는 관이나 현의 길이에 2/3와 4/3를 순차적으로 곱해서 얻은 수치를 음계로 삼는 방법이다. 이에 관한 최초의 기록은 『관자』(管子)와 『여씨춘추』(呂氏春秋)에 보이며 삼분법(三分法) 또는 삼분률(三分律)로도 불린다.

③ 십이평균률(十二平均律)

명청시기 악률 이론의 최대 성취는 십이평균률의 발명이다. 명대의 대표적인 음악 이론가인 주재육(朱載堉)은 수십 년에 걸친 음악적 경험을 토대로 정밀한 계산을 거쳐 그의 저서인 『악률전서』(樂律全書)에서 십이평균률인 신법밀률(新法密率)을 창조하였다. 이를 통해 종전의 삼분손익률(三分損益律)과 선궁전조(旋宮轉調) 사이에서 발생되는 모순을 마침내 해결하여 중국 음악 이론사상 중요한 공헌을 이루었다. 십이평균률은 음률학상 칠성음계(七聲音階)를 12개 반음(半音)의 음률로 평균 내는 것으로 음률을 등비(等比)의 계수로 나눈 평균률 이론이다. 이러한 십이평균률을 통하여 피아노와 풍금과 같은 건반 악기를 만들 수 있었으며 가락이 높은 어떠한 건반 연주도 가능하게 되었다. 근현대 음악 역시 이것을 이론적 근거와 악율의 기초로 삼고 있다.

④ 공척보(工尺譜)

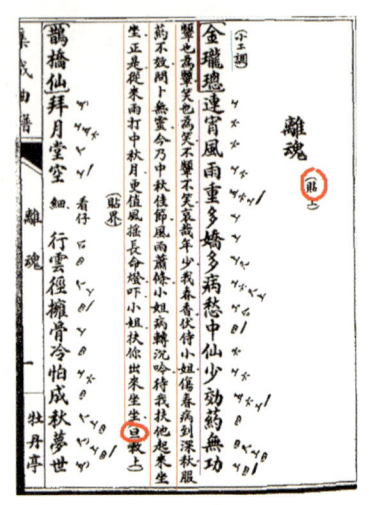
• 공척보

공척보는 악곡의 음계와 박자를 기록해 놓은 중국의 전통 악보(樂譜)이다. 각 음의 명칭은 합(合), 사(四), 일(一), 상(上), 척(尺), 공(工), 범(凡), 육(六), 오(五)이며 그 중 공(工)과 척(尺) 등의 문자로 창명(唱名)을 기록하여 이름이 붙여졌다. 공척보는 상당수 중요 민족악기의 지휘법 및 궁조(宮調)와 밀접한 관계를 맺고 있어 민간가곡, 희곡, 기악 등에서 광범위하게 사용된다. 공척보는 또한 오랜 역사를 가지고 있는데 돈황 천불동(千佛洞)에서 발견된 당대(唐代)의 것을 비롯하여 이후 명청대에 이르기까지 보편적으로 사용되었다.

⑤ 곡패(曲牌)

남북곡(南北曲)이나 민간소곡(民間小曲) 등의 곡조로 희곡의 가사를 채워 넣는 전사(塡詞)나 기악곡의 연주에 사용된다. 매 곡패에는 하나의 특정한 명칭이 있는데 이를 패명(牌名)이라고 한다. 패명은 원곡 가사의 부분 구절이나 원곡의 주요한 내용, 또는 원곡의 출처나 음악의 특징 등을 통하여 정해진다. 중국의 악곡은 이미 만들어진 노래에 가사를 붙이는 것이기 때문에 같은 이름의 곡패라도 그 곡조와 격률(格律)이 서로 같지 않다.

2. 중국의 경극(京劇)

1) 경극의 탄생

청대의 통치자들은 대부분 연극 관람을 즐겼는데 특히 자희태후(慈禧太后)와 같은 인물은 극의 이해에도 조예가 깊었다. 18세기 말 중국의 희곡은 몇 개의 중요한 계통을 형성하여 지금에 이르고 있다. 당시 민간에서 유행하던 지방극에는 고강(高腔), 익양강(弋陽腔), 방자강(梆子腔), 유자강(柳子腔) 등이 있다. 그러나 당시 문인들의 시각으로는 이러한 민간 희곡들은 전아한 문학성과 엄정한 문학 형식을 가지고 있는 곤곡(崑曲)의 대본과는 비교할 수 없는 것으로 여겼다. 특히 동작, 표정, 곡조에 있어서 곤곡의 엄격한 규범을 따라올 수 없다고 생각했다. 이로 인하여 지방극을 비하하는 태도를 가지고 화부(花部) 혹은 난탄(亂彈)이라 불렀다. 그러나 화부의 생동감 넘치는 자유표현 양식은 중국 희곡에 새로운 생명력을 불어넣는 계기가 되었다. 화부의 내용은 본래 통

사대명단(四大名旦)과 명배우 매란방(梅蘭芳)

중국 경극이 최고조에 달했던 시기에 사대명단인 매란방, 상소운(尙小云), 정연추(程硯秋), 순혜생(荀慧生)이 등장한다. 이들은 모두 남성이지만 경극의 여성 배역인 각양각색의 단(旦)을 연기하였다. 이들이 연출해내는 너무나 자연스럽고 아름다운 여성 역할에 관객들은 매료 되었다. 이 중 가장 대표적인 배우로 손꼽히는 인물은 매란방(1894~1961)이다. 그는 1920년대부터 이름을 날리기 시작하여 40여 년간 무대에서 활약했다. 경파(京派) 경극을 창신하는 것과 동시에 상해 해파(海派)의 정수 또한 흡수하여 자신만의 독특한 매파(梅派)를 일궈내었다. 특히 일본을 비롯한 미국과 유럽 등지의 연출로 경극을 세계무대로 진출시키는 계기를 마련함과 동시에 자신도 국제적인 명성을 얻게 되었다.

● 매란방

속성과 깊은 연관을 가지고 있어 대부분 일반 대중들이 좋아하고 익히 알려진 역사고사나 민간전설이 주를 이룬다. 이처럼 당시 일반인들의 최고의 오락거리인 화부는 훗날 경극 탄생에 단서를 제공한다.

경극은 북경에서 처음 시작된 지방 희곡이 아니라, 17세기 중엽 장강(長江) 중하류 지역에서 성행하던 안휘희반(安徽戲班)이 연출한 화부에 기원을 두고 있다. 그래서 경극은 북경에 들어오기 이전에 이황(二簧)과 서피(西皮) 곡조의 특징이 융합되었다. 이황의 특징은 평온하고 서정적이며 리듬은 비교적 평온하다. 슬픔, 감탄, 비분 등의 정서 표현에 적합하여 비극에 주로 사용된다. 서피의 곡조는 활발하고 힘이 느껴지며 노래 가락은 명랑하고 경쾌하다. 따라서 기쁨, 의연함, 분노 등의 정서 표현에 적합하다. 이 두 종류의 가락은 경극 곡조의 핵심을 이루게 된다.

대도시를 주무대로 몇 백년간 활약했던 곤곡과 달리 경극의 가락은 질박하고 쉽게 이해할 수 있었으며 고정된 곡보(曲譜)와 형식의 속박에서 탈피하여 방언, 속어 그리고 토속적인 리듬이 자유롭게 결합 가능했다. 또한 원시적인 생명력을 담고 있는 징과 북 등의 타악기를 이용하여 향촌 민중들의 폭넓은 사랑을 받게 되었다. 1790년 삼경반(三慶班)의 건륭제(乾隆帝)의 팔순연회 경축공연을 시작으로 사희(四喜), 춘태(春台), 화춘(和春) 등의 휘반(徽班)이 축하연을 위해서 북경에 들어갔다. 이들 휘반은 행사가 끝난 뒤에 귀향하지 않고 북경에 남아서 민간 공연을 진행했다. 당시는 청왕조의 흥성기로 북경은 정치, 경제, 문화의 중심지였다. 사회의 안정과 번영은 문화의 발전에 적합한 토양을 제공하여 희곡에 있어서도 대부분의 지방극이 북경에서 공연

되었다. 이러한 희곡예술의 번영은 경극의 발전에도 깊은 영향을 끼쳐 경극은 남북 민간예술의 집대성을 이룬다. 휘반이 가지고 있던 풍부하고 특색 있는 곡조와 주제, 통속적인 대본과 독특한 무술기예, 여기에 여타 희곡의 장점만을 받아들인 배우들의 명연기와 노력으로 오륙 십년의 변화 발전을 거치며 마침내 경극이 탄생하게 된다. 이후 경극은 황실을 포함하여 신분의 제약 없이 누구나 즐기는 중국의 가장 대중적인 예술로 자리 잡게 된다. 또한 1919년 명배우 매란방(梅蘭芳)이 이끄는 공연단의 일본 공연을 시작으로 점차 국제적인 주목을 받게 된다.

2) 경극의 양식

① 얼굴 분장

경극하면 가장 먼저 떠오르는 인상 중의 하나는 연기자의 얼굴에 각종 빛깔로 칠해져 있는 형형색색의 분장일 것이다. 얼핏 보기에는 가면처럼 보이지만 실제로는 기름을 섞어 붓으로 직접 그린 것이다. 이처럼 경극에 등장하는 인물에 맞게 정해진 색깔로 얼굴에 그리는 특정한 도안을 검보(臉譜)라고 한다.

검보의 종류는 수천 종에 이르며 각각의 검보마다 서로 다른 함의를 내포하고 있다. 검보에 사용하는 기본색은 검정, 빨강 그리고 흰색을 위주로 하며 일반

• 관우의 붉은색 검보

• 포청천의 검은색 검보

• 조조의 흰색 검보

 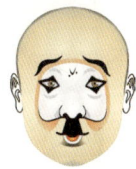    
• 여러가지 검보

적으로 경극의 주요 배역 중 정(淨)과 축(丑)에 해당하는 인물에 검보를 많이 그린다. 검보를 통하여 관객은 등장인물의 개성을 파악할 수 있는데 붉은 색의 얼굴은 충직함을, 검은 색은 호방함을, 파란 색은 용맹함을, 흰 색은 간사함을 그리고 얼굴 중앙만 희게 분장한 것은 아첨하는 천한 사람을 나타낸다. 그래서 경극에 등장하는 관우(關羽)는 붉은색으로, 우리에게는 포청천(包青天)으로 익숙한 포증(包拯)은 검은색으로, 조조(曹操)는 흰색으로 얼굴을 분장한다.

경우에 따라서는 사람뿐만 아니라 검보를 이용하여 무대에 등장하는 동물을 표현하기도 한다.

② 등장인물

백여 년에 걸친 거듭된 발전으로 경극에 등장하는 인물은 그 성별과 성격에 따라서 생단정축(生旦淨丑)이라는 네 개의 기본 유형으로 정착되었다.

생 : 생은 성년의 남성 배역으로 나이와 기질에 따라서 노생(老生), 무생(武生), 소생(小生) 등으로 구분된다. 이 중 노생은 극에서 가장 흔히 볼 수 있는 남자 주인공으로 각 시대마다 가장 많은 명배우를 배출한 배역이기도 하다. 턱수염을 기르고 문무(文武) 두 가지 종류로 나뉜다. 일반적으로 성숙하고 지위 있는 인물을 주로 연기하기 때문에 경극 중에서도 사람들의 존중을 받는다. 무생은 무예에 뛰어난 청년 남성으로 무공극을 주로 연기한다. 장군의 풍모를 가지고 길고 큰 무기를 사용하는 장배무생(長輩武生)과 짧고 작은 무기로 민첩한 무술 동작을 선보이는 단타무생(短打武生)으로 나뉜다. 소생 역시 청년 남성의 배역이지만 무생과 달리 수염

• 노생

• 무생

• 소생

을 기르지 않고 갑옷을 입지 않으며 단정하고 빼어난 용모를 자랑하기 때문에 대부분 풍류와 고상함을 표현하는 문인(文人)을 연기한다. 또한 노생은 아랫배에서 울려나오는 진상(眞嗓)을 이용해서 노래와 가사를 표현하는 반면 소생은 날카롭고 높은 가성(假聲)을 섞어 사용하여 젊음을 표현한다. 그러나 이러한 가성은 여자 주인공이 사용하는 가성과는 달리 비교적 맑고 강하다. 특이한 점은 경극의 특성상 소생은 남자 주인공인 노생과 달리 상대적으로 배역의 비중이 적다. 이는 서양의 오페라에서 청년 주인공이 가장 주목을 받는 것과는 상이한 점이다.

단 : 단은 여성 배역의 총칭으로 청의(靑衣), 화단(花旦), 무단(武旦), 화삼(花衫), 노단(老旦), 채단(彩旦) 등이 있다. 이 중 청의는 정단(正旦)으로도 불리는데 여성 배역 가운데에 가장 중요한 위치를 차지한다. 단아하고 정숙한 분위기로 전통사회의 현모양처나 정절을 지키는 열녀를 표현하며 일반적으로 젊은 처녀에서 중년까지의 연령대에 속한다. 노래 연기를 위주로 하며 동작의 폭은 비교적 작고 안정적이다. 대부분 비운의 역할을 맡아서 복장 역시 소박하다. 화단의 성격과 기질은 청의와는 완전히 상반된다. 명문가 규수의 몸종이나 가난한 집안의 처녀, 또는 요염한 젊은 부인을 연기한다. 일반적으로 활발하고 명랑하며 동작도 민첩하다. 짧은 의상을 입고 동작과 대사를 주로 연기하는 젊은 연령대이다. 청말 이전의 경극 배우들은 배역의 구분이 명확하여 청의와 화단의 연기를 서로 번갈아 하지 않았다. 그러나 시대의 변화와 더불어 여주인공에 대한 기대 욕구 역시 점차 높아져 1920년대 이후 종합적인 성격의 여성 배역인 화삼이 등장했다. 청의의 단아함과 화단의 영리한 연기, 여기에 무단의 무예와 같은 서로 다른 성격의 연기가 하나로 융화되어 정단의 표현 범위가 확대되었다. 이로부터 노래, 대사, 동작, 무술에 이르는 모든 방면에 있어서 관객들의 요구를 만족할 수 있었다. 무단

● 청의

● 화단

● 무단

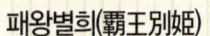

은 무예에 정통한 여성 배역으로 무생과 같이 단타무단과 장배무단으로 나뉜다. 장배무단은 일반적으로 말을 타고 칼을 지니기 때문에 도마단(刀馬旦)이라고도 불린다. 무단은 주로 고대 여성 영웅이나 장군, 또는 협객을 연기한다. 이러한 배역은 외국에서도 좀처럼 찾아보기 힘든 모습으로 과거 전통 봉건사회 하에서 특히 신선한 느낌을 준다. 노단은 중후한 노년 부인의 역할로 노래와 대사는 노생과 같이 진상을 사용하지만 강하지 않으며 청의와 같은 은은함이 담겨있다. 초기 경극에는 노단을 연기하는 전문 배우는 없었고 노생이 역할을 겸하다가 19세기 말에서 20세기 초에 비로소 등장한다. 마지막으로 채단은 여자로 분장한 어릿광대이다.

• 무단

패왕별희(覇王別姬) Tip

• 패왕별희의 한 장면

패왕별희는 초패왕과 그의 연인 우희와의 비극적 사랑을 담은 고사로 패왕인 항우와 우희의 이별이란 의미를 가진다. 대표적인 경극작품의 하나로 지금까지도 대중적인 사랑을 받고 있으며 우리에게는 1993년에 개봉된 장국영 주연의 동명 영화로 더욱 친숙하다. 당시 한국에서의 상영을 통하여 일반인들이 중국의 경극을 이해하는데 일정한 도움을 주었다.

정 : 경극에서 얼굴을 여러 가지 물감으로 화려하게 분장한 인물을 화검(花臉)이라 하는데 이러한 배역이 정이다.

• 화검

이들은 모두 남성으로 성격이 거칠고 호방하며 큰 소리로 말하기를 좋아하고 급하면 무공을 쓰기도 한다. 삼국지의 장비와 패왕별희의 초패왕 등의 역할을 맡는다. 한편 경극에서 익숙한 소재인 포청천은 검은색 얼굴 분장을 하고 등장하기 때문에 흑두(黑頭)라 부르기도 한다. 정을 맡은 연기자는 무술, 동작, 대사, 노래 등의 재능만이 아니라 아름다운 몸짓과 자세도 지녀야 한다.

축 : 축은 경극에 등장하는 인물 중 마지막에 속하여 주인공을 돋보이게 하는 역할을 하지만 중국희곡 발전사상 도리어 기타 배역보다 가장 먼저 생겼다. 그래서 '축이 없으면 극이 이루어지지 않는다'(無丑不成戱)는 말이 이미 오래전부터 전해왔다. 축은 전부 악역을 맡는 것으로 오인하는 경우도 있지만 사실 그렇지는 않다. 물론 교활하고 이기적이며 비겁한 역을 맡기도 하지만 영리하고 유머감각 있고, 심지어는 정직하고 선량한 역을 연기하는 경우가 더 많다. 전통사회에서 일반적으로 신분지위가 높지 않은 사

• 무예를 하지 못하는 문축

람은 대부분 축의 역할로 표현되며 활발하고 낙관적인 성격으로 묘사된다. 배역의 폭도 '생단정'에 비해 상당히 넓어서 남녀노소, 선악충간(善惡忠奸)을 모두 연기할 수 있다. 이러한 축의 해학적인 연기와 대사는 경극의 재미를 더하여 관객으로부터 많은 사랑을 받는다.

• 경극에 등장하는 다양한 인물들

③ 경극의 음악

경극에 사용되는 노래와 음악은 서양의 오페라와는 달리 작곡가에 의한 전문적인 창작을 하는 것이 아니라 상용되는 곡조를 적용하여 고정된 박자와 곡패(曲牌)를 위주로 곡에 따라 가사를 채워 넣어 완성한다. 경극 음악은 7성 음계로 구성되며 변주(變奏) 중 박자와 선율의 변화, 여기에 타악기인 판(板)을 이용한 박자 연결의 변화인 판식(板式)

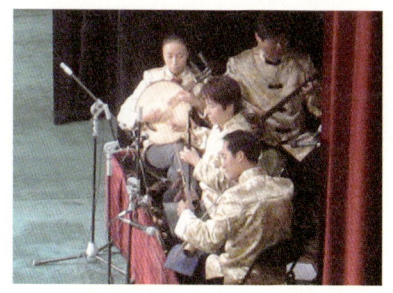
• 경극의 연주 장면

을 통하여 극 중 서로 다른 정서를 표현한다. 이와 같은 경극음악은 기본적으로

- 호금(경호)
- 월금
- 이호
- 판
- 고

서피(西皮)와 이황(二簧)이라는 악곡의 변형으로 구성된다. 서피의 곡조는 활발하고 강하며, 연주가 빠르고 노래가 명랑하여 의연, 기쁨, 분노와 격동 등의 격앙된 정서를 표현하기에 적합하다. 이에 반해 이황은 평화롭고 중후한 서정적 곡조로, 연주가 평온하고 느리기 때문에 깊은 사색, 슬픔, 감탄, 비원 등의 침체된 정서를 표현하기에 적합하다.

경극의 악대는 문장(文場)과 무장(武場)으로 나뉜다. 문장은 관현악으로 호금(胡琴) 또는 경호(京胡)라 불리는 현악기를 위주로 하여 월금(月琴), 삼현(三弦), 비파(琵琶), 완(阮) 등의 줄을 켜는 악기와 취관(吹管) 악기가 더해진다. 무장은 타악기로 고(鼓), 판(板), 라(鑼), 요(鐃), 발(鈸) 등으로 구성되는데 고와 판을 위주로 소라(小鑼)와 대라(大鑼)가 뒤를 따른다. 문장의 역할은 노래의 반주를 위주로 장면 분위기에 맞는 음악을 연주한다. 무장의 임무는 배우의 동작, 대사, 노래, 춤, 무예에 따라 시작과 끝 그리고 박자를 명확히 하고, 장면의 변화와 무대 분위기의 조성 등도 담당한다.

④ 경극의 연출

표현기법 : 경극 연출의 표현기법은 창(唱), 념(念), 주(做), 타(打)라는 네 가지 기본 방식으로 구성된다. 먼저 경극의 노래인 창은 오선보(五線譜)를 사용하는 서양의 성악과는 근본적인 차이가 있다. 서양의 성악은 남녀가수의 음역과 창법에 따라 테너, 바리톤, 소프라노 등으로 구분하는데 이는 작곡가와 가수에 의

하여 결정된다. 따라서 서양의 오페라에서 여성 배우가 남성 저음의 역할을 맡는 경우는 없다. 그러나 경극의 노래는 음역에 따라 구분하지 않고 극 중 등장인물의 성별, 연령, 신분, 지위, 성격 및 음색과 창법에 따라 서로 다른 배역을 나누어 연출한다. 이처럼 각각의 배역은 자신만의 독특한 발성법과 창법이 있기 때문에 그 요령을 익히면 어떠한 역할도 남녀의 구분 없이 연출해낼 수 있다. 이처럼 서양의 오페라와 중국의 경극은 서로 다른 체례를 가지고 있기 때문에 종합 공연예술이라는 단순한 시각으로 비교하기는 어렵다. 경극에 있어서 노래는 가장 중요한 비중을 차지하며 음악과 같이 서피과 이황으로 구별된다. 또한 배우가 노래하는 평균 음역은 서양보다 높은 것으로 알려져 있다.

> **변검(變瞼)** TIP
>
> 변검은 가면 등을 이용하여 마치 마술처럼 순간적으로 수십 종의 서로 다른 얼굴 모양을 표현하는 것이다. 사천(四川)의 지방극인 천극(川劇)에 보이는 특수 기교의 하나로 극 중 등장인물의 심리 상태를 드러내는 수단으로 사용된다. 특히 관객이 미처 주의하지 못하는 틈을 타서 순식간에 변하기 때문에 절로 감탄을 자아낸다. 변검의 비법은 소수의 전수자에게만 전해질뿐 대외적으로 공개되지는 않는다. 현재는 해외로도 중국의 전통 기예로 널리 소개되고 있다.

념은 등장인물의 대사로 경극에서 사건을 설명하고 풀어내는 서사(敍事)이다. 대사로 상황에 맞는 정서를 표현하는 것은 노래보다 더욱 어려워 많은 훈련과 노력이 필요하다. 이처럼 념은 경극 표현 예술의 단정함과 우아함을 상징한다.

주는 몸동작이고 타는 무예동작이다. 이는 모두 배우의 신체 동작을 이용하여 인물과 상황을 연출해 내는 것이다. 오페라와 달리 경극에는 구체적이고 사실적인 도구가 사용되지 않기 때문에 배우는 신체언어를 통하여 변화무쌍한 인물의 심리 상태를 표현한다. 특히 경극의 주와 타는 마치 춤을 추듯이 절제된 무도동작으로 아름답게 표현된다. 한편 경극에 등장하는 무술 장면은 화려한 복장과 신발을 갖추고 맨손 또는 각종 무기를 사용한다. 이처럼 경극의 노래, 대사, 동작, 무예는 극 중 상황에 알맞게 적절히 조화되어 시각적, 청각적 효과를 극대화한다.

상징적 표현 : 서양의 오페라가 동작의 사실 표현에 치중하는 반면 경극은 상징적 표현을 중시한다. 상징적 표현이란 모방을 통하여 평범한 일상의 동작을 아름다운 무대 동작으로 승화 시키는 것이다. 예를 들면 실제로는 창문이 없지만 문을 닫고 여는 동작을 통하여 문이 있다는 것을 나타낸다. 이 밖에도 말을 몰거나, 계단을 오르거나, 배를 타거나 하는 등의 가상의 동작을 말채찍과 같은 간단

• 말에서 떨어지는 장면   • 예를 표하는 장면   • 채찍을 들고 말타는 장면   • 상징적 표현도구: 깃발과 말채찍

한 상징적 도구만을 사용하여 표현하고자 하는 내용의 의미만을 전달한다.

⑤ 대표적인 경극

경극의 종류는 크게 문희(文戱)와 무희(武戱)로 나눌 수 있다. 문희는 일반대중의 생활을 소재로 감정의 충돌이나 격렬한 무대동작 없이 노래를 위주로 연출한다. 이에 반해서 무희는 무예를 위주로 중국의 전통무술 중에서 기본 동작을 취하여 무공과 무용을 하나로 융화시켜 공연한다. 경극에 등장하는 생단정축의 배역도 이러한 구분에 따라서 양분된다. 그러나 1940년대 이후부터는 노생희(老生戱)와 청의희(靑衣戱)가 전통 문무(文武)의 구분을 대신하게 되었다.

경극에 사용되는 소재는 역사소설, 재판고사, 고전잡극, 전기(傳奇)와 필기(筆記) 등 대단히 광범위하다. 이밖에 일반인에게는 잘 알려지지 않은 민간고사에서 유래한 내용도 더러 있지만 경극 소재의 핵심은 대부분 충효(忠孝)와 인의(仁義)를 위주로 한다. 대표적인 작품으로는 초패왕과 절대미인 우희(虞姬)와의 비극적 사랑을 담은 패왕별희(霸王別姬), 왕소군이 나라의 안녕을 위하여 흉노왕과 혼인을 맺는 일화를 그린 소군출새(昭君出塞), 서유기(西遊記)에서 소재를 취한 대뇨천궁(大鬧天宮), 당현종과 양귀비의 애정고사를 그린 귀비취주(貴妃醉酒), 고대 여성영웅 목계영의 일화를 다룬 목계영괘수(穆桂英掛帥), 고전극인 서상기(西廂記)에서 소재를 취한 홍낭(紅娘), 제갈량의 재략을 소재로 한 차동풍(借東風)과 공성계(空城計), 포청천의 재판 고사를 다룬 적상진(赤桑鎭), 수호전(水滸傳)에서 소재를 취한 야저림(野猪林), 삼국지(三國志)에서 소재를 취한 군영회(群英會)가 있으며 이밖에도 백사전(白蛇傳), 삼분구(三岔口), 추강(秋江), 이진궁(二進宮), 옥당춘(玉堂春), 사랑탐모(四郎探母), 쇄린낭(鎖麟囊), 진향련(秦香蓮), 서책포성(徐策跑城), 용봉정상(龍鳳呈祥) 등 다수의 작품이 전해진다.

# 중국의 대중문화

현대 중국의 대중문화는 90년대 무렵부터 현재에 이르기까지 중국인들의 생활방식과 가치관에 많은 영향을 미쳤으며 이러한 대중문화와 대중 사이에 가장 중요한 매개체로 TV 드라마를 꼽을 수 있다. 당시는 중국의 각종 문화 산업이 발전을 거듭하던 시기로 TV 드라마 역시 이러한 시류의 영향으로 대중성이 강한 다수의 작품이 선을 보였다. 시장성과 오락성을 모두 가지고 있으며 최근에는 한류와 더불어 유입된 다수의 한국 드라마가 중국 시장을 공략하고 있다.

1. 영화

1) 중국 영화

제1세대(1905~1931)

1905년 중국 청나라의 황실 전용 사진관인 베이징 펑타이(豊泰) 사진관 주인인 런칭타이(任慶泰)는 당대 최고 경극배우인 탄신페이(譚鑫培)의 경극을 보고, 이를 서양식 영화로 만들게 되는데 이것이 중국 최초의 영화인 '정군산(定軍山)'이다. 『삼국지三國志』중 촉나라의 황충(黃忠)과 위나라의 장합(張合) 간의 전투를 다룬 작품으로, 이를 계기로 중국 영화의 역사가 시작하게 된다. 이후 1920년대까지 주로 무술영화나 봉건주의 등을 주제로 하는 작품들이 등장하였고, 상하이에서 1928년 최초로 제작된 무술영화 '소림사(少林寺)'와 '황비홍(黃飛鴻)'시리즈는 중국 영화의 대명사가 될 정도였다. 이 시기 대부분의 중국 영화는 당시 경제와 문화의 중심이던 상하이를 중심으로 발전하였다.

제2세대(1931~1949)

1930년대 중국영화계의 큰 흐름은 유성영화의 등장과 좌파영화의 흥성이다. 또한 1931년 만주사변(滿洲事變)은 모든 중국 민족이 애국과 항일이라는 공통적인 민족정서로 단결하는 계기가 되었고, 많은 영화가 이러한 주제를 바탕으로 제작되었다. 이 시기 영화 배우 진옌(金焰)은 한국인으로, 항일영화의 고전으로 불리는 '대로(大路)'에 출연하여 멋진 외모와 뛰어난 연기를 바탕으로 '영화 황제'로까지 불리며 최고의 인기를 누렸다.

일본의 중국침략으로 중일전쟁이 시작된 1937년 이후 정상적인 영화제작이 불가능했고, 1942년 모택동(毛澤東)은 "문예는 정치를 위해서 일하고 노동자, 농민, 병사를 위해 봉사해야 한다."라는 연안문예강화(延安文藝講話)를 발표하였다. 이를 계기로 좌파 성향의 영화인들이 중국 공산혁명의 근거지인 연안으로 집결하였고, 영화도 사회주의 선전의 도구화가 되었다. 1947년 차이추성(蔡楚生)과 정쥔리(鄭君里)의 '봄날 강물은 동쪽으로 흐르고(一江春水向東流)'는 한 가족의 비극을 통해 항일전쟁시기의 시대적인 풍모를 연출한 이 시기의 대표작이다.

• 영화 '一江春水向東流'

제3세대(1949~1966)

이 시기 중국영화의 특징은 사회주의 리얼리즘으로 요약할 수 있는데, 대표적 영화로는 1950년 왕빈·수이화(王濱·水華)의 '흰머리여인(白毛女)', 1957년 셰진(謝晉)의 '여자농구팀 5번(女籃五號)'등이다.

1966년 문화대혁명이 시작되자 모든 영화 제작이 중단되었다. 기존의 영화들이 자본주의 산물로 비판당하고, 영화감독들이 추방되었기 때문이다. 중국영화인협회, 베이징영화학원(北京電影學院)이 해체되었고, 심지어 이 혁명시기에 정치적 폭력으로 죽음을 맞이한 영화인들도 상당수였다.

제4세대(1976~1982)

1976년 문화대혁명이 끝나자, 문화대혁명 직전 즉 1960년대 후반 베이징영화

> **천카이거**
> **(陳凱歌: 1952~)**
>
> TIP
>
>
>
> 중국 5세대 대표 감독. 1984년 데뷔작 '황토지(黃土地)'는 중일전쟁이 한창이던 1939년 황하 지역을 배경으로 구전민요를 수집하기 위해 외딴 마을을 찾은 병사와 농민 처녀의 사랑 이야기이다. 이후 '현위의 인생', '패왕별희' 등에서는 역사와 삶에 대한 진지한 고민을 다루었다. 2000년 들어 해외진출을 시도하였으나 실패하고, 2005년 상업영화 '무극'을 발표한다.
>
> **대표작** : 1984 황토지(黃土地) / 1991 현위의 인생(邊走邊唱) / 1993 패왕별희(覇王別姬) / 2005 무극(無極)

학원(北京電影學院)을 졸업하고도 창작활동을 할 수 없었던 졸업생들이 10년의 터널을 지나 새롭게 영화작업을 시작했는데, 이들을 제4세대 감독이라고 부른다.

포스트 문혁기의 영화는 문혁의 피해자들을 주인공으로 하여 문혁의 과오를 비판하고 문혁을 재조명하는 '상흔(傷痕)영화'와 '반사(反思)영화'가 주류를 이룬다. 제4세대의 대표 영화로는 우톈밍(吳天明)의 '오래된 우물(老井)', 셰페이(謝飛)의 '후난 소녀 샤오샤오(湘女簫簫)'를 들 수 있다. 제4세대 감독들은 시대적 제약으로 인해 작품 활동에 어려움이 있었지만, 이들의 영화제작 능력은 이후 제5세대 감독들에게 창조적 동기를 제공해 주는 역할을 하였다.

아울러 이 시기에 홍콩과 대만에서도 뉴 웨이브 시네마 운동이 시작되었는데, 홍콩에서는 1979년 쉬안화(許鞍華), 쉬커(徐克) 등에 의해 홍콩 '신랑조(新浪潮)'영화가 탄생했고, 대만에서는 1982년을 시작으로 허우샤오셴(侯孝賢), 양더창(楊德昌) 등에 의해 대만 '신영화(新電影)'운동이 전개되었다. 이처럼 1980년대 들어서면서 중국어 영화권 전반에 새로운 영화 운동이 동시다발적으로 전개되면서 예술성과 작품성을 갖춘 영화들이 대량으로 등장하였다. 바야흐로 중국어 영화권의 전성기가 시작되었다고 할 수 있다.

제5세대(1982~1990)

1978년 베이징영화대학(北京電影學院)에 입학해서 1982년에 졸업한 청년 감독군을 5세대라고 칭한다. 이들의 영화는 하나의 신화가 되어, 중국 뿐만 아니라 국제영화계에서도 중국대륙영화의 특별한 세대로 인식되고 있다.

1984년 천카이거(陳凱歌)의 '황토지(黃土地)', 1987년 장이머우(張藝謀)의 붉은 수수밭(紅高粱)의 등장은 중국 영화의 황금기를 예고했다. 정치적 이데올로기를 표현하는 정치영화에서 벗어나, 중국 역사와 민중의 현실적 삶을 예술성과 독창성을 가미한 영화를 창작해 냈기 때문이다. 또한 5세대 대표적 감독인 톈좡좡(田壯壯)의 '푸른 연(藍風箏)'이 1993년 도쿄영화제 그랑프리를 수상하고, 같은 해 천카이거의 '패왕별희(覇王別姬)'가 칸영화제 황금종려상을 수상하면서 중국 영화의 우수성을 세계에 알리는 계기가 되었고, 1994년 장이머우의 '인생(活着)'도 칸영화제 특별상을 수상하면서 중국 영화의 황금기를 열었다. 이들은 모두 2000년 이후 중국을 대표하는 세계적인 영화 거장으로 오래도록 전성기를 누리고 있다.

제6세대(1990년 이후)

1989년 천안문 사태 이후 등장한 젊은 감독들을 6세대 감독이라고 부르는데, 이들은 5세대 감독들이 동시대의 삶은 이야기하지 않는 것을 비판하면서 출발하였다. 이 젊은 감독들은 경제 성장에 따른 사회문제, 중국 고도 성장의 뒷면, 중국식 자본주의 사회의 현실과 세태, 대중의 마음 속 정서를 영화에 담아 젊은 층의 호응을 받기 시작했다. 천안문 세대라고도 불리는 이들은 사회적 금기로 여겨지는 세태들을 주로 화면에 담아, 상영금지 등의 조치를 받기도 하였다. 1993년 장위안(張元)의 '북경녀석들(北京雜種)', 1998년 자장커(賈樟柯)의 '소무(小武)', 2000년 왕샤오솨이(王小帥)의 '북경자전거(十七歲的單車)' 등이 대표영화이다.

> **TIP**
>
> **장이머우**
> **(張藝謀: 1951~)**
>
>
>
> 중국 5세대 대표 감독. 천카이거와 베이징영화학원 78학번 동기. 1987년 '붉은 수수밭(紅高粱)'으로 감독 데뷔. 감독 초창기 '붉은 수수밭', '국두', '홍등'은 문혁 이후 여성과 농촌을 소재로 하여 궁리(鞏俐)를 월드스타의 반열에 올려 놓았고, 이후 '귀주 이야기', '인생', '책상서랍 속의 동화' 등은 중국 근현대사의 아픔을 표현하였다. 1992년 '귀주이야기', 1999년 '책상 서랍 속의 동화'로 연이어 베니스영화제 황금사자상을 수상하면서 세계적 명장으로 등극하였다. 2000년 들어서는 '영웅', '연인'과 같은 대형 무협영화를 제작하였고, 2008년 베이징올림픽 개막식 연출 등 중화사상 전파에도 앞장서고 있다.
>
> **대표작** : 1987 붉은수수밭(紅高粱) / 1990 국두(菊豆) / 1991 홍등(紅燈) / 1992 귀주 이야기(秋菊打官司) / 1994 인생(活着) / 1999 책상 서랍 속의 동화(一個都不能少) / 2002 영웅(英雄) / 2004 연인(十面埋伏)

제7세대(2000년 이후)

2000년대에 홍콩영화, 할리우드 영화가 중국에 대량 유입되면서, 중국 영화계는 자국의 영화시장을 확보하기 위해 국제화 전략을 세우게 된다. '국제화'된 영화 언어와 민족문화의 특색에 역점을 둔 상업영화를 제작하고, 자국 영화를 '시장화'하는 전략으로 나아갔다. 장이머우의 2002년 '영웅', 2004년 '연인'을 시작으로 세계무대를 겨냥한 대형프로젝트들이 발표된다. 2009년 루촨(陸川)은 '난징 난징(南京, 南京!)'을 발표했는데, 남경대학살을 중국만의 상처가 아닌 인류의 아픔으로 승화하여 호평을 받았다.

2) 홍콩 영화

1949년 신중국 성립 이후 우파 감독들이 홍콩에 들어왔고, 대륙이 광대한 시장을 잃게 되었다. 이후 대륙 시장을 대체한 동남아쪽의 자본이 홍콩에 유입되면서 홍콩영화계는 활기를 띠게 된다. 1960년대에는 쇼브라더스를 중심으로 홍콩 영화가 상업화되고 산업화되는 시기였다.

1970년대에는 신흥영화사인 골든하베스트가 등장, 쇼브라더스와 홍콩 영화계를 양분하며 많은 히트작을 만들어냈다. 골든하베스트는 특히 리샤오룽(李小龍)과의 합작으로 큰 성공을 이루었다. 리샤오룽이 영화 네 편을 남긴 채 사망하였지만, 쿵푸 영화는 이후 청룽(成龍)으로 이어진다.

70년대 홍콩은 텔레비전의 보급으로 대중문화가 급속히 성행하였고, 70년대 말에는 홍콩에서 나고 자란 젊은 세대들을 중심으로 뉴웨이브가 생겨났다. 1979년 쉬안화(許安華)의 '풍겁(瘋劫)', 쉬커(徐克)의 '접변(蝶變)'등은 오락영화를 주로 제작해온 홍콩영화계에 국제적 현대적 감각을 불어 넣었고, 홍콩세대의 시각으로 느끼고 경험한 사회 문화를 영화에 투사하려 노력하였다.

80년대 초 '최가박당(最佳拍檔)'시리즈와 강시 영화와 같은 귀신영화들이 대히트를 기록했고, 1986년 우위썬(吳宇森)이 발표한 '영웅본색(英雄本色)'은 홍콩 영화의 전성기를 이끄는 출발이 되었다. 이 영화 이후로, 범죄 세계를 무대로 남성적 유대감을 강조하는 범죄 액션물을 지칭하는 '홍콩 누아르(HongKong Noir)'

• 쇄납

유형의 영화가 한 트렌드를 형성하였다.

홍콩 누아르가 양산되는 한편, 2세대 뉴웨이브라 불리는 왕자웨이(王家衛)와 관진펑(關錦鵬) 등의 젊은 감독들이 등장하였다. 이들은 새로운 영화기법으로 홍콩의 정체성, 향후 홍콩이 나아갈 방향 등을 자신만의 독특한 개성으로 표현하였다.

이 시기 대중적인 성향의 감독과 작품으로 장완팅(張婉婷)의 '가을날의 동화(秋天的童話:1987)', '송가황조(宋家皇朝:1996)', 천커신(陳可辛)의 '첨밀밀(甛蜜蜜:1996)'등이 있다.

1997년 홍콩 반환을 기점으로 홍콩 영화는 과거의 활력을 잃고 영화산업도 침체에 빠졌다. 홍콩 영화 전성기를 이끌었던 유

왕자웨이
(王家衛: 1958~)

상하이에서 태어나 1963년 홍콩으로 이주하여 자랐다. 1988년 '열혈남아'로 데뷔하여 호평을 받았고, 이후 '아비정전', '동사서독', '중경삼림' 등을 히트시키면서 유명 감독의 반열에 오른다. 1997년 칸영화제에서 '해피투게더'로 감독상을 받았고, 2000년엔 '화양연화'로 칸영화제 촬영상을 수상하면서 국제적인 명성도 함께 얻었다.
대표작 : 1988 열혈남아(熱血男兒) / 1990 아비정전(阿飛正傳) / 1994 중경삼림(重慶森林) / 1994 동사서독(東邪西毒) / 1997 해피투게더(春光乍洩) / 2000 화양연화(花樣年華) / 2013 일대종사(一代宗師)

명 배우와 감독들이 모두 할리우드로 떠났기 때문이다. 이제 홍콩영화는 새로운 자기 정체성 찾기를 통해 새로운 동력을 찾아야 하지만, 이는 상당히 어려운 작업으로 보이고 자칫 기억 너머 추억 속에만 자리하는 향수로만 남을 가능성도 많다고 보인다.

3) 대만 영화

대만에 영화가 처음 보급된 것은 일제 시대였는데, 대만 총독부는 일본어 보급을 위해 일본영화만을 상영하게 하였다. 1945년 대만이 중국으로 반환되고, 1949년 국민당 정부가 대만에 들어선 후, 대부분의 영화는 모택동 공산당에 대항하는 정치적 도구로 사용되었다. '반공대륙(反攻大陸, 공산당이 지배하는 중국 대륙을 다시 공격하자)'의 정책 영화들이 많이 만들어졌다.

1960년대 들어서면서 대만의 영화산업도 비로소 성장기를 맞이하고, 홍콩과 교류하면서 역량을 키워나가게 되고 상업화의 길을 걷게 된다. 그러나 지나친 상

TIP

허우샤오셴
(侯孝賢: 1946~)

중국 광동성에서 태어나 1948년 대만으로 이주하였다. 1980년 '귀여운 그녀'로 데뷔하여 대만 영화의 새 물결을 이끌게 된다. 1989년 '비정성시'로 베니스영화제 황금사자상을 수상하면서 국제적 감독으로 발돋움하게 된다.
대표작 : 1980 귀여운 그녀(就是溜溜的她) / 1983 아들의 큰 장난감(兒子的大玩偶) / 1989 비정성시(悲情城市) / 2005 쓰리 타임즈(最好的時光)

업 영화 제작의 추세 속에서 대만 영화는 오히려 할리우드, 홍콩, 일본 영화와의 경쟁에서 밀려나게 되고, 제작이 급감하게 되는 상황에 이르렀다.

1980년대 세계 영화계에 일고 있던 작가주의의 물결은 대만에서도 새로운 영화 운동을 일으켰고, 허우샤오셴(侯孝賢)과 에드워드 양(양더창, 楊德昌) 감독이 주도한 '대만 뉴웨이브'는 새로운 미학적 시도를 통해 개성있는 이미지로 대만의 새로운 영화 역사를 만들어 나가게 된다. '신랑차오(新浪潮)'라 불린 새로운 물결은 대만의 현대사, 문화의 정체성을 궁구하기 위한 사회 전반의 조류와도 부합되었다. 홍콩 뉴웨이브의 영향을 받은 젊은 영화 감독들이 기존의 영화와는 다른 영상미학과 영화언어를 추구하고, 사실주의적 경향의 작품들을 제작하기 시작한 것이다.

대만 뉴웨이브의 대표작은 허우샤오셴(侯孝賢)의 '비정성시(悲情城市:1989)'와 양더창(楊德昌)의 '고령가소년살인사건(牯嶺街少年殺人事件:1991)'이다. '비정성시'는 1945년 광복에서 1947년 2.28 항쟁 까지를 배경으로 대만에서 가장 혼란했던 시기에 가장 민감한 사건이었던 2.28사건을 다루면서 한 가족이 겪는 비극적인 역사를 담고 있다. 그해 베니스 영화제 황금사자상을 수상하면서 허우샤오셴을 세계에 알리는 계기가 되었다. '고령가소년살인사건'은 미국의 대중문화가 젊은 세대에게 급속하게 파고들던 1960년대 대만 뒷골목 소년들의 방황과 일탈을 보여준다. 이 두 감독의 세계적인 명성에도 불구하고, 대만 뉴웨이브 작품들은 대중성을 고려하지 않았기 때문에 상업적으로 성공하지 못하였고, 이후 대만 영화는 침체기에 접어들게 되었다.

1990년대 이후를 대표하는 두 감독은 리안(李安)과 차이밍량(蔡明亮)이다. 리안은 대만인들의 일상을 보다 대중적이고 친근하게 표현하였고, 동양의 전통인 유교적 윤리와 서양의 정서인 신세대 가치관을 동시에 담은 영화를 발표하였다. '결혼피로연(喜宴:1993)'이 베를린영화제 황금곰상을 수상하였고, 다음해 '음식남녀(飮食男女:1994)'까지 대성공을 이루었다. 말레이시아 출신의 차이밍량도 당시 대만 사회의 소통부재를 내용으로, '젊은 나타(靑少年哪吒:1992)', '거기는 지금 몇시니?(你那邊幾點:2001)'등을 발표하였다.

2000년 이후 대만 영화는 대륙과의 교류, 할리우드, 일본, 한국 영화 등의 영향으로 인하여 국내 영화 시장이 잠식당하고, 상당한 침체를 겪고 있는 상황이다.

〈중국의 유명 영화 배우〉

리안
(李安: 1954~)

대만 감독. 대만에서 출생하였고, 미국 뉴욕대 영화과에서 영화 전공 이후 대만에서 활동하면서 '결혼피로연', '음식남녀'로 주목받았다. 이후 할리우드로 진출하여 무협영화의 열풍을 일으킨 '와호장룡'으로 2000년 아카데미영화제 최우수영화상을 수상하였고, 카우보이의 동성애를 다룬 '브로크 백 마운틴', 성적 묘사가 대담한 중국어 시대극 '색계'로 2007년 베니스영화제 황금사자상을 수상하는 등 연이은 성공을 이루었다. 뱅골호랑이와 소년의 227일 표류를 다룬 '라이프 오브 파이'에서는 멋진 3D영상을 선보였다.

대표작 : 1993 결혼피로연(喜宴) / 1994 음식남녀(飮食男女) / 2000 와호장룡(臥虎藏龍) / 2006 브로크 백 마운틴(Broke Back Mountain) / 2007 색계(色戒) / 2012 라이프 오브 파이(Life of Pi)

① 리샤오룽(李小龍: 1940~1973)

미국 샌프란시스코에서 출생하여 워싱턴 주립대에서 공부하였다. 안타깝게도 네편의 영화만을 남기고 요절하였다. 그의 무술 출발은 스승인 엽문에게서 배운 영춘권이고, 이를 바탕으로 절권도를 완성하였다. 아들 브랜든 리도 아버지를 이어 영화배우로 활약했는데, 28세 때 영화 촬영 중 불의의 사고로 세상을 떠났다.

1971 당산대형(唐山大兄) / 1972 정무문(精武門) / 1972 맹룡과강(猛龍過江) / 1973 용쟁호투(龍爭虎鬪)

② 청룽(成龍, Jacky Chan: 1954~)

리샤오룽 사망 이후, 홍콩 무술 영화의 공백을 메워준 사람이 청룽이다. 리샤오룽처럼 허점을 보이지 않는 절대강자가 아니라 쓰러지고 터지면서도 오뚝이처럼 일어나는 불굴의 낙천성이 청룽의 트레이드 마크이다. 1980년대 들어 감독을 겸하며 '프로젝트 A'등의 액션물을 히트시켰다.

1979 취권(醉拳) / 1983 프로젝트 A / 1984 쾌찬차(快餐車) / 1985 폴리스 스토리(警察故事)

③ 린칭샤(林靑霞: 1954~)

출생은 대만이지만 홍콩에서 전성기를 보냈다. '동방불패'에서 남장으로 분한 린칭샤의 모습은 신비하였고, 매서운 눈빛에 뚜렷한 이목구비와 강인한 표정은 독창적인 동방불패를 탄생시켰다. 이후, '신용문객잔'과 왕자웨이 감독의 '중경삼림'과 '동사서독'에 출연하였다.

1992 동방불패(東方不敗) / 1992 신용문객잔(新龍門客棧) / 1994 중경삼림(重慶森林) / 1994 동사서독(東邪西毒)

④ 장궈룽(張國榮: 1956~2003)

홍콩에서 태어나 영국에서 학창시절을 보냈고, 홍콩에서 열린 가요제에 입상하면서 연예계로 진출했다. '영웅본색', '천녀유혼', '패왕별희', '해피투게더'등을 통해 널리 알려졌다. 하지만 아쉽게도 영화 '패왕별희'의 '우희'처럼, 만다린 오리엔탈 홍콩호텔에서 자살로 생을 마쳤다.

1986 영웅본색(英雄本色) / 1987 천녀유혼(倩女幽魂) / 1990 아비정전(阿飛正傳) / 1991 종횡사해(縱橫四海) / 1993 패왕별희(霸王別姬) / 1994 동사서독(東邪西毒) / 1997 해피 투게더(春光乍洩)

⑤ 량차오웨이(梁朝偉: 1962~)

친구 주성치의 제안으로 배우의 길을 걷게 되었다. 왕자웨이 감독의 '페르소나'로 불릴 정도로 왕자웨이 영화에 많이 출연하였다. 빼어난 눈빛 연기, 감성 넘치는 명품 배우, 고독한 남자 캐릭터 등 그에 대한 표현은 무궁무진하다. 1991년 '아비정전'을 시작으로 왕자웨이와 호흡을 맞추기 시작했고, 이후 '중경삼림', '화양연화', '색계', '일대종사'등에 출연하였다.

1990 아비정전(阿飛正傳) / 1994 중경삼림(重慶森林) / 2000 화양연화(花

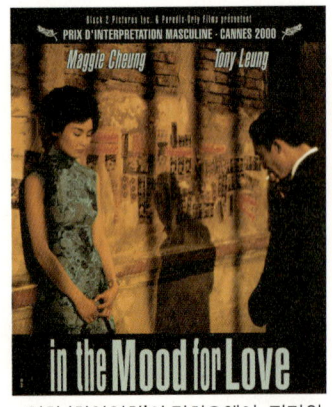
● 영화 '화양연화'의 량차오웨이, 장만위

樣年華) / 2007 색계(色戒) / 2013 일대종사(一代宗師)

⑥ 류더화(劉德華: 1961~)

1981년 데뷔한 그는 '열혈남아'를 통해 홍콩 최고의 청춘스타로 부상하였다. 이후 '천장지구', '지존무상'으로 최고 배우로 등극하였다. 100편이 넘는 영화와 수많은 히트곡을 만든 슈퍼스타, 유덕화. 그를 끝으로 낭만적 감수성의 홍콩 느와르는 종결을 맞이하였다고 해도 과언이 아닐 것이다.

1987 열혈남아(熱血男兒) / 1989 지존무상(至尊無上) / 1990 천장지구(天長地久)

⑦ 저우룬파(周潤發: 1955~)

80년대 중반 아시아 전역에 중화류가 강하던 시절, 의리와 고독을 외치던 갱스터 무비를 이끈 배우가 바로 저우룬파이다. '영웅본색', '첩혈쌍웅'등 홍콩 느와르 영화의 전성기와 함께 스타로 발돋움한 이후 아시아를 넘어 세계로 진출하였고, 2010년 '공자'로 다시 돌아왔다.

1986 영웅본색(英雄本色) / 1987 가을날의 동화(秋天的童話) / 1989 첩혈쌍웅(喋血雙雄) / 2010 공자(孔子)

⑧ 장만위(張曼玉: 1964~)

홍콩 여배우 중 가장 청순가련의 여주인공에 어울리고, 보호본능을 자극하는 배우, 장만위. 왕자웨이 감독의 작품인 '열혈남아', '아비정전', '동사서독'을 통해 최고 배우가 되었고, 이후 '첨밀밀', '화양연화'로 세계적인 스타가 되었다. 특히 '화양연화'에서 중국의 전통 의상인 치파오를 입은 모습은 그녀의 이미지가 되었다.

1987 열혈남아(熱血男兒) / 1990 아비정전(阿飛正傳) / 1994 동사서독(東邪西毒) / 1996 첨밀밀(甛蜜蜜) / 2000 화양연화(花樣年華)

⑨ 궁리(鞏俐: 1965~)

중국 요녕성 출생. 베이징 중앙연극학원 출신으로 대륙 출신의 첫 번째 월드 스타이다. '붉은 수수밭'으로 화려하게 등장하였고, '국두', '홍등'등 장이머우 감독과 함께한 7개의 작품을 통해 세계적인 스타로 도약하였다. '귀주이야기'로 베니스영화제 여우주연상을 수상하기도 하였다.

1988 붉은 수수밭(紅高粱) / 1990 국두(菊豆) / 1991 홍등(紅燈) / 1992 귀주이야기(秋菊打官司) / 1993 패왕별희(霸王別姬) / 1994 인생(活着) / 2005 게이샤의 추억 (Memoirs of a Geisha)

⑩ 장쯔이(章子怡: 1979~)

베이징 무용학원, 중앙연극학원 출신. '집으로 가는 길'로 유명해지고, '와호장룡'으로 할리우드에 진출했다. '영웅', '연인'등 작품성 있는 영화에 많이 출연하였다. 장이머우 감독이 1990년대 궁리와 호흡을 맞추었다면, 2000년 들어서는 장쯔이를 주연배우로 기용하였다.

1999 집으로 가는 길(我的父親母親) / 2000 와호장룡(臥虎藏龍) / 2002 영웅(英雄) / 2004 연인(十面埋伏)

● '색계'의 탕웨이

⑪ 탕웨이(湯唯: 1979~)

2007년 리안 감독의 '색계'에 출연하면서 일약 스타로 떠올랐고, 2010년 현빈과 함께 '만추'에도 출연하였다.

2007 색계(色戒) / 2010 만추(晩秋)

2. TV 드라마

현대 중국의 대중문화는 90년대 무렵부터 현재에 이르기까지 중국인들의 생활방식과 가치관에 많은 영향을 미쳤으며 이러한 대중문화와 대중 사이에 가장 중요한 매개체로 TV 드라마를 꼽을 수 있다. 당시는 중국의 각종 문화 산업이 발전을 거듭하던 시기로 TV 드라마 역시 이러한 시류의 영향으로 대중성이 강한 다수의 작품이 선을 보였다. 시장성과 오락성을 모두 가지고 있으며 최근에는 한류와 더불어 유입된 다수의 한국 드라마가 중국 시장을 공략하고 있다.

● 중국드라마 '뤄훈스다이'(裸婚時代)

1) 보통 사람들의 이야기

90년대 등장한 드라마가 가지고 있는 특징의 하나인 대중성은 일반인 누구나 공감하고 이해할 수 있는 보통 사람들의 이야기를 담고 있는 것이다. '핀쭈이장다민더싱푸성훠(貧嘴張大民的幸福生活)'는 이러한 주제를 담고 있는 대표작으로 인간의 보편적 윤리와 가치를 바탕으로 인성의 내면을 그리고 있다. 또한 최근에 방영된 '펀더우(奮鬪)', '뤄훈스다이(裸婚時代)', '워쥐(蝸居)' 등의 작품은 지금의 시대상과 현재를 살아가는 인물들의 모습을 충분히 반영하고 있다. 이와 같은 등장인물의 형상은 더 이상 과거의 정형화된 예술성 혹은 대중들의 반향을 통해 인성을 회복한다는 최후의 목표만을 찾지 않고 일반 대중 누구나 받아들일 수 있는 개성을 강조하는 보편적 정서의 내용을 위주로 다루고 있다.

2) 역사 속 이야기

고전 사극은 중국의 전통문화와 현대인들이 좋아하는 대중적 취향이 적절히 결합된 대표적인 TV 드라마 주제이다. 따라서 정통 역사극과 궁실 속 황제의 이야기 그리고 무협류에 이르기까지 이러한 소재들은 오래도록 대중들의 사랑을 받아왔다. 이러한 소재의 드라마를 중국에서는 '구좡쥐'(古裝劇)라고 하며 90년대로부터 지금에 이르기까지 홍콩과 대만을 포함한 중국 전역에서는 매년 수십 편에 이르는 고전 사극이 선을 보이고 있다. 이러한 대량 제작은 사극의 발전은 물론 다수의 우수한 작품이 창작되는 효과를 불러왔으나 이와 반대로 소재와 형식의 중복 및 작품 수준의 저하라는 부정적인 결과 또한 가져왔다.

2011년 통계에 따르면 중국에서 만들어진 전체 TV 드라마 469편 중 고전 사극에 해당하는 것은 219편으로 대략 절반 가까이 이르고 있다. 이처럼 중국인들의 눈과 귀를 사로잡는 고전 사극 중에서도 봉건사회에서의 궁중 후궁의 비애와 애정을 생동감 있게 그린 '허우궁전환촨(後宮

TIP · 뤄훈(裸婚)

'뤄훈'은 2008년 인터넷에서 새롭게 등장한 어휘로 신혼집과 자동차를 마련하지 않고 신혼여행은 물론 결혼식조차도 치르지 않은 채 혼인신고만 하는 간결하고 소박한 결혼방식을 말한다. 결혼의 자유와 독립을 강조하는 현재의 젊은이들 사이에서 결혼식의 비중은 날로 적어지고 있으며 이로 인해 뤄훈은 80년대 이후 출생한 80後 세대들의 새로운 결혼 풍속이 되었다.

TIP · 워쥐(蝸居)

'워쥐'는 달팽이집처럼 좁은 거처를 비유한 것으로 2007년 출판된 장편소설의 이름이기도 하다. 소설에서는 주거 문제를 둘러싼 현대 도시 속 젊은이들의 감정을 다루고 있으며 2009년 TV 드라마로도 제작되어 높은 시청률을 올렸다. 극중 내용 역시 가파르게 상승하는 주택 가격을 배경으로 보통 사람들이 도시 생활에서 겪는 좌절을 다루면서 많은 시청자의 공감을 얻었다.

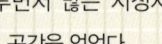

甄嬛傳)'은 2012년 방영 당시 최고의 시청률을 달성했다. 특히 궁중 인물의 암투와 여성의 비참한 처지를 그린 역사극은 현재를 살아가는 젊은 여성들이 역사 속 주인공에 비추어 자신의 상황을 돌아볼 수 있는 것이 성공 비결이었다.

3) 시대와 공간을 초월한 이야기

정통 고전 사극과 차별화 되어 등장인물과 내용을 현재의 시각으로 코믹하게 재창작하여 현대인의 생각과 습관 심지어 인터넷 용어에 이르기까지 드라마 속 과거의 인물이 사용하는 다소 비현실적인 주제의 드라마가 최근에 선보였다. 이를 중국에서는 시대와 공간을 초월한다는 의미의 '촨웨쥐'(穿越劇)라고 한다. 대표적인 드라마로는 중국에서 2011년 방영된 '부부징신(步步驚心)'으로 변화한 도시에 살고 있던 여주인공이 어느 날 갑자기 시대와 공간을 뛰어 넘어 청대의 궁중 속으로 들어가면서 벌어지는 이야기를 담고 있다. '부부징신'은 여성 작가 통화(桐華)의 동명 인터넷 소설을 바탕으로 하여 소설 출간과 드라마로 제작된 것으로 이후 시공초월 작품에 대한 더 많은 대중의 관심과 인기를 얻게 되었다.

그러나 이와 같은 시대를 초월하는 주제의 드라마는 정통 사극과는 달리 내용 전개가 지나치게 통속적으로 가볍고 역사에 대한 고증이 결여되어 있다는 점에서 비판을 받기도 한다.

진융(金庸) (1924~)

영웅호걸들의 정의롭고 용감한 무용담을 담고 있는 무협류 작품은 남녀노소 누구나 좋아하는 넓은 독자층을 확보하고 있다. 당대 중국 무협류 소설의 대표적인 작가로는 주저 없이 진융(金庸)을 꼽을 수 있다. 전통 고전 무협소설의 정수를 계승하여 자신만의 독창적인 소재와 줄거리로 새로운 형식의 무협소설을 창작하였다. 대표작으로는 '서댜오잉슝좐(射雕英雄傳)', '샤오아오장후(笑傲江湖)', '선댜오샤뤼(神雕俠侶)', '이톈투룽지(倚天屠龍記)' 등의 작품이 있으며 이후 다수의 작품이 TV 드라마로 제작 방영되어 널리 대중들의 사랑을 받았다.

• 중국 드라마 '부부징신'(步步驚心)

> **바링허우(80後)** TiP
>
> 1979년 중국의 1가구 1자녀 산아제한 정책 시행 이후 1980년대에 출생한 세대를 이르는 말이다. 중국의 개혁개방 정책으로 도입된 시장경제 아래 대부분 외동아들과 딸로 자라 물질적으로 풍요로운 환경에서 성장하였다. 다만 자신들의 개성이 강하여 기성세대와 달리 이기적이라는 비판을 받기도 하며 주택과 취업문제로 고통 받는 세대로 불리기도 한다.

> **이쭈(蟻族)** TiP
>
> '이쭈'는 우리말 개미족에 해당하는 용어로 현재 중국에서는 좁은 공간에 개미처럼 몰려 사는 힘없는 저소득 계층을 의미한다. 여기에는 농민과 농민공(農民工) 등 다양한 직업층이 모두 포함되지만 특히 대학을 졸업한 적은 수입의 젊은이를 지칭하는 전형적인 용어로 사용된다.

또한 극의 전개와 내용이 동일 유형의 다른 작품들과 상당 부분 비슷하다는 것 또한 단점으로 지적 받는다. 비슷한 유형의 한국 드라마로는 2012년 방영된 조선시대의 왕세자가 300년의 시간을 뛰어넘어 21세기의 서울로 날아와 전생에 못 다한 사랑을 이룬다는 '옥탑방 왕세자'가 있다. 두 드라마의 차이는 '부부징신'은 현재에서 과거로의 이동이고, 반대로 '옥탑방 왕세자'는 과거에서 현재로의 시간 이동이 이루어진다는 점이다. 흥미로운 사실은 중국의 시공초월 드라마는 대부분 현재에서 과거로의 시간 이동을 소재로 하고 있는 것으로 이는 중국의 오랜 역사를 배경으로 자유롭게 원하는 과거의 시대로 가보고 싶은 중국인의 심리와 관련이 있어 보인다.

한편 이러한 유형의 드라마를 선호하는 시청자는 대부분 젊은 청년층이나 화이트컬러 계층으로 다수가 80後 혹은 90後 세대이다. 이들은 현실 생활에서 학업, 애정 그리고 취업 등의 문제로 많은 스트레스를 받고 있으며 이를 반영하는 '이쭈(蟻族)', '차오메이쭈(草莓族)', '워쥐(蝸居)'와 같은 용어가 등장하였다. 따라서 비현실적인 시공초월 드라마는 청년 세대들에게 현실의 중압감을 덜어내고 잠시나마 현재의 상황을 도피할 수 있는 기회를 제공하고 있다. 이러한 드라마의 결말은 대부분 주인공이 다시 원래 생활했던 현재로 돌아오게 되며 이는 인생은 결국 현실과 맞서 스스로 개척해 나가야 한다는 것을 내포하고 있다.

4) 한국 드라마와 새로운 한류(韓流)의 도약

과거 중국에 방영되었던 '대장금'을 통해 중국에서 한류가 촉발되어 관심을 받기 시작했다면 최근 방영을 마친 한편의 우리 드라마가 중국에서 제2의 한류 열풍을 불러일으키고 있다. 2013년 연말에 방영된 '별에서 온 그대'는 400년 전

'치맥'과 '자지허피주' (炸鷄和啤酒) **TIP**

90년대 미국에서 들어온 켄터키프라이드 치킨의 중국에서의 인기가 최근 한국식 치킨으로 변해가고 있다. 이러한 열풍의 배경에는 최근 방영된 한국 드라마 '별에서 온 그대'에서 여주인공이 말한 '치맥'(치킨과 맥주)이라는 대사가 크게 기여했다. 중국의 젊은이들 사이에서 치킨과 맥주를 함께 즐기는 '치맥'은 일종의 한국 문화의 상징이 되었으며 중국 인터넷에서는 '치맥'을 뜻하는 '자지허피주'가 인기 검색어가 되었다.

차오메이쭈(草莓族) **TIP**

'차오메이쭈'는 우리말 딸기족에 해당하는 용어로 1980년대 이후에 출생한 젊은 세대를 지칭한다. 이들은 딸기처럼 겉으로는 신선하고 화려하지만 기성세대와 달리 좌절을 견디지 못하고 딸기와 같이 쉽게 물러지는 것을 비유한 것이다. 직장에서도 단체생활과 협력에 익숙하지 않으며 재미있는 일이나 많은 연봉에 따라 이직을 고려하는 특징을 가지고 있다.

에 지구에 떨어진 외계남과 한류 여성 톱스타 사이에 벌어지는 사랑 이야기를 담고 있다. 현실에서는 일어날 수 없는 다소 황당한 주제임에도 불구하고 한국은 물론 중국에서도 많은 인기를 얻었다. 이러한 한국 드라마의 인기 비결을 중국 현지에서는 왕자와 신데렐라의 등장이라는 드라마의 기본 구조를 유지하면서 새로운 남녀 주인공을 잇달아 선보이는 것에 있다고 분석하였다. 이러한 인기 한류 드라마는 단순한 주연 배우에 대한 동경을 넘어 한국의 대중문화와 유행을 중국에 전파하기에 이르렀다. '별에서 온 그대'와 관련한 주요 검색어는 중국의 각종 포털사이트에서 상위권을 차지하고 있을 뿐만 아니라 '라이쯔싱싱더니(來自星星的你)'라는 제목으로 인터넷을 통해 방영되며 조회 수가 무려 25억 건에 육박할 정도로 우리 대중문화에 대한 뜨거운 관심을 가져왔다.

3. 예능 프로그램

1) '콰이러다번잉(快樂大本營)'

90년대 후반으로 들어서면서 TV 예능 프로그램이 각 방송사의 주말 황금 시간대를 점령하기 시작했다. 가장 대표적인 장수 프로그램으로는 중국 호남(湖南) 위성 방송국의 종합 예능 프로그램인 '콰이러다번잉'이다. 1997년 방송을 시작한 이래 지금까지 십여 년 동안 꾸준히 대중의 사랑을 받고 있는 '콰이러다번잉'은 중국 TV 예능의 선도적 역할을 하였다. 이 프로그램은 당시로는 참신하게 대중들이 선호하는 각종 예능적 요소들을 하나로 묶어내는 형식을 취하였다. 다양한 스타들이 등장하여 재능을 선보이고 여기에 토크쇼와 게임 그리고 현장의 관중들이 함께 참여하는 연출 방식은 종전에는 찾아볼 수 없는 상당히 신선한 형식이었다. 일반 대중들은 바쁘고 지친 일상의 피로를 주말에 방송되는 이 프로그램을 보면서 덜어낼 수 있었다. 최근에는 중국과 홍콩, 대만을 비롯한 중화권 스타 이외에 우리나라를 비롯한 아시아와 세계 각국의 스타들이 출연하기도 했다.

● 중국의 대표 종합 예능프로그램 '콰이러다번잉'

2) '차오지뉘성(超級女聲)'

사회가 더욱 발전하고 다원화 되면서 전통적인 문화현상 역시 현대적인 대중문화로 탈바꿈하기 시작했다. 이러한 시대 조류를 상징하는 대표적인 예능 프로그램이 바로 '차오지뉘성'이다. 이 프로그램의 특징은 일반인들이 참여하는 대중성과 보편성에 있다. 따라서 재능 있는 소수의 사람들에 의한 일종의 귀족문화가 다수의 대중문화로 변모하는 현상을 상징하고 있다. '차오지뉘성'의 출연자, 관중 그리고 심사위원 역시 대중들로 이루어져 문화는 대중과 같이 어울리고 결합해야만 비로소 매력과 가치를 발휘할 수 있다는 것을 보여주고 있다. 노래를 부르고 싶은 사람은 누구나 무대에 오를 수 있는 어떠한 신분 제한도 없는 독특한 진행 방식은 전국의 수많은 사람들의 참여 열기를 불러일으켰다. 과거와 같이 일부 선별된 사람만이 무대에서 노래 부르던 방식은 이제는 너무나 익숙해 대중들의 주목을 받기 어려웠으나 '차오지뉘성'은 이러한 관습을 과감하게 탈피하여 대중에게 좀 더 친숙하게 다가선 것이 성공 비결이라고 할 수 있다.

> **TIP**
>
> **'워스거서우(我是歌手)'와 '바바취나얼(色色去哪儿)'**
>
> 최근 중국에서 한류의 영향은 드라마뿐만 아니라 예능 프로그램에서도 찾아볼 수 있다. 주목할 점은 단순히 원본을 가져와 번역하여 그대로 방영하는 것이 아니라 중국인 출연자를 등장시켜 중국식으로 새롭게 제작하는 방식을 취하는 사례도 있다는 것이다. 우리에게 익숙한 인기 프로그램 '나는 가수다'의 중국 버전인 '워스거서우'는 우리나라에서 해외로 예능 프로그램의 판권을 수출한 첫 번째 사례이다. 이밖에 중국판 '아빠 어디가'인 '바바취나얼' 역시 현지에서 높은 시청률을 올렸다.

• 중국판 '나는 가수다'

4. 대중 음악

중국 대중음악의 종류는 즐기는 계층과 취향에 따라 다양하게 분류된다. 그 중에서도 중국적인 특색이 진하게 담겨 있는 것을 중국풍(中國風) 음악이라고 한다. 이러한 중국풍 음악은 이미 30년대부터 선을 보이기 시작했지만 최근에 인기 있는 대중 가수에 의해 새로운 곡이 발표되면서 다시 주목 받기 시작했다.

1) 중국풍 대중음악 소개

중국풍 대중음악의 정의는 여러 가지가 있을 수 있으나 세 가지 옛 것과 세 가지 새로운 것 이라는 의미의 삼고삼신(三古三新)을 가지고 설명한다. 먼저 삼고는 고전 가사, 고대 문화, 고전 선율이며, 삼신은 새로운 편곡, 새로운 창법, 새로운 개념을 의미한다. 이러한 것들이 조화롭게 어우러진 중국의 독특한 음악을 중국풍 대중음악이라고 한다. 가사에는 중국문화의 깊은 정취가 드러나고 여기에 현대적인 창법과 편곡으로 곡의 생기를 더하는 것으로 중국 고전 문화를 배경으로 현대적인 리듬이 어우러져 새로운 중국풍 음악이 탄생하게 되었다. 이러한 중국풍 대중음악의 전형적인 작품으로는 '타오저(陶喆)'의 '웨량다이뱌오세이더신(月亮代表誰的心)', '저우제룬(周杰倫)'의 '둥펑포(東風破)' 등이 있다. 특히 '저우제룬'의 노래 중에는 전형적인 중국풍의 노래가 많기 때문에 중국풍 대중음악을 확립한 가수로 인정받는다.

2) 중국풍 대중음악의 특징

중국풍 대중음악에 담겨 있는 고대 문화의 내용을 앞서 말한 삼고(三古)를 위주로 살펴보면 다음과 같다. 첫째, 고전 가사. 노래 가사의 문언문(文言文) 혹은 고전 시사(詩詞)를 사용하여 중국풍 대중음악 노랫말의 독특한 풍격을 이루었다. 둘째, 고대 문화. 중국풍 대중음악에서는 종종 고전문학 속 전고(典故)를 인용한다. 셋째, 고전 선율. 중국품 대중음악에 사용되는 선율은 대부분 중국의 고전 희곡인 곤곡(昆曲)과 경극(京劇) 등에서 가져온 것이다. 뿐만 아니라 중국풍 대중음악에는 고쟁(古箏), 이호(二胡), 비파(琵琶)와 같은 고전 악기들이 대량으로 사용되어 고전 음악의 특색을 더 한다. 이러한 고전 악기의 사용에는 일정한 관례가 있는데 주로 전주나 간주 혹은 음악이 끝나는 부분에 주로 사용되며 본 멜로디의 반주에서는 일반 대중음악과 마찬가지로 피아노, 현악기 또는 전자악기가 주로 사용된다. 노래에 있어서도 경극의 가성 창법을 모방하여 사용하며 이 밖에 북경어의 특징인 '얼화인(兒化音)'과 같은 구어(口語)나 권설음(捲舌音)을 사용하여 민족적 특색이나 방언의 특징을 나타낸다.

덩리쥔(鄧麗君) (1953~1995)

'덩리쥔'은 아시아를 비롯하여 전세계에 퍼져있는 중국인 사회에서 가장 널리 알려진 대표적인 대만 출신의 유명 여가수이다. 14세에 가수로 데뷔한 이래 대만은 물론 홍콩, 일본, 미국과 여러 동남아 국가에서 북경어, 광동어, 일본어, 영어 등으로 천여 곡의 노래를 발표했다. 중국인이 있는 곳에는 그녀의 노래가 있다는 찬사를 받을 정도로 중국의 대중음악 발전에 지대한 영향을 미쳤다. 대표곡으로는 영화음악으로도 삽입되어 우리에게도 친숙한 '웨량다이뱌오워더신(月亮代表我的心)', '텐미미(甜蜜蜜)' 등이 있다.

5. 인터넷

'웨이보(微博)' 인터넷 용어

'웨이보(圍脖)': 중국의 네티즌들은 '목도리 짰어요?'라는 말을 흔히 한다. 이는 중국판 트위터인 '웨이보(微博)'의 발음이 중국어로 목도리를 뜻하는 '웨이보(圍脖)'와 유사하기 때문이다. 따라서 '웨이보(圍脖)'는 중국의 젊은이들 사이에서 블로그에 글을 올리는 것을 의미한다.

'LZ(樓主)': LZ은 중국어로 건물주인 '러우주(樓主)'에 해당하는 한어병음의 약자로 웨이보에 글을 올리는 사람을 말한다.

'가이러우(蓋樓)': 웨이보에 댓글을 다는 것을 '가이러우'라고 한다. 이는 각각의 네티즌들이 올리는 댓글이 마치 건물을 층층이 쌓아 올리는 것과 유사한 형상으로 여겨져 붙여진 이름이다.

1) 중국판 트위터 '웨이보(微博)'

'웨이보'는 중국어 '웨이싱보커(微型博客)'의 줄임말로 마이크로 블로그(Micro Blog) 서비스를 뜻한다. 일종의 중국판 트위터(twitter)로 2009년 8월 중국의 인터넷 사이트 '신랑(新浪)'에서 처음으로 서비스를 시작한 이래 2013년 상반기에 등록 회원수가 이미 5억 3천만 명을 넘어섰다. 이 밖에 역시 대표적 인터넷 포털인 '텅쉰(騰訊)'의 '웨이보' 역시 2012년 3분기 이미 등록 회원 5억 명을 넘었다. 이들은 모두 중국의 대표적인 소셜네트워킹서비스(SNS)로 2011년 '웨이보'는 '네이멍구(內蒙古)'에서 발생한 시위와 같은 중국의 일반 언론들이 다루지 않는 민감한 사안들을 실시간으로 전달해 관심을 받았다.

• 중국판 카카오톡 '웨이신(微信)'

> **광군제(光棍節)**
>
> 우리의 젊은이들 사이에는 11월 11일을 '빼빼로 데이'라고 하여 연인들끼리 과자를 주고받는 기념일로 기억하지만 이와는 다르게 중국에서는 독신임을 기념하는 '광군제'라고 부른다. 중국어 '광군'에는 독신남이라는 의미를 가지고 있으며 또한 아라비아 숫자 1과 막대기(棍子)의 모양이 흡사하여 이와 같은 이름이 유래하였다.

　때로는 검증되지 않은 정보들의 확산으로 부작용이 따르기도 하지만 '웨이보'의 출현은 인터넷 공간에서 빠르고 편리하게 최신 정보를 직접적인 방식으로 교류할 수 있는 무대를 제공하게 되었으며 새로운 대중문화의 전파에도 기여하게 되었다. 예를 들면 젊은이들 사이에 독신임을 축하하는 '광군제(光棍節)'와 같은 기념일은 인터넷을 통해 전파된 일종의 새로운 문화 현상이다.

2) 중국판 카카오톡 '웨이신(微信)'

　'웨이신'은 중국의 인터넷 포털 업체인 '텅쉰(騰訊)'이 2011년 처음으로 출시한 문자와 사진 등을 실시간으로 교환하며 여러 사람과 대화를 나눌 수 있는 휴대폰용 애플리케이션(application)으로 외국의 친구들과도 거리의 제한 없이 자유롭게 문자를  주고받을 수 있는 장점이 있다. 일종의 중국판 '카카오톡'(kakaotalk)으로 중국의 젊은이들에게 있어 없어서는 안 되는 필수 앱(app)이 되었다.

08 중국의 풍속과 생활문화

음력에서는 1년을 춘, 하, 추, 동의 사계(四季)로 나누었는데, 음력 1,2,3월은 봄, 4,5,6월은 여름, 7,8,9월은 가을, 10,11,12월은 겨울에 해당된다. 각각의 절기에 따라 필요한 농경 활동 및 서민들의 오락 활동이 세시풍습으로 전해져 온다. 본 절에서는 중국의 4대 명절을 중심으로 각각의 절기마다 중국인들이 전통적으로 무엇을 먹고, 입고, 어떤 활동을 했는가에 대해서 살펴보고자 한다. 또한 신중국 탄생 이후 현대 중국인들이 어떤 날을 기념일로 정하고 있는가, 또한 혼례와 상례를 중심으로 중국 일상의 풍습을 살펴보고 몇 가지 금기에 대해서도 얘기해 보고자 한다.

1. 전통 명절

태양의 주기를 가지고 날짜를 세는 양력과 달리 음력은 달의 운행주기를 계산하여 날짜를 센다. 이러한 음력은 농경과 밀접한 관련이 있기 때문에, 예로부터 중국인들은 농력(農歷)이라고도 불렀고, 하(夏)나라 때부터 이미 있었다고 해서 하력(夏歷)이라고도 불렀다.

다음에서는 중국인들의 특별한 명절에 대해서 유래와 풍속을 중심으로 살펴보기로 하자.

1) 사대명절(四大名節)

(1) 춘절(春節)

춘절은 중국 4대 명절 중 하나로, 오늘날에도 중추절과 함께 가장 큰 명절이다.

춘절을 지내는 것은 '过年(새해를 맞다)'이라고 불렀고, 그 역사는 대략 3,000년 정도나 된다. 본래는 '원단(元旦)'혹은 '원일(元日)'이라 불렀는데, 신해혁명 이후 양력을 채용

● 年畵

● 紅包

● 최근에는 연예인들을 모델로 한 훙빠오가 유행하기도 한다.

하면서 양력 1월 1일을 원단(元旦)이라 칭하게 되었고, 대신 음력 1월 1일은 춘절이라고 부르게 되었다.

춘절을 맞이하기 위해 민간에서는 춘절 며칠 전부터 대청소를 하고, 음식을 준비하고, 춘련(春联), 연화(年画) 등으로 집안을 장식하고 '복(福)'자를 커다랗게 써서 붙인다.

춘절에는 흩어졌던 온 가족이 한자리에 모인다. 춘절 하루 전날 저녁을 '제석(除夕)'이라 부르는데, 이것은 오래된 것은 없애고 새것을 퍼뜨린다는 의미이다. 한 해의 마지막 시간에 온 가족이 함께 모여 제야음식을 먹고 이야기로 웃음꽃을 피우며 밤을 지새우는데, 이러한 풍습은 '수세(守歲)'라고 부른다.

섣달 그믐밤 0시, 즉 자시(子時)가 되면 사람들은 빚어 둔 만두(餃子: 교자)를 먹는다. 이는 '자시에 해가 바뀐다(更歲交子)'는 의미를 가진다.

섣달 그믐날 밤에는 또한 폭죽을 터뜨리며 파티를 한다. 폭죽을 터뜨리는 것은 나쁜 기운을

> **Tip** '福'은 거꾸로 붙인다. 그 이유는 뒤집힌다는 뜻의 '倒'와 '~에 이르다'는 뜻의 '到'가 발음이 같기 때문이다. 즉 '거꾸로 붙인 福'은 '복이 오다'는 의미를 나타낸다.

> **Tip** 이러한 세뱃돈은 '壓歲錢'이라고 부른다. 왜냐하면 '歲'와 '재앙'이라는 뜻의 '祟'의 발음이 같기 때문이다. 즉 "재앙을 막아주는 돈"이라는 뜻이 된다.

몰아내고 한 해 동안 순조롭기를 바라기 위해서이며, '폭죽(爆竹)'의 중국어 발음이 '복을 알리다(報祝)'라는 단어와 비슷하기 때문이기도 하다. 폭죽놀이를 위해서 상당히 많은 돈을 낭비하고, 또한 화재의 위험이 높아서 중국에서는 한동안 폭죽놀이를 금지해 왔다. 그러나 2005년 9월부터는 정해진 날에 한해서 부분적으로 다시 폭죽놀이를 허용하고 있다.

춘절에 아이들은 어른들에게 세뱃돈을 받기도 한다. 빨간 종이로 세뱃돈을 싸고서 잠든 아이의 베개 밑에 넣어 두면 아이는 춘절 아침에 일어나 기뻐한다. 돈은 '천원지방(天圓地方:하늘은 동그랗고, 땅은 네모지다)'을 상징하는 것으로, 음양의 조화를 뜻하며, 붉은 색은 사악한 기운을 쫓아주는 색이다. 최근에는 섣달 그믐날 밤에 집집마다 TV에서 방영되는 춘절 TV쇼를 보면서 새해를 맞는다.

(2) 원소절(元宵节)

원소절은 음력 정월 15일로 '상원절(上元节)'이라고도 불렀다. 음력 새해의 첫 번째 보름달이 뜨는 밤이기 때문에, 사람들은 갖가지 등을 달아 감상하고, 원소를 먹으면서 밤을 보낸다. 때문에 원소절은 '등절(燈节)'이라고도 부른다.

원소절에 등을 감상하는 풍습은 동한(東

TIP

중국은 크게 북방과 남방으로 양분한다. 이 때 기준이 되는 것은 벼농사 가능여부이다. 중국의 북방은 예로부터 벼농사가 되지 않았기 때문에, 밀가루 음식을 즐겨 먹는다. 춘절에도 북방에서는 '지아오쯔(餃子)'라 불리는 만두를 먹는다.
반면, 벼농사가 잘 되었던 남방에서는 쌀로 만든 중국식 떡인 '니엔까오(年糕)'를 먹는다.
'年糕'는 '해마다 더 좋아진다(年年升高)'라는 의미에서 유래된 명칭이다.

● 지아오쯔(餃子)

● 니엔까오(年糕)

주마등(走馬燈)

등 위에 둥근 원반을 올려놓고 원반의 가장자리를 따라 말이 달리는 그림을 붙여 늘어뜨린다. 밑에서 촛불을 밝히면 등 내부의 공기가 대류현상을 일으켜 원반을 돌게 한다. "주마등처럼 스쳐 간다"라고 흔히들 얘기한다.

• 용등

• 사자춤

• 높은 나무다리를 타는 춤

漢) 명제때 이미 시작되었다. 당나라 때에는 상등행사가 더욱 흥성해져서 황궁과 길거리 곳곳에 등을 매달았고, 높고 큰 등 바퀴와 등 나무도 세웠다.

원소절 저녁이 되면 사람들은 잇달아 길거리로 나가서 등을 구경하고 초롱에 수수께끼 문답을 써넣는 놀이를 하거나 불꽃놀이와 폭죽을 터트린다. 등의 종류는 매우 많은데, 예를 들면 용등, 주마등, 화훼등, 금수등, 역사 인물등, 신화 이야기등 등이 있다. 최근 동북 지역에서는 얼음 등(氷燈)이 유행한다.

또한 원소절에는 중국 여러 지역에서 용등 춤을 추는 풍습이 있다. '용무(龍舞)'라고도 불리는 이 춤은 중국의 전통 민간무용으로, 많은 사람들이 종이나 천으로 만든 용을 손으로 들어 올려 징과 북의 음악에 맞추어 춤을 춘다. 민간에서는 사자춤을 추거나 높은 나무다리를 타는 춤, 배를 타는 춤, 모내기 춤 등을 즐기기도 한다.

원소절에는 집집마다 '원소'를 먹는다. 원소는 바깥 면은 쌀가루이고 안쪽에는 설탕 소 혹은 고기소를 집어넣은 동그란 모양의 음식으로 물에 찌거나 기름에 튀긴다. 처음에는 '부원자(浮圓子)'라 부르다가, 후에 '온 가족이 함께 모인다'는 의미의 '단원(团圆)'과 발음이 비슷한 '탕원(汤圆)'이라 불렀다.

(3) 단오절(端午節)

음력 5월 5일은 '단오절'이다. 흔히 '5월절'이라고도 부르며, 초나라 애국시인 굴원(屈原)을 기념하기 위해 만들어졌다고 해서 '시인절'이라고도 한다.

> **TIP**
> 굴원(B.C.340~278)은 전국시대 말기 초나라의 시인으로, 진나라에 대항하기를 주장했지만 초나라 왕은 오히려 굴원의 주장을 듣지 않고, 두 번이나 굴원을 쫓아냈다. 후에, 진나라 군대가 초나라의 도성인 영성을 점령하자 굴원은 비분강개하여 멱라강에 뛰어들었다. 그날이 바로 기원전 278년 음력 5월 5일이다.

굴원이 강에 뛰어들자, 많은 백성들이 그를 구하러 급히 노를 저어 갔으나, 구할 수 없었다. 백성들은 물고기들이 굴원의 시신을 손상시키지 않도록 하기 위하여 연이어 죽통에 쌀을 담아 강 속에 던졌다. 이것이 바로 최초의 종자(粽子)인 "통종(筒粽)"의 유래이다.

이후 죽통 대신 대나무 잎이나 갈대 잎을 사용하였고, 이것이 오늘날 즐겨 먹는 종자가 되었다. 종자는 대나무 잎이나 갈대 잎으로 찹쌀을 싸서, 삼각형, 사각형 혹은 다른 형태로 매고, 끈으로 단단히 묶어서 삶아 익힌 음식이다.

굴원이 강에 뛰어들자, 많은 사람들이 그를 구하러 급히 노를 저어 갔다. 그것이 유래가 되어 오늘날 중국인들은 단오절에 용주(龍舟) 대회를 열어 굴원을 기린다.

단오가 있는 음력 5월에는 날씨가 더워지기 시작하여 각종 해충과 뱀 등이 번성하기 때문에 대문에 창포를 꽂고, 부적을 붙이며, 웅황주를 마신다. 왜냐하면 창포는 구충(驅蟲)의 역할을 하고, 창포 뿌리를 말려 빚은 웅황주 역시 소독의 역할을 하기 때문이다.

(4) 중추절(仲秋節)

음력 8월 15일은 중추절로, 가을의 한 가운데에 있기 때문에 붙여진 이름이다. 중추절 저녁에는 온 가족이 모두 모여 보름달을 감상하고, 월병(月餅)을 먹는다.

중추절의 역사는 아주 오래되었다. 고문헌의 기록에 따르면, 일찍이 주나라 때 이미 풍년을 기원하기 위하여 달을 향해 절을 하는 의식이 있었다고 한다. 이후 민간에서도 점차 달에게 제사를 지내고, 또한 달을 감상하는 풍습이 생겨났는데, 이것이 중추절의 유래가 된다.

중추절에 둥근 달의 모양을 본 떠 만든 월병을 먹는 풍습은 당나라 때부터 시작되었다고 한다. 월병은 "가족이 함께 모이다."라는 의미를 지니며, 다양한 소를 넣고 아름다운 문양을 찍어 내기도 한다.

• 용주 경기

2) 기타 명절

(1) 청명절(淸明節)

음력 24절기 중의 하나인 청명절은 양력 4월 4일이나 5일 정도에 해당된다. 예로부터 중국인들은 청명절에 성묘하는 풍습이 있었고, 또한 시기적으로 꽃이 피고 싱싱한 풀이 자라나는 봄이기 때문에, 교외에 나가 봄의 경치를 감상하기도 하였다.

• 통종(筒粽) • 종자(粽子)

(2) 중양절(重陽節)

중국인은 예로부터 홀수는 양의 수, 짝수는 음의 수라 여겼다. 양의 수 중에서 가장 큰 수인 9가 두 번 겹치는 음력 9월 9일이 바로 중양절이며, '중구절(重九節)'이라고도 부른다.

높은 가을 하늘 아래 맑은 공기를 마시며 높은 곳에 올라 경치를 관망하면서 중양떡을 먹고 국화주(또는 연명주(延命酒), 불로장생주(不老長生酒)라고도 한다)를 마신다. 오늘날에는 '노인절(老人節)'로 정해졌다.

> **청명절의 유래**
>
> 청명절은 춘추시대 진(晉) 문공(文公)인 중이(重耳)가 개자추(介子推)를 애도한데서 비롯되었다고 한다. 문공은 개자추를 추모하기 위해 그 날을 한식절로 정하고, 이날만은 불을 지피지 말고 찬밥을 먹도록 하였다. 한식(寒食)은 대략 청명절 이틀 전이다.

• 개자추를 모신 사당 개공사당(介公祠堂)

2. 기념일

1) 법정 공휴일

(1) 3월 8일 부녀절(婦女節)

1924년 3월 8일, 광주에서 중국 공산당 제 1차 3·8 부녀절 기념 회의를 개최하였고, 이후 1949년에 3월 8일을 부녀절로 제정하였다. 직장 여성에게는 하루의 휴가가 주어진다.

(2) 5월 1일 노동절(勞動節)

노동절은 '노동자들의 이상주의'를 표방하는 중국에서 큰 의미를 지닌다. 전 세계 노동자의 날인 이 날 중국의 대부분의 행정 기관과 회사들은 업무를 중지하고, 일주일 간 노동자들에게 휴가를 준다. 달력에는 3일 동안만 공휴일로 표시되어 있지만, 실제로는 7일 정도의 휴가를 즐긴다.

(3) 10월 1일 국경절(國慶節)

1949년 10월 1일, 모택동은 천안문 광장에서 중화인민공화국의 탄생을 선포하였고, 이후 매년 10월 1일에 경축 행사를 거행한다. 특히 천안문 광장에서의 열병식은 많은 관광객들의 시선을 집중시킨다. 노동절과 함께 중국의 황금주(黃金周)로 불리우는 국경절에는 공식적으로는 이틀 정도만 휴일이지만, 대다수가 실제로는 1주일 정도의 휴가를 즐긴다.

2) 기타 기념일

(1) 5월 4일 청년절(靑年節)

1919년 5월 4일, 중국의 청년들은 반제국주의, 반봉건주의를 표방하며 5.4 운동을 발기하였다.

굴욕적인 파리강화조약 체결의 무효를 주장했던 이 운동은, 북경에서 시작하여 전국적으로 확산되었고, 결국 조약을 무효화하는데 큰 역할을 하였다. 이러한 전통을 계승하기 위하여 이 날을 청년절로 지정하고, 각종 기념 활동을 한다.

(2) 6월 1일 아동절(兒童節)

이 날은 세계 아동의 날이다. 중국 역시 이날을 아동절로 정하고, 각종 경축행사를 한다. 이외에도, 7월 1일은 건당절(建黨節), 8월 1일은 건군절(建軍節)이며, 9월 10일은 교사절(敎師節)이다. 교사절은 간호사의 날(護士節), 기자의 날(記者節)과 함께 3대 전문직업과 관련된 기념일이다.

반변천(半邊天)

모택동은 1949년 새로운 중국의 탄생을 알리면서, "부녀자도 하늘의 절반을 떠받치고 있다(婦女頂着半邊天)"고 주장하였고, 이로써 중국의 여성은 전통의 속박으로부터 벗어나게 되었다.

꼬마 황제(小皇帝)와 어둠의 아이들(黑孩子)

1979년 중국정부는 '한 가구 한 자녀 낳기' 산아제한 정책을 결정하고, 1980년부터 실시하였다. 다산(多産)을 가장 큰 축복으로 여기던 농경민족, 중국인들은 이후 태어난 외동딸, 외동아들을 위하여 온 가족이 분에 넘치는 사랑을 쏟아 부었다. 결과 어린 자녀들은 집안에서 황제처럼 성장하게 되었는데, 이들을 꼬마황제라고 부른다.

반면, 자녀가 이미 있음에도 불구하고 대를 잇기 위해서, 혹은 일손 확보를 위하여 몰래 두 번째, 세 번째 자녀를 출산하는 가정도 생겨났다. 이 아이들은 출생신고조차 하지 못하고, 교육의 기회마저 잃어버린 채 성장하고 있다. 이 아이들은 '어둠의 아이들'이라고 부르며, 전국에 몇 명이 있는지조차 통계내지 못하는 실정이다.

3. 혼례와 상례

1) 전통 혼례 – 육례(六禮)

혼례는 중국에서 상례와 함께 가장 중시되었다.

혼례는 단순히 성인 남녀의 결합이 아니라 집안과 집안의 결합을 의미하는 것이었으므로, 문당호대(門堂戶對- 서로 집안의 수준이 맞음)를 가장 많이 따졌다.

중국에서는 일찍이 서주(西周) 시기부터 혼인에 대한 엄격한 규정이 있었고, 한대(漢代)에 와서는 소위 육례(六禮)라고 일컫는 혼인 절차가 완비되었다. 육예란 납채(納采), 문명(問名), 납길(納吉), 납징(納徵), 청기(請期), 친영(親迎)의 여섯 단계를 말한다.

① **납채(納采)** – 신랑측에서 신부측에 혼인의 의사를 전하는 절차로, 중매인을 통하여 예물을 보내 혼담을 꺼낸다.

② **문명(問名)** – 남자 쪽에서 홍첩(紅帖)과 예물을 여자 쪽에 보낸다. 여자 쪽에서는 홍첩에 신부의 부모, 조부, 증조부 등 근친의 이름과 관직, 재산, 신부 이름, 그리고 배행(排行) 및 생년월일을 적어 보낸다.

③ **납길(納吉)** – 홍첩에 적혀진 여성 쪽 자료를 가지고, 남자 측 조상의 패위 앞에서 점을 친다. 점의 결과가 좋을 경우 그 결과를 중매쟁이를 통해 신부 측에 통보하고 정식으로 청혼을 선포한다.

④ **납징(納徵)** – 남자 측에서 여자 측에 혼인의 징표로 예물을 보내는 절차이다.

납징은 신랑의 재력을 과시할 수 있는 기회였기 때문에, 폭죽을 터뜨리거나 악대를 고용하여 음악을 연주하며 골목을 돌기도 하였다.

⑤ **청기(請期)** – 남자 측에서 여자 측에 혼인 날짜를 정해 달라고 청하는 절차이다. 혼인이 결정된 이후, 아내를 맞이할 좋은 날을 선택하고 선택된 길일(吉日)을 여자 측에 알려 준다.

> **TiP**
> **기러기를 예물로 많이 보냈는데, 그 이유는 다음과 같다.**
>
> 첫째, 음양론(陰陽論)으로 볼 때 기러기는 태양을 따라 이동하는 철새이다. 태양은 양이고, 달은 음이며, 여자는 음이고 남자는 양이므로, 기러기는 양의 기운을 상징한다.
> 둘째, 기러기는 암수가 한번 짝을 지으면 짝을 잃더라도 끝까지 혼자 지내는 동물로 알려져 있다. 따라서 기러기는 정조와 순정을 상징한다.
> 셋째, 주(周)나라 때는 지례(贄禮-폐백 선물)가 여러 등급으로 나누어져 있어서, 천자는 울창주, 제후는 규(圭), 경은 새끼 양, 대부는 기러기, 선비는 꿩, 서민은 필로 예물을 삼았다. 이후 서민들이 대부들을 흉내 내어 기러기를 선물하였고, 이것이 민간에 퍼지면서 기러기를 즐겨 예물로 삼았다.

⑥ **친영(親迎)** – 신랑이 여자 측에 가서 신부를 데려오는 절차이다. 혼인날이 되면 신랑은 중매인과 함께 예물을 가지고 여자 집에 간다. 먼저 신부의 부모님을 뵙고 신부 측 조상의 사당을 배알하며 예물을 바치고 신부를 가마(花轎나 官轎. 집안의 경제력에 따라 한 대 이상)에 태워 신랑의 집으로 돌아온다. 신랑의 집에 도착하면, 신랑은 신부가 가마에서 내리기를 기다렸다가 집으로 함께 들어간 뒤, 조상과 부모님께 절을 올린다. 저녁이 되면 희연(喜宴)을 열어 손님 접대를 하고 합방을 한다.

이렇게 하면 육례(六禮)가 모두 완성되며 신부가 정식으로 신랑의 처가 된다.
육례(六禮) 중에서 마지막 단계인 친영(親迎)제외 하고는 남녀 당사자는 서로 만

• 중국 전통혼례 장면

날 기회가 없을 뿐만 아니라, 근본적으로 혼담에 참여할 권리가 없다. 순전히 부모에 의해서 혼인이 결정되며, 중매쟁이의 왕래에 의해서 진행된다. 이러한 절차에 따라 혼인이 맺어지는 것을 '중매쟁이를 통한 정식 결혼(明媒正娶)'이라고 한다. 만약 남녀가 직접 만나서 자유롭게 연애를 하면 '풍기를 문란하게 하고' '법도에 어긋난 행위를 한' 것으로 인식되어 가정과 사회로부터 매우 큰 압력을 받거나 심지어 준엄한 처벌을 받기도 하였다. 따라서 여자는 시집가면 오직 운명에 순종하면서 남편에게 복종할 수밖에 없었다. 중국에는 '닭에게 시집가면 닭을 따라야 하고, 개에게 시집가면 개를 따라야 한다(嫁鷄隨鷄, 嫁狗隨狗)'는 말이 있었다.

육례를 모두 실행하는 것은 광의적 의미로서의 혼례이고, 일반적으로는 친영만으로도 혼례라고 할 수 있다. 시간이 흐르면서 문벌 사족들의 혼인에서도 육례의 여섯 가지 의식을 모두 준수하기 어렵게 되었고, 혼례의 절차는 다소 간소화되었다. 송대(宋代)에 이르러서는 주자(朱子)에 의하여 육례가 더욱 간소화되었다.

2) 현대의 혼례

1950년 4월 13일, 중국 정부는 새로운 혼인법을 공포하였는데, 혼인법 제 1조에서 "부모의 독단적인 강요와 남존여비, 자녀의 이익을 경시하는 봉건주의 혼인 제도를 폐지한다. 남녀 혼인의 자유, 일부일처, 남녀 권리 평등, 여성과 자녀의 합법적인 이익을 보호하는 신민주주의 혼인 제도를 실행한다"라고 명확히 규정하였다. 이로써 중국 남녀의 결혼은 자유스럽고, 일부일처제이며, 남녀의 동등한 권리가 보장되는 것으로 변화되었다.

오늘날의 결혼절차는 법적인 결혼 수속을 거치기만 하면 된다. 먼저 결혼할 남녀는 해당 지역의 관청에 가서 혼인 등록을 해야 하는데, 이를 위해서는 우선 결혼의사를 각자의 직장에 보고하여 미혼증명서를 발급받은 뒤, 부부생활에 영향을 주는 질병이 없는가를 검사하여 건강진단서를 발급받는다. 마지막으로 시청이나 구청에 혼인 신고서를 제출하면 결혼증명서가 발급된다.

3) 상례(喪禮)

중국인들은 전통적으로 죽음을 매우 중요하게 생각하였다. 하늘이 주신 천수를 다 누리고 집안의 정실에서 죽음을 맞는 것(壽終正寢)을 가장 축복된 죽음으로 여겼고, 가족들은 망자의 임종을 곁에서 지키는 것(送終)을 가장 중요한 효(孝)의 덕목으로 여겼다.

• 장례시 지전(紙錢)을 태우는 장면

주(周)나라 때부터는 장례와 관련된 엄격한 절차가 생겨났다. 전통적으로 중국에서는 사람이 죽으면 먼저 목욕을 시켜 시신을 청결하게 한 후, 수의로 갈아입히는데, 이를 소렴(小殮)이라 한다. 그 다음 망자의 입에 돈이나 옥을 넣어주는데, 이것은 빈손으로 이승을 떠나지 않도록 하기 위해서이다. 이어서 시신을 관에 넣은 다음(入棺), 제단을 설치하고 친지들의 조문을 받는데, 이를 대렴(大殮)이라 한다. 마지막으로 망자가 가장 좋아하던 물건과 썼던 물건을 시신과 함께 관에 넣어주는데, 이것은 순장의 풍습에서 유래한 것으로서, 진시황의 병마용(兵馬俑) 부장품에서 엿볼 수 있듯이, 죽은 사람을 산 사람처럼 대접하여 망자로부터 덕을 볼 수 있다고 믿기 때문이다. 가정형편과 신분의 고하에 따라 3일, 5일 혹은 7일 동안 지속되는 조문기간에는 지전(紙錢)을 태우고, 유족들이 밤새워 영구를 지키는 의식이 진행되며, 이후 시신을 묘지에 안장하게 된다. 이를 송장(送葬)이라 한다.

중국영화를 보면 장례를 지내면서 지전(紙錢)을 태우는 장면이 자주 나온다. 지전은 돈처럼 만든 종이돈으로써, 망자가 저승 가는 길에 사용하는 노자돈이며, 귀신이 저승에서 사용하는 돈이다. 지전을 태우는 것은 망자나 귀신을 돈으로 구슬려서 해코지를 하지 않도록 하려는 바람이다. "돈만 있으면 귀신도 부릴 수 있다.(金錢能通神使鬼)"는 말도 있다.

가장 일반적인 안장법은 토장(土葬)이다. 중국인들은 예로부터 '入土爲安', 즉 땅에서 낳았으므로 땅으로 돌아가야 평안함을 얻는다고 여겼기 때문에, 사람이 죽으면 반드시 땅에 묻어야 한다고 여겼다. 두 번째는 화장(火葬)으로, 역시 매우 오랜 역사를 갖고 있다. 전국시대 이전에 이미 화장이 행해졌으며, 북송에 이르러서는 매우 성행하였다고 한다. 그러나 송대 이후 유가의 윤리 관념에 어긋난다는 이유로 통치 계급에 의해 강력한 금지 조치를 당하면서 화장의 방식은 차츰 쇠퇴하였다.

그러나 인구가 점차 증가하면서, 토장으로 인한 수많은 묘소가 국토를 잠식하고, 아울러 장례 형식의 번잡함과 경비의 과다 지출 현상 등이 나타나자, 이를 우려한 중국 정부는 1956년에 화장의 실시를 다시 제창하였다. 그 결과 90년대에 이르러서는 도시의 90%이상에 화장 시설이 갖추어졌으며, 간단한 추도식으로 장례식을 대체하게 되었다. 화장의 보급에는 등소평, 주은래 등 중국 정치 지도자들의 영향이 컸다. 즉 그들은 사후에 화장할 것을 유언하였고, 그 결과 북경, 상해 등 도시의 화장율은 현재 90%에 달한다.

요즘에는 특히 수장(樹葬)을 널리 보급하고 있다. 수장이란 죽은 사람을 화장한 후 유골을 땅에 묻고 봉분 대신 나무를 한 그루 심어 묘지로 삼는 것을 말한다. 훼손되는 산림을 복원시키고 토장의 효과도 볼 수 있는 일석이조의 성과를 겨냥한 것이다.

4. 중국인들의 금기

중국인들에게는 써서는 안 되는 말, 직접 말하지 않고 돌려서 표현해야 하는 말, 주고 받으면 안되는 물건 등이 있다. 이러한 것들은 중국 문화의 특이한 현상 중의 하나로, 중국인과의 실제적인 교류에 있어서 반드시 알아야 할 '금기(禁忌)'들이다.

그러나 중국의 속담 중에 리(里)마다 풍습이 다르고, 100리마다 풍속이 다르다(十里不同風, 百里不同俗)"이란 말이 있듯이, 중국인들이 일상생활 속에 존재하는 금기의 종류는 천태만상이며, 또한 인종에 따라, 지역에 따라, 연령에 따라 매우 다양하게 존재하기 때문에, 모든 금기를 정확하게 정리하기란 그리 쉬운 일은 아니다. 다음에서는 반드시 알아야 할 중요한 금기 사항을 중심으로 간단하게 살펴보고자 한다.

1) 피휘(避諱)

'피휘'란 피하고 꺼린다는 것으로, 말을 주고받을 때 특정 글자를 쓰지 않는 것을 말한다. 피휘는 처음 서주(西周)시대에 죽은 사람의 이름을 일상생활에서 써서는 안된다는 것으로부터 시작되었는데, 유학이 정비된 한대에 이르러서는 죽은 사람뿐만 아니라 지위가 높은 사람들의 이름은 생전에도 부르거나 써서는 안되는 것으로 점차 엄격해 졌다. 학문과 직위가 아무리 높다고 하더라도 글을 쓸 때 자칫 잘못하여 피휘를 어기면 귀향을 가거나 목숨을 잃었다.

그러나 특정 글자를 쓰지 않고 피한다는 것은 그리 간단한 일은 아니다. 왜냐하면 서로 말을 주고받을 때 특정 글자를 피한다고 해서 무슨 말을 한 것인지 알지 못하게 해서는 안되기 때문이다. 때로는 말하는 사람이 어떤 글자를 피해가면서 자신의 좋고 싫은 감정이나 칭찬이나 비난 등의 의미를 담으려고 노력함으로써 의외로 우아하고 생동적인 표현을 하게 되는 효과도 가져올 수 있었다. 따라서 피휘는 언어를 구사하는 일종의 예술이라고 할 수 있다. 그러나 당시를 살았던 사람들에게는 '피휘'의 존재가 무척 불편했을 것이며, 억울한 사정도 많이 야기했었다.

몇 가지 예를 들면 다음과 같다.

● 피휘결핵: 民자의 마지막 획을 긋지 않았다.

- 주공(周公)이나 공자(孔子)의 이름은 피휘의 대상이었다. 따라서 지명이나 인명에 공자의 이름인 '丘'가 들어가면, 반드시 '邱'로 고쳐 썼다.
- 오늘날 '원래'라는 뜻의 중국어는 '原來'라고 쓴다. 그러나 이 말은 본래 '元來'라고 썼었다. 그런데 명나라 태조 주원장은 원(元)나라를 혐오했기 때문에 "어찌 원나라가 다시 올 수 있다는 말인가"라고 하면서 '元'자를 쓰지 못하도록 하였고, '元來'는 그후 '原來'로 바뀌게 되었다.
- 진시황의 이름은 본래 '정(政)'인데, 이를 쓸 수 없게 되자 대신 '正'으로 썼다.
- 당나라 이연의 조부 이름은 '호(虎)'였다. 따라서 당시에는 '虎'자를 말하지도 쓰지도 못했다. 요강은 본래 '虎子'라고 불렀는데 이로 인해 '馬子'로 고

쳐 부르게 되었다.
- 남조때 범엽이라는 사람은 태자첨사(太子詹事)라는 직책을 마다했다. 그 이유는 바로 부친의 이름이 '태자첨사(太子詹事)'에서의 '태'와 발음이 같은 '태(泰)'였기 때문이다.

• 자금성 신무문(神武門) : 1420년(영락 18)에 처음 지었을 때는 현무문(玄武門)이었지만 청나라 때 강희제의 이름을 피휘해 신무문으로 고쳤다.

- 류온수라는 사람은 부친의 이름이 악(岳)이었기 때문에, 평생 음악을 듣지 않았다고 한다. 즉 음악의 '악(f)'과 부친의 이름 '악(岳)'의 발음이 같기 때문이었다.

2) 해음 현상에 의한 금기

해음(諧音)이란 간단히 말해서 四와 死가 글자는 서로 다르지만 발음이 같기 때문에, 四라고 얘기할 때 '죽음'이란 이미지를 연상하게 되는 현상을 말한다.

중국어에는 해음 현상에 의해 수많은 금기가 존재하는데, 그 이유는 중국어에 동일한 발음을 갖는 글자가 너무 많기 때문이다. 즉 현존하는 한자는 약 6~7만자 정도이지만, 일반적으로 자주 사용되는 상용자는 대략 4,500자 정도이다.

중국어에는 약 400여 개의 음절이 있으므로, 글자는 다르지만 발음이 같은 글자는 매우 많을 수밖에 없다. 해음 현상에 의한 금기의 몇 가지 예를 들어 보자.

- 과일을 선물할 경우 가급적 배는 선물하지 않는 것이 좋다. 그 이유는 배의 중국어인 '梨'의 발음이 '離別하다'의 '離'와 같기 때문이다. 대신 사과는 선물하기에 좋은 과일이다. 왜냐하면 사과의 중국어인 '果草'의 발음이 '평안하다'의 중국어인 '平安'의 '平'과 같기 때문이다.
- 배는 또는 부부나 연인 사이에서는 갈라 먹지 않는 금기가 있다. 왜냐하면 배를 쪼개다는 의미의 중국어 '分梨'의 발음이 '헤어지다'라는 의미의 '分離'

> **TIP**
> 현대중국어에서 八의 발음은 bā이고, 發의 발음은 fā이므로, 완전히 같다고는 할 수 없다. 그럼에도 숫자 八을 듣고 '發財'의 發을 연상하는 이유는 무엇인가? 본래 '8'을 선호했던 사람들은 광동사람들이었다. 중국의 민남(閩南)방언에는 경순음이 없기 때문에 'f'를 'b'로 발음하며, 따라서 '八'의 발음은 '發'와 완전히 같다.

> **TIP**
> 광주(廣州)와 심천(深圳)에서 새로 출고되는 자동차 번호판에서 끝자리 수가 '4'인 차를 찾아볼 수 없다. 왜냐하면 번호판 끝자리 수에서 '4'자를 아예 없애버렸기 때문이다. 광동성, 복건성 등의 지역에서는 병원에 4호 병실을 두지 않고, 버스에도 4번이 없으며, 차의 번호판에도 4번이 없다. 빌딩에는 4층이 없으며, 14층이 없는 경우도 많다. 왜냐하면 十四는 '실제로 죽다'는 의미를 지닌 '實死'와 발음이 비슷하기 때문이다.

와 같기 때문이다.

● 선물을 할 때 탁상시계나 괘종시계는 피하는 것이 좋다. 왜냐하면 시계를 중국어로 '鐘'이라고 하고, '시계를 선물하다'는 '送鐘'이라고 하는데, 이 발음은 '임종을 지키다'라는 의미의 '送終'과 발음이 같기 때문이다. 단 손목시계는 연상되는 금기 사항이 없으므로, 선물로 주고 받아도 무방하다.

● 선물을 할 때 우산도 가급적 피하는 것이 좋다. 왜냐하면 우산을 뜻하는 '雨傘'의 '傘'자의 발음이 '흩어지다'라는 의미의 '散'과 같기 때문이다.

3) 좋아하는 숫자

중국인들에게는 유독 좋아하는 숫자가 있다. 이것 역시 해음 현상에 기인한 것으로, 몇 가지 예를 들면 다음과 같다.

(1) 6(六)

六은 순탄하게 흐르는 물의 이미지를 떠올리게 되는 '流'와 발음이 같기 때문에 중국인들이 매우 좋아한다. 어떤 젊은이들은 모든 일이 뜻대로 순조롭게 이루어지기를 바라는 마음에서 결혼일자를 16일, 26일처럼 6이 들어간 날짜를 택하기도 한다.

● '八'의 중국어 발음이 돈을 번다는 의미의 '發'와 비슷하다.

(2) 8(八)

중국인들이 가장 좋아하는 숫자는 '8'이다. 그 이유는 '八'의 중국어 발음이

'發財', 즉 '돈을 번다, 재산을 모은다'는 뜻의 '發'와 비슷하기 때문이다.

(2) 9(九)

중국인들은 숫자 9도 매우 좋아한다. 그 이유는 '九'의 발음이 '길다, 장수한다'등의 뜻을 가진 '久'자와 발음이 같기 때문이다. 9는 특히 봉건시대 제왕들이 자신의 만수무강과 왕조의 무궁한 번창을 바라는 뜻에서 좋아했다.

 중국의 음식, 차, 술

중국의 음식은 각지의 생활 습관과 전통 풍습의 차이로 인하여 조리법이나 먹는 방식에도 서로 다른 특징을 가지게 되었다. 특히 광활한 영토 위에서 기후와 지리적 자연 환경의 차이로 인하여 일반인의 상상을 초월하는 다양한 식재료를 사용하고 있다. 또한 중국은 예로부터 차의 고향으로 알려져 왔으며 술을 빚고 마시는 중국인들의 음주 습관 역시 오랜 역사를 가지고 있어서 한대 사람들은 술을 일컬어 하늘이 내린 선물이라 칭송하였다

1. 중국의 음식

색, 향기, 맛 그리고 모양과 담아내는 그릇이 함께 어우러져 이뤄내는 중국의 음식 문화는 이미 전 세계적으로 그 명성을 떨치고 있다. 이러한 중국음식은 각 지의 생활 습관과 전통 풍습의 차이로 인하여 조리법이나 먹는 방식에도 서로 다른 특징을 가지게 되었다. 뿐만 아니라 광활한 영토 위에서 기후와 지리적 자연 환경의 차이 등으로 인하여 다양한 식재료를 사용하고 있다. 그래서 하늘에서는 비행기, 바다에서는 잠수함 그리고 육지에서는 네 다리 달린 책상을 제외하고는 모든 것을 이용하여 음식을 만든다는 우스갯소리가 있을 정도로 중국인들이 사용하는 식재료는 상상을 초월한다. 예를 들어 중국에는 고대 주(周)나라 이래로 궁중에 팔진요리(八珍料理)가 있었는데 원숭이 입술, 사슴 목줄, 낙타 발굽, 낙타 혹, 표범 아기보, 잉어 꼬리, 매미 배, 곰 발바닥이 바로 그 것이다. 이 밖에 우리에게도 그리 낯설게 들리지 않는 제비 집, 상어 지느러미와 같은 요리가 있다. 그러나 최근에는 동물 보호 관념의 증가로 이와 같은 요리는 더 이상 일반인들이 쉽게 접하지 않는다. 따라서 앞으로 우리가 살펴보고자 하는 것은 각 지방의 특색이 듬뿍 담겨있는 가장 대중적인 중국의 음식이다. 일반적으

● '음식의 뒷맛이 끝이 없다'라는 의미의 식당 간판

로 민간에서 중국 음식의 독특한 맛을 지역별로 말할 때 동랄·서산·남첨·북함(東辣·西酸·南甛·北鹹)으로 표현한다. 이 말은 동쪽 음식의 맛은 맵고, 서쪽은 시고, 남쪽은 달고, 북쪽은 짜다는 말이다. 물론 이는 각 지역의 상징적인 음식의 맛을 포괄적으로 표현한 것으로 그 미묘한 맛의 차이를 한 마디로 구분하기는 어려울 것이다. 여기서는 먼저 중국의 4대 음식에 대하여 알아본 후에 남방과 북방의 음식문화의 차이를 살펴보도록 하자.

1) 중국의 4대 음식

중국은 예로부터 각 지역마다 독특한 음식문화가 형성되어 그 전통의 맛이 지금까지도 유지되고 있다. 예를 들어 산동(山東) 요리인 노채(魯菜), 사천(四川) 요리인 천채(川菜), 강소(江蘇) 요리인 소채(蘇菜), 광동(廣東) 요리인 월채(粵菜), 북경(北京) 요리인 경채(京菜), 상해(上海) 요리인 호채(滬菜), 복건(福建) 요리인 민채(閩菜), 호남(湖南) 요리인 상채(湘菜), 호북(湖北) 요리인 악채(鄂菜), 절강(浙江) 요리인 절채(浙菜), 안휘(安徽) 요리인 환채(皖菜), 섬서(陝西) 요리인 진채(秦菜) 등이 있다. 그리고 이 밖에도 다양한 소수민족의 고유한 음식문화까지 포함한다면 중국의 지역별, 민족별 음식 분류는 더욱 다양할 것이다. 일반적으로 중국의 4대 음식은 개인에 따라서 그 분류의 차이가 있으며 경우에 따라서는 8대 음식 또는 12대 음식으로 분류하는 경우도 있으나 사천, 광동, 북경, 상해의 음식을 위주로 살펴보기로 하자.

● 궁보계정(宮保鷄丁)

① 사천(四川) 음식

사천음식은 성도(成都)와 중경(重慶) 그리고 자공(自貢) 지역의 요리를 중심으로 구성되어 있으며 현재 전해지는 요리의 종류만도 대략 수 백 종에 이르고 있다. 특히 고추(辣椒), 후추(胡椒), 산초(花椒)와 생강을 조미료로 이용하여 담아내는 특유의 얼얼하고 매운 맛으로 유명하다. 그

● 어향육사(魚香肉絲)

래서 일반적으로 사천음식하면 이러한 맛에 대한 인상을 먼저 떠올리게 된다. 그러나 다른 한편으로 생각하면 사천은 장강(長江) 중상류에 위치하여 산세가 험준하고 기후는 온화하지만 습하고 안개가 자주 발생하는 지역이다. 따라서 현지와 같은 분지 지형의 특징상 습기가 많은 자연 환경에 보다 잘 적응하기 위해서 강렬한 맛의 음식이 발달되었다고 볼 수 있다. 사천음식은 일반인에게 친숙한 대중적인 요리로 유명한데 닭고기와 고추, 땅콩 등을 볶아서 만든 궁보계정(宮保鷄丁), 두부와 다진 고기를 이용한 마파두부(麻婆豆腐), 돼지고기와 목이(木耳) 버섯을 이용한 어향육사(魚香肉絲), 삼겹살과 대파 등을 볶아서 만든 회과육(回鍋肉) 그리고 역시 사천음식답게 매운 맛의 신선로인 마랄화과(麻辣火鍋) 등이 있다. 이러한 사천음식은 중국의 남방과 북방의 대도시뿐만 아니라 동남아 일대까지 널리 전파되었으며 또한 매운 맛을 즐기는 우리 한국인의 입맛에도 가장 잘 어울리는 중국음식의 하나로 손꼽히고 있다.

② 광동(廣東) 음식

광동은 중국에서 먹는 것에 대해 가장 신경 쓰는 지역으로 정평이 난 곳으로 광주(廣州)와 조주(潮州) 그리고 동강(東江) 지역의 요리를 중심으로 구성되어 있다. 예로부터 광동(廣東)과 광서(廣西) 지역은 중원(中原)

마파두부의 유래

지금부터 약 180년 전에 사천성 성도 근교에 진춘부(陳春富)라는 청년과 그의 아내 유씨(劉氏)가 살고 있었다. 마을에서 이들 부부는 두부 음식과 같은 소식(素食)을 파는 작은 가게를 운영했는데 손님이 원하면 특별히 고기를 사다가 요리를 하기도 했다. 유씨는 음식 솜씨가 좋을 뿐만 아니라 항상 웃는 얼굴로 손님을 맞이하여 찾는 이가 많았다. 유씨는 손님들의 입맛에 맞는 음식을 만들기 위해서 항상 노력했는데 특히 네모 모양으로 작게 썬 두부와 다진 고기를 함께 넣어 만든 요리는 많은 이들의 입맛을 사로잡았다. 유씨는 어려서 천연두를 앓아서 얼굴이 곰보였다. 그래서 사람들은 자연스럽게 그를 '곰보 아주머니'라 하였고 세월이 지나서는 '곰보 할머니(麻婆)라고 불렀다. 이처럼 유씨가 만든 두부 요리가 유명해지자 '곰보 할머니 두부요리' 라는 의미의 마파두부의 명칭을 얻게 되었다.

'딤섬'과 '얌차'

'딤섬'은 간식이라는 의미를 가지고 있는 중국어 점심(點心)의 광동어(廣東語) 발음으로, 작게 빚어서 쪄낸 각양각색의 만두를 말한다. 서양인들에게도 많이 익숙하여 영어로는 'dimsum'으로 적는다. 홍콩을 비롯한 광동 지방의 사람들은 손바닥만한 접시나 대나무 찜통에 담긴 '딤섬'과 함께 차 마시는 것을 즐기는데 이것을 '얌차'라고 부른다. '얌차'는 '딤섬'과 마찬가지로 차를 마신다는 의미의 중국어인 음차(飮茶)의 광동어 발음이다.

과의 교류 및 해외 통상(通商)으로 인하여 다양한 외래 음식 문화의 정수를 흡수하였다. 특히 광주는 주강(珠江) 삼각주에 위치하여 일찍부터 수륙교통이 발달한 중국 남부 교역의 중심지로 중국에서 가장 먼저 대외 통상을 실시한 개항지이다. 따라서 각지에서 몰려든 상인들과 더불어 여러 음식문화가 모이는 집결지가 되었고 일부 음식에는 서양식 조리법이 새롭게 가미되기도 하였다. 이처럼 광동 지역은 기후가 따뜻하고 물산이 풍부한 동남 연해(沿海)지구에 위치하고 있어서 접할 수 있는 식용 동식물의 종류가 풍부하다. 사천 지역과는 달리 광동은 맵지 않게 원재료의 담백한 맛을 살려내는 요리 위주로 이루어져 있다. 특히 광동 음식에 사용되는 재료는 대단히 특이하여 일반적인 육류 이외에도 뱀, 개, 쥐, 참새, 고양이, 거북이, 원숭이 등과 같은 살아있는 야생 재료를 사용하기도 한다. 그래서 청대 후기에 이르러 이미 식재광주(食在廣州)라는 칭송을 받아왔다. 대표적인 요리에는 구운 돼지고기 요리인 차소육(叉燒肉)과 고유저(烤乳猪) 등이 있다. 이 밖에 광동 요리는 보양식을 중시하여 제철에 맞추어 끓여내는 탕(湯)과 죽(粥)도 대단히 유명하다.

③ 북경(北京) 음식

북경은 중국의 정치, 경제, 문화의 중심지로 음식 역시 전국 각지의 맛의 특색들을 모아서 이루어졌다. 특히 산동(山東)음식과 북방 소수 민족의 조리 기법을 받아들여 자신들만의 풍격을 일궈내었다. 북경음식의 특징 중에 하나는 한랭한 북방 기후에 어울리는 다양한 요리이다. 예를 들면 쇄양육(涮羊肉)으로 대표되는 중국식 신선로 요리인 화

● 쇄양육 화과(火鍋)

과(火鍋)는 입추(立秋)가 지난 이후에 사람들이 주로 즐겨 찾는데 이 때가 바로 양고기의 맛이 가장 좋을 뿐만 아니라 기온도 내려가서 따뜻한 음식이 제격이기 때문이다. 얇게 썰어놓은 양고기나 소고기를 야채와 함께 살짝 익혀 장에 찍어 먹는 맛은 가히 일품이다. 이렇게 고기를 다 먹은 뒤에는 남아있는 진한 육수에

> **TIP**
>
> **베이징카오야**
>
>
> ● 베이징카오야(北京烤鴨)
>
> 오리는 북방 사람들이 즐겨먹는 대표적인 육류로 일반적으로 집에서 직접 요리를 하기 보다는 전문점에 가서 먹는 경우가 보편적이다.
>
> 우리에게도 널리 알려진 '베이징카오야'는 대표적인 중국음식의 하나로 통째로 잘 구워져 붉은 빛의 광채를 띠는 오리의 껍질과 속살을 얇게 썰어서 특별히 제조한 검은 색의 달콤한 장을 발라 파와 함께 얇은 피에 싸서 먹는다. 중국에서 가장 오래된 구운 오리 고기 음식점은 편의방고압점(便宜坊烤鴨店)이지만 '베이징카오야'의 대명사로 불리는 북경에서 가장 유명한 곳은 100년의 역사를 자랑하는 전취덕고압점(全聚德烤鴨店)이다. 현재는 중국 전역에 걸쳐 100여 개의 분점이 있으며 특히 외국에까지 그 명성이 널리 알려져 있다. 전취덕은 오리를 가마에 매달아서 밝은 불로 구우며 편의방은 오리를 화로에 넣어 타다 남은 약한 불로 굽는데 그 맛의 우열을 가늠하기 어렵다.

녹말로 만든 당면인 분사(粉絲)를 넣어 끓여 먹는 것으로 마무리 한다. 이밖에 북경에는 옛날 황제의 식사를 준비하던 어선방(御膳房)에 기원을 두고 있는 구운 음식 역시 유명하다. 그 중에서도 구운 오리 고기 요리인 '베이징카오야'(北京烤鴨)는 이미 우리에게도 널리 알려져 있다. 또한 돼지고기를 가늘게 채를 썰어서 장에 볶아서 만든 경장육사(京醬肉絲)도 우리 입맛에 잘 맞는 북경음식 중의 하나이다.

④ 상해(上海) 음식

상해음식은 중국의 중부지방인 남경(南京), 상해(上海), 소주(蘇州), 양주(揚州) 등지의 음식으로 구성된다. 그 중에서도 대표격인 상해음식은 중국 각지와 서양음식의 조리법이 가미되어 이루어졌다. 지리적으로 장강(長江) 삼각주(三角洲) 평원에 위치한 상해는 기후가 온난하여 사철 푸른 채소를 접할 수 있으며 해산물 또한 풍부하다. 담백한 맛을 위주로 하고 있으나 시고, 맵고, 달콤한 여러 가지 맛이 배합되어 적절한 조화를 이루고 있다. 대표음식으로는 해삼을 조리한 하자대오삼(蝦子大烏參)과 닭고기에 포도주를 넣고 조리한 귀비계(貴妃鷄) 그리고 쏘가리 생선의 살과 소나무의 씨를 볶아서 만든 송인어미(松仁魚米) 등이 있다.

2) 중국의 북방과 남방의 주식

중국은 세계 농업의 발원지 중에 하나로 일찍이 관개(灌漑) 수로를 만들고 산간을 경작하는 등의 기술을 터득하였다. 기원전 5,400년을 전후하여 황하(黃河)

유역에는 곡물을 심기 시작했으며 기원전 4,800년 무렵부터는 장강(長江) 유역에서 쌀을 경작하였다. 본격적인 농업사회로 접어든 이후에는 양식(糧食)을 주식으로, 육식(肉食)을 보조식으로 삼는 식습관이 자리 잡아 오늘에까지 이르게 되었다. 중국의 음식문화는 황하 이북과 장강 이남을 기준으로 크게 남과 북으로 경계 지을 수 있다. 남방에서는 쌀을 주식으로 삼으며 반대로 북방에서는 밀을 재료로 만든 음식을 주식으로 삼는다. 이후 쌀은 남에서 북으로 그리고 밀은 서에서 동으로 전파되면서 중국인의 음식 습관에 커다란 영향을 가져오게 되었다. 북방음식 중에는 북경(北京)과 산동(山東) 요리를 최고로 손꼽으며 남쪽은 사천(四川), 호남(湖南), 강소(江蘇), 광동(廣東) 음식이 널리 알려져 있다.

① 북방의 주식

북방 사람들의 전통 음식은 밀을 주재료로 삼는데 중국에서는 대략 서기 3세기 무렵에 밀가루를 발효(醱酵)시키는 기술을 터득하였다. 따라서 그들의 식탁 위에는 만두(饅頭), 포자(包子), 교자(餃子), 혼돈(餛飩), 병(餠), 면(麵)과 같은 각종 밀과 잡곡을 가공하여 만든 음식이 차려진다.

교자 : 현재 우리가 즐겨먹는 만두를 중국에서는 교자라고 부른다. 물만두는 수교(水餃), 군만두는 전교(煎餃)라고 부른다.

포자 : 만두의 한 종류로 안에 내용물이 들어있다. 예를 들어 고기 속이 들어있는 것은 육포자(肉包子) 또는 안에 육즙(肉汁)이 많이 들어있는 것은 관탕포(灌湯包)라고 한다. '개도 무시하는 포자'라는 독특한 이름을 가진 구부리포자(狗不理包子)는 북경에서 가까운 천진(天津)의 명물이다. 포자와 비슷한 종류로는 고기를 얇은 피에 넣고 찐 소맥(燒麥)이 있다. 만두와 포자 같은 종류의 음식은 대나무로 만든 증롱(蒸籠)이라는 용기에 올려서 쪄낸다.

● 교자(餃子)

● 고기만두를 빚고 있는 식당 주방의 모습

만두 : 안에 아무런 내용물이 들어있지 않은 찐빵과 같은 것. 중국에 발효 기술이 발명된 이래 가장 보편적인 밀가루 음식으로 중국인들의 주식(主食) 중에

하나이다. 많은 북방의 가정에서는 아직도 직접 만들어 쪄서 먹지만 현재는 편리함 때문에 가게나 길거리에서 만들어 파는 것을 사서 먹는다.

혼돈 : 얇은 피로 속을 싸서 작게 빚은 만두이다. 일반적으로 익혀서 국물과 함께 먹는다. 국수와 함께 끓인 혼돈면(餛飩麵)과 만두국처럼 끓인 혼돈탕(餛飩湯)이 있다.

병 : 둥근 모양의 중국식 빵으로 크기와 두께에 따라 다양한 종류가 있다. 속에 내용물이 없는 것도 있으며 속이 있는 것은 그 종류만도 수십 가지에 이른다. 제조 방법은 굽거나, 찌거나, 기름에 튀겨서 만든다. 그 중 화로 속에서 구워서 만든 소병(燒餠)은 일반 대중에게 가장 환영받는 음식으로 남북 각지에서 모두 맛 볼 수 있다. 표면에 고소한 참깨가 가득 붙어있는 지마소병(芝麻燒餠)은 후식이나 간식으로 사랑받는다. 이 밖에도 얇게 지져서 만드는 전병(煎餠)이 있다.

면 : 국수를 말한다. 가는 국수는 세면(細麵), 두꺼운 국수는 관면(寬麵)이라고 부른다. 또한 중국식 칼국수인 도삭면(刀削麵)이 있다. 생일에는 건강을 기원하는 의미로 장수면(長壽麵)을 먹는데 이는 우리의 풍습과 비슷하다. 우리가 즐겨먹는 자장면(炸醬麵)은 물론 중국에서 들어온 음식이지만 이미 한국인의 입맛에 맞게 개량된 것으로 순

만두와 관련된 전설 **Tip**

제갈공명이 남쪽 지방을 정벌하러 나섰을 때 남만(南蠻)의 우두머리인 맹획(孟獲)을 일곱 번 잡아 모두 풀어주었다.

• 중국의 만두

마지막으로 군사들이 노수(瀘水)를 건너려 하는데 물살이 거칠어 도저히 건널 수가 없었다. 이때 그 곳 사람들이 말하기를 오랑캐의 머리 49개를 수신(水神)에게 제물로 바쳐야 무사히 강을 건널 수 있다고 하였다. 차마 무고한 사람을 죽일 수 없어 고심하던 제갈공명은 요리사를 불러 밀가루를 반죽하여 고기로 속을 채워 사람의 머리 모양을 만들어 강에 던져 제사를 지냈고 그러자 물결이 가라앉았다. 결국 맹획은 제갈공명의 덕망에 감복하여 충심으로 촉한에 투항하였다. 이후 이 음식은 민간에 널리 퍼지게 되었고 '오랑캐의 머리'라는 뜻의 만두(蠻頭)가 지금의 명칭인 만두(饅頭)로 바뀌게 되었다.

'짱깨'와 '짱깨집' **Tip**

일부 사람들은 속어로 중국 음식을 '짱깨', 중국 음식점을 '짱깨집'이라고 부르기도 하는데 여기에는 유래가 있다. 중국어의 장궤(掌櫃)라는 단어는 중국식 발음으로는 '장꿰이'라고 읽으며 그 뜻은 계산대를 관장하는 사람, 즉 가게의 주인을 말한다. 과거 중국 음식점을 운영하며 돈을 받던 주인들을 '장꿰이'라고 부르면서 그 발음이 변하여 '짱깨'라는 명칭을 얻게 된 것이다.

• 중국의 자장면집

수 중국식 자장면은 그 맛에 있어서 상당한 차이가 있다. 또한 우리에게 친숙한 '짬뽕'이라는 명칭은 일본어에서 유래한 것으로 중국에서는 초마면(炒碼麵)이라고 한다. 이 밖에 소고기 국수인 우육면(牛肉麵)도 중국인들이 즐기는데 감숙성(甘肅省)의 성도(省都)인 란주(蘭州)에서 맛 볼 수 있는 란주라면(蘭州拉麵)이 가장 유명하다. 그러나 일반적으로 중국인들에게 국수의 고향으로 알려진 곳은 산서성(山西省)으로 조사에 의하면 그 종류만도 280여 종에 달해 국수 요리만으로 잔치를 벌이기도 한다.

② **남방의 주식**

쌀을 주식으로 삼는 남방에서는 우리와 마찬가지로 따뜻하게 지어진 밥에 요리를 반찬으로 삼아서 곁들여 먹는다. 물론 경우에 따라서는 변화를 주기 위해서 볶음밥인 초반(炒飯)을 해서 먹기도 한다. 이 밖에도 쌀가루로 굵게 만든 국수인 미선(米線), 쌀가루로 가늘게 만든 국수인 미분(米粉), 쌀가루에 다른 재료를 넣어서 쪄낸 떡인 미고(米糕), 찹쌀을 쪄서 만든 중국식 찹쌀떡인 마자(麻糍), 새알심 비슷한 모양의 식품으로 주로 끓여서 먹는 탕원(湯圓) 등의 쌀로 만든 음식을 쉽게 접할 수 있다. 또한 쌀을 끓여서 만든 죽(粥) 역시 중국인들이 즐겨 먹는 음식이다.

'자장면'과 '짜장면'

● 중국식 자장면(炸醬麵)

중국 음식하면 가장 먼저 떠오르는 것이 바로 자장면이다. 많은 사람들이 중국에도 자장면이 있는지 궁금해 하는데 결론부터 말하면 중국에도 자장면은 있다. 하지만 우리나라에서 먹을 수 있는 자장면의 맛과는 상당한 차이가 있다. 한국식 자장면은 검은 빛깔의 달콤한 장을 면 위에 얹는 반면에 중국식 자장면은 된장 같은 빛깔의 짠 맛의 장을 얹는다. 우리나라 자장면의 유래는 19세기 말 인천에 정착한 중국인들이 중국식 된장인 '춘장'을 볶아 국수에 얹어 먹는 것을 우리 입맛에 맞게 지금과 같이 개량하여 1905년 인천 차이나타운의 화교(華僑)가 운영하던 중국 음식점인 공화춘(共和春)에서 처음 선보였다. 당시 인천항 부두 노동자들 사이에서 큰 인기를 끌게 되었다. 중국의 자장면은 한국인의 입맛에 맞게 정착되어 지금은 남녀노소 누구나 즐기는 가장 대중적인 음식으로 자리 잡았다. 조사에 따르면 자장면은 전국의 중국집 2만 5천여 곳에서 하루 720만 그릇씩 팔린다고 한다. 자장면의 중국식 표기는 작장면(炸醬麵)으로 장을 볶아서 얹은 국수라는 뜻이다. 중국어 발음으로는 '짜지앙미엔'이라고 하는데 여기에서 '짜장면'이라는 명칭을 얻게 되었다. 최근의 외래어 표기법 규정에는 '짜장면'을 '자장면'으로 순화해서 부를 것을 권장하고 있지만 아직은 '짜장면'이라고 부르는 것이 좀 더 친숙하게 느껴진다.

3) 종교와 관련 있는 중국음식

앞서 지리와 기후 등에 기인한 자연 환경에 따른 중국 음식 문화의 분류를 살펴보았다. 그러나 경우에 따라서는 인문 환경 역시 새로운 음식 문화 탄생에 결정적 영향을 가져오기도 했다. 여기서는 종교적인 색채를 지니고 있는 대표적인 전통 중국 음식인 소식(素食)과 청진(淸眞) 요리를 살펴보기로 하자.

① 소식과 훈식

소식(素食)은 육류를 섭취하는 훈식(葷食)의 상대적인 개념으로 식물류만을 식용으로 조리하여 먹는 것을 말한다. 이러한 소식의 기원을 일부는 불교의 전래와 연관짓기도 하고 혹은 역사 이전의 고대 사회에서 이미 비롯되었다고 말하기도 한다. 그래서 소식은 불교도들이 먹는 재식(齋食) 또는 육식 이외의 식물류를 조리한 식사라는 두 가지 서로 다른 정의를 가지고 있다. 이러한 소식의 역사는 청대에 이르러 더욱 발전하여 사원(寺院)과 궁정(宮廷) 그리고 민간(民間)에서 서로 다른 풍격의 소식 문화가 탄생하게 되었다.

소식의 원료는 주로 채소, 과일, 버섯, 콩, 식물성 기름 등으로 소화가 쉽고 영양이 풍부한 일종의 건강식으로 알려지면서 최근에는 이러한 소식만을 취급하는 전문 식당이 문을 열기도 했다. 특히 콩과 이를 이용하여 만든 두부는 소식을 대표하는 주재료이자 음식으로 고기의 맛과 육질을 모방하여 육안과 미감으로 구분하기 힘들 정도로 정교하게 만들어 내기도 한다.

중국인들이 보편적으로 먹는 훈식은 계압어육(鷄鴨魚肉)으로 닭, 오리, 생선 그리고 양, 돼지, 소 같은 육류를 말한다.

그 중 돼지고기는 한족(漢族)을 위주로 하여 대다수의 소수민족들이 즐기는 육류이다. 특히 중국 송대의 문학가인 소동파(蘇東坡)가 항주(杭州)에 살고 있을 때 자주 즐겼다고 알려진 동파육(東坡肉)이 유명하다. 동파육은 돼지의 갈빗살을 양념하여 오랜 시간 조리한 것으로 육질이 부드러운 것이 특징이다.

중국에서 닭을 기르기 시작한 것은 상당히 오랜 역사를 지니고 있다. 특히 우리의 삼계탕과 마찬가지로 중국의 민간 습속에서는 닭을 이용하여 끓인 계탕(鷄湯)이 일종의 보양식으로 알려지고 있다.

닭과 비교하여 오리는 북방에서 특히 환영을 받는다. 그러나 가정에서 직접 조리하기 보다는 베이징카오야(北京烤鴨)와 같이 유명한 요리는 대부분 직접 전문 식당에 가서 먹는다.

생선 요리는 그 원래의 신선한 맛을 느끼기 위해서 양념을 강하게 하지 않고 찌거나 푹 고는 청증(淸蒸)과 청돈(淸炖)을 으뜸으로 치며 설탕과 간장을 넣고 볶아낸 홍소(紅燒)와 시고 달콤한 맛을 내는 당초(糖醋) 요리법을 다음으로 꼽는다. 마지막으로 소와 양은 중국 서부의 소수민족들이 즐겨 먹는 대표적인 육류이다.

가장 일반적인 조리법은 양육천(羊肉串)과 같이 불에 직접 굽거나 중국식 신선로인 화과(火鍋)에 고기를 얇게 썰어 넣어 살짝 익혀서 먹는 쇄양육(涮羊肉)이다.

② 청진요리

청진(淸眞)요리는 중국에서 당대(唐代)에 출현하게 되었다. 당시 활발한 외국과의 통상으로 인하여 이슬람교를 믿는 아랍인들이 실크로드를 따라 대량으로 중국에 들어오면서 그들의 교역 상품과 종교뿐만 아니라 이슬람 특유의 식습관과 금기 사항도 함께 유입되었다. 이슬람교는 당초 중국에서 회교(回敎)라고 불리었으나 명말청초(明末淸初) 시기에 이르러 청진교(淸眞敎)라고 명명되면서 그들의 음식 또한 청진이라는 이름을 얻게 되었다. 특히 청대에는 청진요리가 궁중에까지 전해져 황제에게 바쳐지면서 급속한 발전을 이루게 되었다.

가장 독특한 음식 계율은 술과 돼지고기를 먹지 않고 또 돼지기름도 사용하지 않는다는 것이다. 그래서 소수민족인 위구르족과 회족(回族)들이 주로 모여 살고 있는 중국의 서역 신강성(新疆省)에 가면 중국인들이 가장 즐겨먹는 육류 중에 하나인 돼지고기는 찾아볼 수 없고 대신 소고기와 양고기 등을 주로 조리해 먹는다. 따라서 이들 지역에 가면 식당 간판에 '청진'이라고 표시한 곳을 발견할 수 있는데 바로 이슬람 규율을 엄격하게 지키며 음식을 만드는 전문 식당을 말한다.

그러나 이러한 청진요리는 현재 회교도뿐만 아니라 일반인들도 즐기는 대중적

• 청진요리를 파는 전문 식당의 간판   • 두장(豆漿)을 파는 가게의 아침 모습   • 패스트푸드를 파는 대도시 음식점의 모습

인 요리로 자리 잡았다. 가장 알려진 음식으로는 양고기를 잘게 썰어 꼬치에 끼워서 구워먹는 양육천(羊肉串)으로 신강성의 성도(省都)인 '우루무치'(烏魯木齊)의 길거리에서 쉽게 접할 수 있다.

4) 중국의 식사법과 식사예절

① 중국의 식사법

통상적으로 중국인들이 가장 중시하는 식사는 저녁이며 이와는 반대로 아침은 가장 간단하다. 출근시간 무렵이면 중국의 길거리에는 아침을 파는 상인들과 가게를 쉽게 접할 수 있다. 그 중 중국인들이 보편적으로 즐기는 대표적인 아침식사 중에 하나는 꽈배기 모양의 유조(油條)와 두장(豆漿)이다. 유조는 밀가루를 빚어서 기름에 길쭉한 모양으로 튀겨서 만든 것이고 두장은 콩을 갈아서 만든 두유(豆乳)의 일종으로 찬 것과 따뜻한 것이 있다. 이러한 유조와 두장은 집에서 직접 만들어 먹기 보다는 대부분 아침을 파는 가게에서 사 먹는다. 한편 집에서 먹는 아침은 주로 포자나 만두를 죽 한 그릇과 짭짤하게 절인 채소인 함채(鹹菜) 한 접시와 곁들여 먹는다. 혹은 혼돈, 국에 만 국수인 열탕면(熱湯麵)이나 볶음 요리를 밥과 함께 먹기도 한다. 또한 우유와 시리얼, 토스트, 계란, 햄과 같은 서양식 아침 역시 상당수 대도시에 사는 중국인들에게는 이미 낯선 것이 아니다.

점심과 저녁은 아침과 큰 차이는 없으나 주식인 쌀과 국수 이외에 볶음 요리, 국, 죽 등을 먹는다. 최근에는 대도시를 위주로 서양식 패스트푸드를 파는 가게가 많이 들어와 젊은 연령층을 위주로 햄버거나 치킨, 피자 등을 즐기기도 한다. 그러나 유의할 점은 우리나라도 개인의 기호에 따라 매 식사 때 마다 다양한 음식을 먹듯이 중국인들이 보편적으로 먹는 음식을 한 마디로 정의하기는 어려울 것이다. 개인의 음식을 각자 먹는 서양식 제도와는 달리 함께 음식을 나누어 먹는 것은 중국식 음식문화의 특색이다. 중국인들은 집에서나 혹은 밖에 모여서 식사를 할 때 통상 식탁에 둘러 앉아서 커다란 그릇에 담긴 요리와 국을 덜어서 함께 먹는다. 북방식 표준 정찬(正餐)의 식사 순서를 소개하면 다음과 같다.

(1) 먼저 해산(海産)이나 육류가 포함된 네 개의 냉반(冷盤)이 나온다. 냉반은 차가운 냉채(冷菜)로 중국 요리에서 가장 처음 나오는 큰 접시에 담긴 여러 가지 음식이나 술안주를 말한다. 술 마시는 사람이 많을 경우에는 여덟 개의 냉반이 차려진다.

(2) 다음으로는 네 접시의 따뜻한 야채나 고기류의 볶음 요리인 열초채(熱炒菜)가 나온다. 양은 냉반에 비해서 약간 많으며 야채는 대부분 그 계절에 가장 잘 어울리는 신선한 것을 사용한다. 기름기가 적어 느끼하지 않아 담백한 맛을 내는 요리들로 이루어진다.

(3) 이어서 재료에 전분(澱粉)을 풀어 걸쭉한 국물이 생기게 볶아낸 네 그릇의 회완(燴碗)이 나온다. 요리 중에 탕즙(湯汁)이 들어있어 보온성이 있으며 식욕을 증진시킨다.

(4) 이제 본격적인 산해진미의 각종 재료를 이용하여 만든 주 요리인 주채(主菜)가 등장한다. 그 맛이 뛰어날 뿐만 아니라 조리 기법 역시 감탄을 절로 자아낸다. 담아내는 그릇 또한 평범하지 않은데 과거에는 주로 대해완(大海碗)이라 불리는 커다란 접시를 사용했으며 요리의 가지 수

> **만한전석(滿漢全席)**
>
> 만한전석은 청대의 황제들이 귀족과 대신들에게 신년이나 황제의 생일과 같은 국가의 중요한 경사가 있을 때 관례에 따라 태화전(太和殿) 등에서 베푸는 연회를 말한다. 만한전석은 만석과 한석으로 나뉘며 이는 다시 그 중요도에 따라서 각각 여섯 등급으로 분류된다. 만석의 특징은 음식의 대부분이 한식(漢式) 요리에서는 찾아보기 힘든 떡이나 과자와 같은 간식과 과일 위주이며 한석에서 비로소 육류의 요리가 차려진다. 이처럼 만주풍과 한족풍의 요리들이 합쳐진 각양각색의 궁중의 호화 연회석을 만한전석이라고 한다. 국가의 연회(宴會) 등의 용도로 차려졌던 만한전석은 모두 은으로 만든 식기를 사용했으며 196 개의 진귀한 요리로만 이루어졌다고 하니 그 사치의 정도를 짐작할 수 있다.

> **불도장(佛跳墻)**
>
> 황실과 관련 있는 재미있는 고사의 복주(福州) 지방의 요리는 불도장(佛跳墻)이 있다. 각종 산해진미(山海珍味)를 매일처럼 맛보던 황제가 싫증을 느껴서 어느 날 궁중 요리사에게 더 이상 새로운 요리를 만들지 못하면 황실 주방에서 쫓아내겠다는 엄명을 내렸다. 이에 요리사는 고심 끝에 각종 신선한 재료를 단지에 모아 넣고 조리하였는데 그 향기가 어찌나 좋은지 궁궐 옆에서 오랜 세월 수행하던 늙은 승려마저 담에 올라가 쳐다보았다고 한다. 그래서 이른 본 요리사가 '승려가 담장을 뛰어 오른다'는 의미의 이름을 붙였다.

> ### 양귀비(楊貴妃)와 여지(荔枝)
>
> 예로부터 '과일의 여왕'으로 불리는 여지는 맛은 뛰어나지만 가지에서 떨어지면 쉽게 상하는 단점이 있었다. 그래서 원래는 '가지에서 떨어지다'라는 의미의 리지(離枝)로 불렸다. 후에 려(荔)와 리(離)의 중국식 발음이 비슷하기 때문에 여지(荔枝)라는 명칭으로 바뀌었다. 당현종(唐玄宗)의 애첩 양귀비는 남쪽에서 태어나 여지를 즐겨먹었다. 그러자 현종은 전담관을 파견해 밤낮으로 말을 달려 싱싱한 여지를 산지에서 수도인 장안(長安)까지 운반했다. 전하는 바로는 하루 수 백리를 달리느라 사람과 말이 지쳐 목숨을 잃기도 했다고 하니 실로 한숨이 나올 일이다.

> ### 향채(香菜)와 화초(花椒)
>
> 한국 사람들이 중국 음식을 먹을 때 잘 습관이 되지 않는 대표적인 것이 바로 향채(香菜)이다. 우리나라에서는 '고수'라 불리는 식물인데 중국에서는 일반적으로 요리나 국 위에 뿌려져서 나온다. 다른 하나는 산초나무 열매인 화초(花椒)인데 중국음식을 조리할 때 보편적으로 첨가되는 일종의 향료이다. 우리에게 잘 알려진 마파두부 역시 이것을 첨가하여 맛을 낸다. 이 두 가지 모두 그 독특한 향기 때문에 처음에는 잘 습관이 되지 않을 수도 있다. 따라서 아직 중국음식에 잘 적응이 되지 않았다면 식당에서 주문할 때 이 두 가지를 빼거나 적게 넣어달라고 부탁하는 편이 좋다.

는 네 종류에 이른다.

(5) 주 요리가 나온 뒤에는 사탕무와 같은 달콤한 요리인 첨채(甛菜)와 맛이 단 후식인 첨점(甛點) 또는 죽이나 밥과 같은 식사가 나온다.

(6) 마지막으로 따뜻한 국인 탕채(湯菜)와 계절에 따른 여지(荔枝), 합밀과(哈密瓜)와 같은 신선한 과일을 낸다.

물론 이상의 요리와 순서는 특별히 정중한 자리에서만 지켜지는데 성대한 연회의 경우 한 상에 7~10명이 자리하며 전체적으로 보면 열여덟에서 열아홉 종류의 요리가 차례로 나온다. 그러나 과거와 마찬가지로 현재 일반 가정에서는 가상반(家常飯)이라 불리는 간단한 몇 가지 요리를 차려놓고 온 가족이 모여서 먹는 평범한 식사를 한다. 가상반은 일반적으로 육류와 채소류를 적절히 배합하여 차려진다. 특히 줄기와 잎사귀를 먹는 일반적인 채소류의 총칭인 청채(靑菜)와 두부를 사용한 요리는 거의 매일 빠지지 않고 올려지는 음식이다. 특이한 점은 밥과 국을 함께 곁들여 먹는 우리의 식습관과 달리 중국인은 국을 모든 요리를 먹은 뒤에 마신다는 것이다. 그러나 광동식 식사법에서는 국인 탕채가 거꾸로 가장 먼저 나오기도 하는데 이는 현지 날씨가 무더워서 식사 전에 탕을 마셔 식욕을 돋우기 위함이다. 또한 우리처럼 쌀밥을 국이나 물에 말아먹는 모습을 중국에서는 찾아볼 수 없다. 이러한 가상반은 주로 가정주부가 만들지만 부부가 같이 맞벌이를 하는 경우에는 남편이 직접 장을 보고 음식을 만드는 풍경 또한 현대인들에게 더 이상 낯설지는 않다.

② 중국의 식사예절

중국의 일반적인 식사예절은 우리나라와 크게 다르지 않다. 다만 우리의 식사 방식은 숟가락을 이용하여 밥과 국을 모두 먹지만 중국인들은 국을 먹을 때만 숟가락을 사용하고 밥이나 요리를 먹을 때는 주로 젓가락을 사용한다는 차이가 있다. 몇 가지 습관적인 식사예절을 정리하면 다음과 같다.

(1) 자리는 연장자나 귀빈이 앉는 북쪽을 등진 남쪽 방향 또는 출입문을 정면으로 바라보는 곳이 상석이다. 일반적으로 앉는 순서는 연장자가 연하자 보다, 기혼자가 미혼자 보다, 그리고 낯선 손님이 친한 손님보다 먼저 앉는다. 그러나 축하를 하는 연회의 경우에는 그 순서에 있어 조금 차이가 있다. 가령 노인의 생일상에는 상석에 생일을 맞는 당사자가 앉고 그 좌우 양측에 딸과 사위가 앉는다. 어린아이가 태어난 한 달을 기념하는 만월주(滿月酒) 자리에는 외할머니가 가장 상석에 앉는다. 그리고 결혼 잔치에서는 일반적으로 신부의 외삼촌이 가장 상석에 자리한다.

(2) 요리가 식탁에 차려지는 순서에도 정해진 격식이 있다. 먼저 뼈를 포함하고 있는 요리는 식탁의 왼편에 그리고 순 살코기 요리는 오른편에 놓는다. 요리는 왼손 옆에 그리고 국, 술, 음료 등은 오른손 옆에 놓는다. 구운 고기 요리는

> ### 중국의 간식
>
> 중국은 각 지역의 전통적인 대표 요리뿐만 아니라 길거리 노점과 같은 작은 음식점에서 파는 간식거리 또한 종류를 헤아리기 힘들 정도로 대단히 다양하다. 특색 있는 음식 두 가지를 소개하면 다음과 같다.
>
> **(1) 구부리(狗不理)**: 구부리는 천진(天津)의 대표적인 먹을거리로 속에 내용물이 들어있는 만두인 포자(包子)를 말한다. 처음 구부리를 팔던 작은 가게는 늘 손님들로 넘쳤지만 항상 새로 쪄낸 포자만을 팔았다고 한다. 구부리 포자의 특징은 속에 육즙이 많은 것인데 그로 인해 막 쪄낸 구부리는 자연히 더욱 뜨거웠다. 개는 못 먹는 것이 없는 잡식성이지만 유독 뜨거운 음식은 잘 먹지 못한다. 그런데 구부리 포자는 너무 뜨거워서 땅에 떨어져도 개가 먹지 못하기 때문에 '개도 거들떠보지 않는다'는 의미의 구부리라는 이름을 얻게 되었다.
>
> **(2) 취두부(臭豆腐)**: 취두부는 그 이름처럼 '냄새 나는 두부'라는 뜻이다. 대만(臺灣)의 길거리에서는 기름에 노란빛으로 튀겨낸 두부를 볼 수 있는데 보기에는 먹음직하지만 그 냄새는 코를 찌른다. 이는 두부를 일정 시간 발효시켰기 때문인데 악취에 겁먹지 말고 한입 물면 두부 특유의 고소한 맛을 느낄 수 있다. 절인 야채와 곁들이거나 간장에 찍어 먹으며 매운 국물에 넣고 끓이는 마랄(麻辣) 취두부도 있다.

조금 멀리 그리고 간장, 식초, 파, 마늘 등의 조미료는 가까이 놓는다. 찬 요리 뒤에 뜨거운 요리를 내는데 이 때 뜨거운 요리는 주빈의 맞은편 자리의 왼쪽부터 놓는다.

 (3) 식사를 모두 마친 뒤에는 젓가락을 빈 밥그릇의 중간에 올려놓는다.

 (4) 식사 도중에 잠시 자리를 비울 때는 젓가락을 밥 그릇 옆 식탁 위에 내려놓는다. 이 때 젓가락을 밥 그릇 속에 찔러 놓아서는 안 되는데 이는 고대 중국에서 제사를 지낼 때 제품(祭品)이 담긴 그릇 속에 젓가락을 꽂았던 습관이 있었기 때문이다.

2. 중국의 차

1) 중국차의 역사

차는 오래전부터 중국인의 일상생활 중에 뿌리 깊게 자리 잡아 왔으며, 특히 현대에 와서는 여러 가지 과학적인 분석 방법을 통하여 천연 건강식품이라는 관념 또한 생기게 되었다. 이처럼 중국은 차의 고향으로 차를 재배하고, 만들고, 마시는 것 모두 전 세계적으로 손에 꼽히고 있다. 중국 서남부의 아열대 지구는 야생 차나무의 원산지로 처음에 중국인들은 단순히 차를 제사 용품이나 식용 가능한 식물 정도로만 여기었다. 이후 당대(唐代)에 이르러 중국에 불교가 성행하게 되면서 차를 마시는 것이 좌선(坐禪)을 할 때 정신을 맑게 한다는 것과 소화에도 효과적이라는 것을 깨달아 차를 마시는 습관이 정착되어 차는 사찰에서 없어서는 안 되는 필수품이 되었다. 일찍이 사찰에서 유년시절을 보냈던 당대의 문학가 육우(陸羽)(733-804)는 차에 관한 세계 최초의 전문 저작인 『다경(茶經)』을 지어 찻잎의 종류와 품질 그리고 수확법 등을 기록했으며 차를 끓이는 기술과 다구(茶具) 등도 적어놓았다. 아울러 차의 기원과 당대 이전까지의 차와 관련된 일반적인 내용들도 함께 들어있어 중국의 차 문화를 엿볼 수 있는 중요한 문헌으로 평가받고 있다. 이후 송대에는 차를 마시는 풍조가 더욱 성행하여 중국 역사상 가장 차를 중시하는 시대로 들어서게 된다. 결국 일순간에 차를 마시는 습관이 점차 퍼져 황실 귀족부터 일반 평민에 이르기까지 모든 사람이 선호하는 식품이 되었다.

이후 차는 중국 전역뿐만 아니라 여러 경로를 통하여 동남아 일대와 서구에까지 널리 퍼지게 되었다. 차(茶)의 북방식 표준 중국어 발음은 '차' [tsʻa]이지만 일부 남방 방언으로는 '데' [te]라고도 읽는다. 따라서 중국의 북방에서 차를 수입한 일본과 인도 등지에서는 여전히 '차'와 비슷한 발음으로 읽으며 반대로 중국 남부의 연해 지구에서 차를 수입한 영국 등에서는 차를 '데'와 비슷한 '티' (tea)로 발음하게 되었다. 결국 대체로 한자 차(茶)에 대한 음역(音譯)을 통하여 각국의 차에 대한 명칭이 유래되었음을 알 수 있다.

유럽에서 가장 먼저 차를 마시기 시작한 국가는 바로 영국이다. 17세기 초 중국에서 들어온 차가 영국인들에게 각광 받게 된 이후로 그 수요가 급증하자 영국정부는 동인도(東印度) 회사에 명령을 내려 일정한 양의 찻잎을 비축할 것을 명령하였다. 그러나 이후로도 유럽 각국의 차에 대한 수요는 더욱 증가하여 19세기 초 영국으로 수출된 중국차는 무려 4,000 여만 톤에 이르게 되었다. 이처럼 자신에게 불리한 무역 상황이 벌어지게 되자 영국 상인들은 급기야 인도와 벵골(Bengal) 일대에서 아편을 구입하여 은(銀) 대신 중국산 찻잎과 교환하였고 급기야 아편전쟁이 발발하는 도화선이 되었다.

2) 중국차의 분류와 생산

색, 향기, 맛을 모두 겸비한 좋은 차를 만들기 위해서는 적합한 자연환경과 우수한 차나무의 품종, 그리고 세밀한 찻잎의 채취와 정교한 가공 기술이 함께 갖춰져야 한다. 차는 그 제조 방법에 따라서 녹차(綠茶), 홍차(紅茶), 오룡차(烏龍茶), 백차(白茶), 황차(黃茶), 흑차(黑茶) 등으로 나뉘는데, 이를 구분 짓는 가장 중요한 기준은 바로 발효(醱酵)의 정도이다.

• 용정차

① 불발효차(不醱酵茶) - 녹차

발효가 되지 않은 차를 말한다. 찻잎 속 타닌 성분이 효소에 의해 발효되지 않도록 차의 새싹을 따 솥에서 볶거나 증기를 쏘여서 살청(殺靑)을 한다. 여기서 살청은 가열을 해서 찻잎의 발효를 제지시키는 기술을 말한다. 이러한 과정을 거친 후에 잘 비벼 말아서 모양을 만들고 말리면 완성된다. 녹차는 벽록(碧綠)이나 황록(黃錄) 빛이며 신선한 향기와 약간 떫은맛을 띄는 것이 특징이다. 녹차는 가장 오랜 역사를 가지고 있으며 많은 생산량과 넓은 생산지를 자랑한다. 특히 절강(浙江), 안휘(安徽), 강서(江西)의 삼성(三省)이 그 생산량과 품질 면에서 널리 알려져 있다. 녹차 중에는 예로부터 많은 명차가 있는데 서호용정(西湖龍井), 동정벽라춘(洞庭碧羅春) 차 등이 특히 유명하다.

• 철관음

② 반발효차(半醱酵茶) - 오룡차

반발효차는 찻잎을 10에서 65% 정도만 발효시켜서 만든 차로 발효 과정에서 특유의 맛과 향이 생긴다. 그 중 오룡차는 가장 중국적인 특색이 있는 차로 대표적인 생산지는 복건성(福建省)의 안계(安溪)이다. 오룡차는 다시 그 발효 정도에 따라서 다음과 같이 나뉜다. 청차(淸茶)라고도 불리는 포종차(包種茶)는 경(輕) 발효차로써 청아한 맛과 황금빛의 색깔이 특징이다. 철관음(鐵觀音)과 동정(凍頂) 등은 중(中) 발효차로써 깊은 맛과 갈색의 빛깔이 특징이다. 백호오룡(白毫烏龍)은 중(重) 발효차로써 달콤한 과일 향과 주황색의 빛깔이 특징이다. 이밖에 백호은침(白毫銀針)같은 백차(白茶)와 자스민차와 같은 화차(花茶) 계열로 분류하기도 한다.

오룡차의 전설

• 오룡차

오룡차의 유래와 관련한 두 가지 재미있는 고사가 있다. 옛날 차나무 아래에 살고 있는 커다란 뱀이 있었는데 그 뱀은 온순하여 절대로 사람에게 해를 입히는 경우가 없었다. 그러던 어느 날 일을 하던 농부가 더위에 지쳐 일사병으로 혼절하자 뱀이 차나무 위로 올라가 찻잎을 따서 쓰러진 농부의 입에 넣어 주었다. 그 후 농부가 정신을 차리고 깨어나자 사람들이 '검은 뱀이 사는 차나무'라는 의미로 오룡차(烏龍茶)라고 부르기 시작했다. 오룡차는 중국어 발음으로 '우롱차'라고 부르며 중국인들은 뱀을 용으로 지칭하는 습관이 있다. 또 다른 하나는 옛날 민남(閩南) 지방의 안계현(安溪縣)에 산에서 차를 따고 사냥을 하며 지내던 오량(烏良)이라는 사람이 있었다. 어느 날 차를 담는 광주리를 메고 산에 올라 녹차를 따고 있을 때 노루가 나타나 사냥을 했다. 저녁에 집으로 돌아온 오량은 잡아온 노루를 손질하느라 미처 녹차를 볶을 겨를이 없었다. 다음날 광주리를 보니 사냥을 하면서 찻잎이 굴러 마찰이 된데다 하룻밤을 묵혀 이미 반쯤 발효가 되어 있었다. 그러나 이를 볶아내자 그 맛이 더욱 향기롭다는 것을 알게 되었다. 이에 오량은 이 새로운 제조법을 주변에 알렸고 사람들은 이를 오량차(烏良茶)라 불렀다. 민남 방언으로는 량(良)이 룡(龍)과 같은 발음이기 때문에 후에 오룡차(烏龍茶)로 불리게 되었다.

● 백호은침

● 자스민차

③ 전발효차(全醱酵茶) - 홍차

찻잎은 발효를 하게 되면 원래의 녹색에서 점차 붉은 빛으로 변하게 되는데 그 발효 정도에 따라서 더욱더 붉어진다. 홍차라는 명칭 역시 이러한 연유로 얻게 되었다. 또한 향기 역시 발효도에 따라 본래의 찻잎 향에서 화향(花香), 과일향, 맥아향(麥芽香) 등으로 변한다. 이처럼 완전히 발표된 전발효차(全醱酵茶)를 홍차라고 한다. 홍차는 차의 새싹을 따서 먼저 위조(萎彫)를 한다. 여기서 위조란 새로 딴 찻잎을 실외에서 햇빛에 말린 후에 다시 실내에서 일정 시간 건조시켜 차향의 깊이를 더하는 과정이다. 이렇게 준비된 재료를 잘 비벼서 발효와 건조 등의 기술이 더해지면 완성된다. 홍차는 가공 과정에서 여러 가지 화학적 반응이 일어나 차황소(茶黃素)나 차홍소(茶紅素)와 같은 새로운 성분이 만들어지며, 그 향기 역시 원래의 찻잎에 비해서 명확히 증가된다. 유명한 홍차로는 기문홍차(祁門紅茶)와 영홍공부차(寧紅工夫茶) 등이 있다.

④ 후발효차(後醱酵茶) - 황차와 흑차

녹차의 제조법과 같이 효소를 파괴시킨 뒤 찻잎을 퇴적하여 미생물의 번식을 유도해 다시 발효가 일어나게 만든 차를 말한다. 찻잎이 완전히 건조되기 전 곰팡이의 번식을 통해 다시 발효시키기 때문에 후발효차라고 한다. 좋은 것은 단 맛이 나며 질이 떨어지면 곰팡이나 지푸라기 맛이 난다. 발효기간이 길수록 맛이 부드러워져 가격도 상대적으로 올라간다. 대체로 20년 이상 숙성한 것을 상품(上品)으로 친다. 황차(黃茶)인 군산은침(君山銀針)과 흑차(黑茶)인 보이차(普洱茶) 등이 있다.

일반적으로 북방인들은 향이 강한 화차나 홍차를, 강남의 사람들은 녹차 계열의 용정이나 벽라춘을, 서남 쪽 사람들은 맛이 진한 보이차를 그리고 복건, 광동, 대만 쪽 사람들은 오룡차를 선호하는 것으로 알려져 있다. 이 밖에 유목민들은 육식 음식의 소화를 돕기 위해 차를 발효시켜 딱딱하게 굳혀

● 기문홍차

● 군산은침

● 보이차

서 만든 전차(磚茶)를 끓여서 말이나 양의 젖을 섞은 내차(奶茶)를 만들어 마신다.

중국은 거의 모든 지역에서 차를 생산하지만 차나무의 성장과 찻잎의 채취는 계절의 영향을 받는다. 중국에서 차를 수확하는 시기는 주로 봄과 여름 그리고 가을이다. 이처럼 서로 다른 절기에 재배되고 수확된 차는 외형과 품질에 있어서 비교적 분명한 차이를 보이게 되는데 일반적으로 이른 봄에 수확한 녹차를 가장 으뜸으로 친다. 이러한 춘차(春茶)는 통상 수확시기가 빠른 것이 가격도 비싸다. 3월 상순에서 청명(淸明) 전에 수확된 것은 중국인들이 명전차(明前茶) 또는 두차(頭茶)라고 부르는 춘차로 찻잎의 색깔은 엷은 녹색을 띠고 있으며 맛은 순하나 약간 떫다.

> **TIP**
>
> **한국의 작설차(雀舌茶)와 일본의 말차(抹茶)**
>
> 우리에게 잘 알려진 작설차는 갓 나온 차나무의 어린 싹을 따서 만든 차로 찻잎의 모양이 참새의 혀를 닮아서 붙여진 이름이다. 특히 비가 내리고 본격적인 농사가 시작되는 곡우(穀雨) 이전에 따는 새순으로 만든 차는 우전(雨前) 작설차라고 하여 귀한 대접을 받는다. 찻잎의 크기에 따라서 세작(細雀), 중작(中雀), 대작(大雀)으로 분류하기도 하는데 그 중 세작이 으뜸이다. 이처럼 한국과 중국에서는 찻잎을 우려낸 차를 주로 마시는 반면에 일본에서는 차나무의 어린순을 말려 가루로 만든 말차를 마신다. 말차는 끓이는 방법 또한 약간 차이가 있는데 말차를 넣은 다완(茶碗)에 뜨거운 물을 붓고 가루차를 저을 때 사용하는 거품기인 다선(茶筅)으로 잘 저어 거품이 나도록 한 후에 마신다.

청명이 지나고 대략 2주가 지나면 곡우(穀雨)이다. 매년 이 때쯤이면 강남 일대에 오곡을 적시는 가랑비인 세우(細雨)가 내리면서 녹차를 수확하는 적기를 맞이하게 된다. 청명이 지나고 곡우가 되기 전에 채취한 차는 우전차(雨前茶)라고 하며 그 이후에 수확한 춘차는 우후차(雨後茶)라고 부른다. 그 해에 만든 차는 신차(新茶)라 하고 일 년 이상 묵힌 차는 진차(陳茶)라고 부르는데 녹차나 오룡차는 신차가 좋으며 보이차와 같은 진차는 오래된 것이 더욱 깊은 맛을 낸다. 차를 즐기는 사람들은 일 년 내내 그 맛과 향에 취하는데 주로 봄에는 녹차를 그리고 가을이나 겨울에는 오룡, 보이, 철관음 등을 즐긴다.

3) 다구(茶具)

당대 이전에는 다기(茶器)와 식기의 구분이 없었지만 차를 마시는 것이 보편화 되면서 다구 역시 날로 정교해지기 시작했다. 그 중 당대 말기에 등장한

● 자사호(紫砂壺)

● 개완(蓋碗)에 우려낸 중국차

가장 대표적인 다구는 바로 붉은 빛이 감도는 자사호(紫砂壺)이다. 이것은 일반적인 도자기 제품과는 달리 대단히 곱고 부드러운 자홍색(紫紅色) 진흙을 원료로 장인의 세심한 기술을 더하여 만들어 진다. 섭씨 1100도의 고온에서 구워 만드는 자사호는 안팎 모두 유약을 바르지 않아 현미경으로 관찰하면 공기는 통하지만 물은 새지 않는 대단히 미세한 숨구멍을 관찰할 수 있는데 이 때문에 차의 맛을 더욱 잘 보존할 수 있다. 이러한 자사호는 그 아름다운 조형미 때문에 예술적 가치 또한 대단히 높다. 또한 차를 마시는 방법의 변화로 명대 이후에 그 명성을 더욱 떨치게 되었다. 뭉쳐있는 전차(磚茶)를 마시던 습관에서 가루로 된 산차(散茶)를 마시게 되면서 물을 부어 찻잎을 우려내기 시작했는데 이 때 차호가 보온성이 뛰어나기 때문에 선호하게 되었다. 자사호로 차를 끓이면 열이 천천히 전달되며 차호의 뚜껑에 기공(氣孔)이 있어서 여기에 맺힌 물이 찻물에 떨어져 맛이 변하는 것을 막을 수 있게 되었다. 또한 고온에서 구워 만든 차호는 화로 위에 올려놓고 직접 가열해도 깨지지 않는 장점도 있다. 이러한 자사호는 오래 사용할수록 더욱 은은한 광택을 띠게 되고 우려낸 차 역시 더욱 깊은 맛을 낸다.

중국에서 예로부터 자사호의 산지로 널리 알려진 곳은 강소성(江蘇省), 절강성(浙江省), 안휘성(安徽省)의 경계에 위치한 의흥(宜興)으로 북송(北宋) 시대부터 명대(明代)에 이르기까지 예술적 가치가 높은 자사호와 이를 만드는 명인들이 많이 배출되었다. 지금도 다양한 종류의 차호(茶壺)를 소장하는 장호(藏壺)와 이를 잘 관리하는 양호(養壺)의 습관은 고상한 일상의 취미로 여겨지고 있다.

4) 차 마시는 법

진정한 차의 맛과 마시는 즐거움을 깨닫는 것은 심신 수양과 같은 경지에 이르는 것이다. 따라서 차를 끓이고 마시는 행동 속에서 중국인들의 생활 미학을 발견하게 된다. 맛있는 차를 끓이기 위해서는 우선 자신의 기호에 맞는 좋은 찻잎을 고르는 것도 중요하지만 이에 못지않게 수질과 수온 그리고 차의 양과 다구(茶具) 등의 요소도 소홀히 할 수 없다. 먼저 깨끗한 물을 준비해야 하는데 옛사람들은 차를 끓이는 물로 산에서 나는 샘물을 으뜸으로 쳤다. 그 다음으로는 강물, 눈 녹은 물, 빗물 등을 꼽았으며 가장 못한 것이 우물이라 여겼다. 이것을 현대적인 관념으로 재해석하면 찻물로는 광물질을 적게 포함하고 있는 연수(軟水)가 경수(硬水)보다 좋다는 것이다.

이렇게 준비된 물로 맛있는 차를 끓여내기 위한 적정한 온도는 차의 종류에 따라서 약간의 차이가 있다. 대부분의 경우는 섭씨 100도 정도의 수온이 가장 적합하지만 녹차와 경(輕)발효차는 너무 높은 온도면 좋지 않고 대략 90도를 넘지 않는 것이 적당하다. 끓인 찻물을 약간 높은 곳에서 차가 담긴 그릇에 따르는 것은 차를 잘 우려내기 위한 것이지만 다른 한편으로는 물의 온도를 낮추기 위해서 이다. 이 때 차호(茶壺)에 담는 차의 양은 역시 찻잎의 종류에 따라서 다른데 4분의 1에서 3사이가 적당하다. 다구는 끓이는 차의 종류에 따라 적합한 것을 사용하는 것이 좋다. 화차는 자호(瓷壺)를 사용해야 향기가 사라지지 않는다. 녹차는 맛이 담백하기 때문에 차의 맛을 쉽게 흡수하는 사호(砂壺)보다는 유리그릇을 사용해야 향기가 보존될 뿐만 아니라 차의 색깔과 찻잎의 형태를 감상할 수 있다. 그 밖에 홍차나 반발효차는 사호(砂壺)를 사용하는 것이 좋다.

중국에는 예로부터 손님에게 정성껏 끓인 차를 대접하는 관습이 있는데 그래서 지금도 일부 사람들은 차로써 술의 역할을 대신한다. 아침에는 맑은 청차(淸茶) 그리고 저녁에는 연한 담차(淡茶)가 적합하며 이 밖에 평상시에는 진한 농차(濃茶)를 주로 마신다. 그리고 식전에 차를 마실 때는 호박씨(瓜子)나 말린 과일과 같은 가벼운 간식을 곁들여서 차에 취하는 것을 피한다. 손님이 모두 자리에 앉으면 주인은 차를 끓이기 시작하는데 차호(茶壺)에 차를 가득 넣고 방금 끓인 뜨거운 물을 붓는다. 처음 한 두 차례 우려낸 차는 마

● 여러가지 종류의 중국차와 찻잔들

시지 않는데 이는 찻잎을 씻어 내거나 찻잔을 덥히기 위한 용도로 사용하기 때문이다. 차를 따를 때는 한 번에 찻잔 가득 붓지 않고 차의 농도를 균일하게 하기 위해서 여러 찻잔을 돌아가며 조금씩 나누어 따른다. 이때 차는 손님이 마시기 편하도록 너무 뜨겁지 않아야 하며 술잔과 달리 찻잔을 가득 채워서는 안 된다.

3. 중국의 술

1) 중국술의 역사

술을 빚고 마시는 중국인들의 음주 습관은 상당히 오랜 역사를 가지고 있다. 심지어 한대(漢代) 사람들은 술을 일컬어 하늘이 내린 선물이라는 뜻의 '천지미록'(天之美祿)이라 칭송하였다. 이러한 술의 기원과 관련된 기록은 고적 중에서 여럿 찾아볼 수 있지만 대부분 확실히 검증된 바는 없고 다만 민간에서는 지금부터 약 4200년 전 술의 신으로 불리는 하대(夏代)의 의적(義狄)이 처음으로 술을 만들었다는 이야기가 전해진다. 그러나 1983년 섬서성(陝西省) 미현(眉縣) 양가촌(楊家村)에서 신석기 시대 앙소(仰韶) 문화의 유물로 알려진 술 전용 도기(陶器)가 출토되면서 지금부터 대략 6000년 전부터 이미 술을 만들기 시작한 것으로 추정된다. 이후 하대(夏代)와 주대(周代)를 거치며 술 용기들의 종류 역시 점차 다양해졌다. 현재 갑골문(甲骨文)이나 금문(金文) 속에 남아있는 술을 가지고 조상에게 제사를 지냈다는 기록과 주기(酒器)의 용도로 만든 청동기(靑銅器)가 상당 부분 남아있는 것으로 보아 적어도 지금부터 3,000~4,000년 전 상대(商代) 무렵에 이미 중국에서는 곡물을 이용하여 술을 만들기 시작한 것으로 보인다.

이처럼 오랜 역사를 가지고 있는 중국술은 대체로 다음과 같은 발전 단계를 거쳐 왔다. 기원전 4,000년~기원전 2,000년 무렵의 신석기 앙소문화 시기에서 하(夏)왕조까지는 중국술의 계몽기로써 곡물을 발효시켜 술을 빚기 시작했다. 기원전 2000년의 하왕조부터 기원전 200년의 진(秦)왕조까지는 중국술의 성장기이다. 특히 누룩의 발견으로 중국은 세계에서 최초로 이를 이용해서 술을 빚은 나라가 되었으며 전설상의 인물인 두강의 출현은 중국술의 발전에 기틀을 마련했다. 또한 술의 제조를 정부에서 관리하여 제왕과 제후 등 특정 계층의 향락품이 되었다. 기원전 200년의 진왕조부터 서기 1000년의 북송(北宋) 시기는 중국술의 성숙기로써 황주(黃酒), 과주(果酒), 약주(藥酒), 포도주와 같은 특색 있는 술이 등장하기 시작했다. 위진(魏晉) 무렵에는 민간에까지 술이 널리 보급되었으며 특히 당시 유럽, 아시아, 아프리카 등과 육로 무역을 통한 동서양 술문화의 교류로 훗날 중국의 백주(白酒) 탄생에 기초를 마련하였나. 서기 1000년의 북송시기부터 1840년의 청대(清代) 말기까지는 중국술의 발전기로써 서역(西域)의 증류기(蒸餾器)가 중국에 유입되어 세계적으로 유명한 백주(白酒)가 드디어 정식으로 선을 보이게 된다. 명대(明代) 이시진(李時珍)은 『본초강목』(本草綱目)에서 '백주인 소주(燒酒)를 만드는 기술은 원대(元代)부터 시작되었다'

두강과 술의 기원 **TIP**

두강은 역사적으로는 소강(少康)으로 불리며 3천 년 전 하(夏)나라를 중흥시킨 임금으로 알려져 있다. 하나라가 망하자 두강은 유우씨(有虞氏)에게 도망가 주방과 곳간을 돌보는 일을 하였다. 어느 날 곳간에 넣어둔 음식에 곰팡이가 슬어 벌을 받게 되었는데 새끼 양 한 마리가 곳간에서 흘러나온 액체를 핥아먹고 쓰러져 버렸다. 양이 죽은 것으로 여겨 두강이 양의 배를 가르려는 순간 양은 아무 일 없듯이 일어나 달아나 버렸다. 두강이 신기하여 그 액체의 맛을 보았더니 단 맛이 났고 계속 마신 두강은 취하여 정신을 잃었다. 한참 후에 깨어난 두강은 몸에 기운이 도는 것을 느꼈고 계속 연구하여 마침내 양조기술을 개발해 내었다. 이에 사람들이 그를 주신(酒神)으로 떠받들었고 지금도 중국에서 두강은 술을 상징하는 대명사가 되었다.

중국의 맥주 **TIP**

중국에서 가장 오래된 맥주 공장은 1900년에 하얼빈에 설립되었다. 그러나 1903년에 창립된 청도(青島) 맥주회사의 등장으로 현재까지 세계적으로 명성을 떨치고 있는 '청도맥주'가 탄생하게 되었다. 이러한 초기의 맥주 공장은 대부분 외국인들에 의해서 설립되었다. 맥주의 중국어 표기는 비주(啤酒)로 '피지우'라고 읽는다. 이는 영어 'Beer'를 음역(音譯)하여 붙여진 명칭이다. 현재 중국에는 각 지역마다 수를 헤아리기 힘들 정도의 다양한 맥주가 생산되어 황주나 백주와 더불어 일반 대중들이 즐기는 가장 보편적인 술로 자리 잡았다. 1990년에 조사된 바에 따르면 중국 전역 800여개의 맥주 공장에서 800여만 톤의 맥주가 생산되며 국가의 상을 받은 우수한 품질의 맥주만도 83종에 이른다고 한다.

라고 적고 있다. 이러한 발전기를 거치며 황주, 과주, 약주, 포도주가 더욱 발전하였으며 술의 도수가 비교적 높은 백주 역시 신속하게 보급되기 시작했다. 마지막으로 청대 말기부터 현재까지는 중국술의 변혁기로 서양의 발달된 술 제조기술과 중국술의 전통적인 제조법이 결합되어 최고의 전성기를 맞이하고 있다. 맥주와 양주 같은 다양한 술이 등장했으며 특히 백주는 연간 800만 톤 이상을 생산하여 부동의 세계 1위를 차지하고 있다.

> **여아홍(女兒紅)** TIP
>
> 절강성 소흥 지방의 민간에서는 딸을 출산하면 술을 담은 단지를 땅에 묻어 두었다가 딸이 결혼을 할 때 파내어 손님에게 접대를 하는 풍습이 전해지는데 이렇게 담근 술을 일컬어 여아홍 또는 여아주(女兒酒)라고 한다. 다른 이름으로는 꽃을 조각한다는 의미의 화조주(花雕酒)라고도 하는데 이는 같은 발음이 나는 꽃이 시든다는 화조(花凋)의 의미도 가지고 있어 딸을 시집보내는 부모의 애석한 마음이 담겨져 있다.

● 소흥황주

● 소흥가반주

2) 중국술의 종류

① 황주(黃酒)

곡물을 이용하여 발효(醱酵)시켜 술을 만드는 양조(釀造) 기술은 중국술의 대표적인 특징 중에 하나이다. 미주(米酒)라고도 불리는 중국의 황주(黃酒)는 포도주, 그리고 맥주와 더불어 양조기술로 만든 세계 3대 술로 알려져 있다. 황주의 생산원료로 북방에서는 수수, 좁쌀, 기장쌀을 사용하고 남방에서는 보편적으로 쌀이나 찹쌀을 사용한다. 일본인들이 즐기는 청주(清酒)의 제조 과정 역시 기본적으로 이러한 황주와 비슷하다. 황주의 도수는 대략 15도 내외이며, 만든 기간이 오래될수록 그 맛과 향이 더해진다. 술의 색깔은 황색뿐만 아니라 흑색 또는 붉은 빛을 내기도 한다. 과거 송대에 문화와 경제의 중심이 점차 남쪽으로 옮겨지면서 황주의 생산 역시 그 곳에서 더욱 흥성하게 되었다. 특히 원대에 이르러 소주(燒酒)가 북방에 널리 보급되자 그 일대의 황주 생산은 더욱 위축되었고 대신 남쪽에서 그 명맥을 계속 유지하게 되었다. 대표적으로 청대에 절강성(浙江省) 소흥(紹興) 지방에서 생산된 것이 가장 유명하여 지금까지도 절강소흥주를 황주의 으뜸으로 꼽는다. 이러한 소흥주는 개인

고량주와 빼갈

백주를 과거에는 소주(燒酒)나 고량주(高粱酒)라고 불렀고 지금은 일반적으로 백주나 백건아(白乾兒)로 부른다. 백주라는 명칭은 그 색이 투명한 무색이어서, 백건아는 물이 섞이지 않아서 붙여진 이름이다. 또한 소주는 발효된 원료를 증류시켜서 만든 술이라는 의미이다. 중국술 하면 아마 대부분의 사람들이 '고량주'나 '빼갈'을 먼저 떠올릴 것이다. 사실 이것은 모두 백주의 다른 명칭으로 고량주는 그 원료가 되는 수수의 한자어가 고량(高粱)이기 때문에 붙여진 이름이고 빼갈은 백주의 다른 명칭인 백건아(白乾兒)의 중국식 발음 '바이깔'이 변형된 것이다. 이 밖에도 백주를 이과두(二鍋頭)라고도 부르는데 이는 중국의 북방에서 전통적인 방법으로 백주를 만드는 오래된 명칭에서 유래되었다. 그러나 지금은 일반적으로 증류할 때 처음과 마지막 나온 술을 제거한 나머지 술을 지칭한다. 참고로 중국에서는 술의 양을 계산하는 단위로 우리와 같은 ㎖가 아닌 근(斤)과 양(兩)을 사용한다. 한 근은 열 량으로 대략 500g 이며 반근(半斤)은 그 절반을 말한다. 그래서 아직도 일부 지역에서는 술을 저울에 달아서 팔기도 한다.

의 기호에 따라 말린 매실을 넣거나 따뜻하게 데워서 마시는데 술의 도수가 적당하여 식사를 할 때 반주용의 입맛을 돋우는 술이라는 의미로 가반주(加飯酒)라고도 한다.

② 백주(白酒)

백주는 중국의 대표적인 증류주(蒸餾酒)로 밀이나 보리로 만든 누룩에 수수나 쌀을 원료로 하여 만들며 술의 도수가 40~70도 정도로 대단히 독하다. 대략 송대에서 원대 무렵에 중국에 증류주가 등장한 것으로 알려지는데 서역으로부터 전래된 술을 만드는 증류기의 도입은 중국의 양조 역사에 있어서 한 획을 긋는 계기가 되었다. 근대에 이르러 서양 선진 기술이 결합된 대규모의 생산 능력을 가진 양조 공장이 등장하게 되었는데 중국 서남부에 위치한 귀주(貴州)와 사천(四川)은 중국에서 가장 좋은 백주를 생산하기로 유명한 지역이다. 대표적인 백주로는 귀주의 모태주(茅台酒)와 사천성의 오량액(五粮液) 그리고 산서(山西)의 분주(汾酒) 등이 있다. 특히 '마오타이'라고 불리는 모태주는 국교 정상화를 위해서 1972년 중국을 방문한 미국의 닉슨 대통령에게 주은래(周恩來) 총리가 만찬장에서 접대를 했다는 일화가 전해지며 더욱 널리 알려지게 되었다. 만리장성에 오르고 구운 오리고기를 먹으며 마오타이를 맛보는 것은 북경에서의 세 가지 즐거움이라는 말이 있을 정도로 유명하다. 그러나 최근에는 가장 비싼 고급 백주로 사천성(四川省)의 수

● 분주   ● 오량액

• 죽엽청주

• 오가피주

정방(水井坊)과 국교1573(國窖), 강소성(江蘇省)의 몽지람(夢之藍) 등이 꼽힌다.

③ 보건주(保健酒)

보건주는 대략 20~40도 내외의 양조주나 증류주에 각종 동식물성 약재나 꽃과 과일 등을 넣고 일정한 가공 과정을 거쳐 담근 술을 말한다. 중국에서는 이미 3,000년 전에 술에 향초(香草)를 넣었다는 기록이 전해진다. 건강에 유익한 효용이 있는 약주(藥酒) 계열의 술이 이에 속하며 각종 약재를 넣어서 만든 산서성(山西省) 행화촌(杏花村)의 죽엽청주(竹葉靑酒)와 절강성(浙江省)의 오가피주(五加皮酒) 등이 대표적이다.

3) 중국의 음주 습관

중국에는 예로부터 '술이 없으면 자리가 마련되지 않고, 술이 없으면 예의가 아니다'(無酒不成席, 無酒不成禮)라는 말이 있듯이 연회와 잔치 같은 축하의 자리에서 절대로 술이 빠져서는 안 된다. 그래서 잔치를 주연(酒筵)이라고도 부르며 본래 결혼식 축하주의 의미를 가지고 있는 희주(喜酒)는 그 뜻이 확대되어

TIP 중국의 10대 명주

중국 각지에서 생산되는 술의 종류는 대단히 다양하기 때문에 개인의 취향에 따라 애주가들이 생각하는 10대 명주 역시 차이가 있다. 일반적으로 알려진 것으로는 앞서 살펴본 모태주, 오량액, 분주 이외에 안휘성(安徽省)의 고정공주(古井貢酒), 섬서성(陝西省)의 서봉주(西鳳酒), 강소성(江蘇省)의 쌍구대곡(雙溝大曲)과 양하대곡(洋河大曲), 두강이 술을 빚었다고 알려진 두강주(杜康酒), 사천성(四川省)의 낭주(郞酒) 그리고 산동성(山東省)의 공부가주(孔府家酒)가 있다.

• 고정공주

• 공부가주

TIP 모태주의 전설

옛날 귀주성 모태촌(茅台村)에 가난한 노인이 살고 있었다. 어느 추운 겨울날 남루한 차림의 아가씨가 그의 집에 찾아왔다. 노인은 얼른 따뜻한 방으로 아가씨를 데려와 음식과 함께 남아 있던 소주를 내놨다. 그날 저녁 노인은 이 아가씨가 선녀로 변해 미소를 지으며 술잔을 들고 와서 집 앞 백양나무 아래에 뿌리는 꿈을 꾸었다. 다음날 노인이 그 곳에 우물을 팠더니 물이 유난히 맑아 노인은 그 물로 모태주를 빚었다. 오늘날 세계 각지로 팔려나가는 모태주의 포장에 선녀가 술잔을 들고 있는 그림은 이러한 전설에 근거한 것이며 술병의 목에 매여 있는 두 줄의 붉은 띠는 당시 선녀가 허리에 매고 있던 술을 본뜬 것이라고 한다.

• 모태주

주령(酒令)

중국술의 기원과 마찬가지로 술자리에서 행해지는 내기와 오락의 일종인 주령 역시 오랜 역사를 가지고 있다. 옛날 여러 사람들이 모인 자리에서 함께 나누어 즐기기에는 술이 부족하자 시합을 하여 가장 빨리 뱀을 그리는 사람이 모두 마시기로 하였다. 그러나 가장 먼저 그림을 완성한 사람은 불필요한 뱀의 다리를 그려 넣어 패하고 다른 사람이 술을 차지하게 되었다. 이처럼 서한(西漢) 시대 『전국책』(戰國策)에 보이는 뱀의 다리를 그린다는 '화사첨족'(畵蛇添足) 고사도 일종의 주령으로 볼 수 있다. 이후 주령은 시대를 거치며 형식과 내용이 거듭 변하여 지금은 정해진 규칙에서 지는 상대에게 술을 권해 술자리의 흥을 돋우고 원만한 교류가 이루어지도록 하는 일종의 게임과 같은 형식으로 발전하였다. 예를 들면 상대방과 동시에 숫자를 말하며 손가락을 내밀어 두 사람이 내민 손가락의 합이 내가 말한 수와 일치하면 이기는 것으로 패한 사람은 벌주(罰酒)를 마신다. 만일 두 사람이 동시에 맞히면 같이 술을 마시고, 서로 틀렸으면 승부가 날 때까지 계속해서 진행한다. 이밖에도 주사위 던지기나 끝말잇기와 같은 정해진 규칙에 따라 벌주를 마시는 다양한 방식의 주령이 전해진다.

중국인의 숙취 해소법

적당히 마신 술은 약이 되지만 자칫 과음을 하게 되면 다음날 숙취로 고생을 하게 된다. 일반적으로 알려진 숙취 해소법은 물을 마시거나 과일을 섭취하여 부족해진 수분과 당분을 신체에 공급하는 것이지만 한국과의 차이점을 꼽는다면 우리는 따뜻한 국물의 해장국을 찾는 반면 중국인들은 차를 마신다. 이는 평소 차를 즐기는 중국인의 일상적인 습관과도 관련이 있지만 의학적으로도 차에 들어있는 카페인 성분이 이뇨(利尿) 작용을 하여 알코올 성분을 신속히 몸 밖으로 배출시키기 때문이다. 따라서 술자리에서 차를 함께 마시면 술이 덜 취할 뿐만 아니라 다음날 생기는 숙취를 미리 예방할 수 있다.

결혼식 축하연을 말하는 대명사가 되었다. 이러한 이유로 중국인들이 희주를 마시러 간다고 말하는 것은 곧 결혼식에 참석하러 간다는 의미이다. 중국인들의 음주 습관은 술자리에 내빈이 모두 자리에 앉으면 주인은 일어서서 손님을 향해 '제가 먼저 마시는 것으로 경의를 표시 합니다'라는 의미의 선건위경(先乾爲敬)을 말하며 자신의 술잔을 비우는 것으로 예의를 나타낸다. 상대에게 술을 권할 때는 '한 잔 올리겠습니다'라는 의미의 경일배(敬一杯)를 말하는데, 이 때 응하지 않으면 실례가 된다. 또한 우리의 음주 문화와는 달리 술잔을 다른 사람에게 돌리지 않으며 상대의 술잔이 조금이라도 비어 있으면 계속해서 첨잔을 하는 것이 예의이다. 상대방이 술을 따르면 받는 사람은 식지(食指)와 중지(中指)를 구부려 탁자를 가볍게 두드리는 것으로 감사의 표시를 한다. 이러한 습관은 청대부터 시작된 것으로 알려져 있는데 다음과 같은 고사가 전해진다. 어느 날 건륭(乾隆) 황제가 측근 몇 명만을 거느린 채 민간인 복장으로 순행을 떠나 차의 고향으로 유명한 강서, 절강 일대의 어느 찻집에 들러 용정차(龍井茶)를 맛보게 되었다. 뛰어난 차의 맛에 만족한 건륭제는 신하에게도 차를 권했는데 황제의 하사를 받은 신하는 바로 머리를 조아려 예를 갖출 수 없자 손가락을 구부려 탁자를 세 번 두드리는 것으로 은총에 대한 감사를 표시했다고 한다. 이러한 관습은 지금까지 전래되어 술잔을 받을 때도 이와 같이 행동한다. 중국인들은 건배(乾杯)를 외치면 술을 단번에 다 마시고 빈 술잔을 상대에게 보이는 것이 관례이다. 건배를 할 수 없으면 반배(半杯)라고 말하고 절반만 마시거나 '자기 마음대로'라는 의미의 수의(隨意)를 말하고 자기 주량대로 마신다. 만약 술을 전혀 마시지 못하면 먼저 양해를 구하거나 경우에 따라서 '차로 술을 대신 한다'라는 이차대주(以茶代酒)의 의미로 대신 찻잔을 들기도 한다. 커다란 원형 식탁에서 술을 마셔 상대방과 직접 건배를 하기 힘들 때는 술잔을 식탁 위 회전판에 두드리는 것으로 대신한다. 그 밖에도 따라서는 술자리에 늦거나 게임 등에서 지면 재미로 상대에게 몇 잔의 벌주(罰酒)를 권한다. 일반적으로 주인은 손님이 술을 많이 마실수록 기뻐하는데 특히 소수민족의 하나인 몽고족(蒙古族)은 접대를 좋아하여 술을 권할 때 주인이 술잔을 들고 노래를 부르며 손님이 받아서 다 마실 때까지 멈추지 않는다.

10 중국의 건축·회화·공예

전 세계 어느 지역이든 그 지역의 전통 주택은 그들의 생활을 지배해 온 중국 고유의 문화와 밀접한 관련이 있으며, 또한 그들이 살고 있는 자연과 지리 환경에 가장 적합하게 구성되어 있다. 그렇기 때문에 여기에서는 중국의 건축에 대해 알아보기로 한다.

다음으로 언급될 중국의 그림은 서양과 달리 색채와 표면의 질감에 충실하기 보다는 필선을 가장 중요한 표현의 수단으로 삼아 이들의 조합에 의해 전체적인 그림이 완성된다. 또한 그림을 보는 것도 그림을 단순히 감상해서는 안되고, 오히려 "읽는다"는 표현이 적합할 정도로 전체적인 관조(觀照)와 사념(思念)이 곁들인 감상을 해야만 그 뜻을 제대로 받아들일 수가 있다. 그리고 이어서 살펴 볼 공예품은 사람의 손재주를 잘 보여주는 것으로서, 이 공예품의 수준을 보면 그 사람들의 손재주 수준을 알 수 있는데, 중국인들의 공예는 어떤 것이 있는가를 살펴보기로 하자.

1. 중국의 건축

1) 중국 건축의 특징

건축은 사람이 살아가는데 있어서 가장 중요한 세 가지 중의 하나이다. 그렇기 때문에 건축에 대해 알아본다는 것은 그 사람들이 살아가는 방식의 한 단면을 살피는데 있어서 매우 편리하면서도 중요한 방법이 된다. 전 세계 어느 지역이든 그 지역의 전통 주택은 그들의 생활을 지배해 온 중국 고유의 문화와 밀접한 관련이 있으며, 또한 그들이 살고 있는 자연과 지리 환경에 가장 적합하게 구성되어 있다. 중국에 있어서의 주택은 다음과 같은 몇 가지 특징을 가지고 있다.

첫째, 건축물의 용도 면에서 볼 때 서양의 대표적인 건축물들이 종교적인 목적에 의해 만들어진 것들인 것에 반해, 중국을 대표할 만한 건축물들은 주로 비종교적 목적의 건축물이 많으며 그 중 가장 대표적인 것으로는 왕실의 실생활과 직접적으로 관련되는 궁전 주택이라 할 수 있다.

즉 서양의 신전이 신을 섬기고 숭배하기 위한 목적으로 지어진데 반해, 중국의 대표적인 건축물은 현실 세계에서 그곳의 생활 환경과 가장 관련되었는데, 이는 중국인들이 인간 세계의 생활을 중시하고 있음을 잘 보여준다. 이중에 가장 대표적이라 할 수 있는 북경의 자금성(紫禁城)은 중국의 전형적인 궁전 건축의 모습을 보여주고 있으며, 다른 주요 건축물들도 대부분 이 궁전건축의 모방이나 축소의 형태로 볼 수 있다.

● 맞배지붕

둘째, 재질에 있어서 목조로 이루어진 것이 많다는 점이다. 건축물을 구성하는 재질로는 목재와 석재, 흙 등 많은 종류가 있는데, 중국에 있어서 어느 곳에서나 가장 쉽게 구할 수 있는 재료가 목재일 뿐만 아니라, 석재와는 달리 가벼우면서도 단단하기 때문에 활용하기가 쉬우며, 또한 탄력성이 뛰어나 지진과 같은 자연재해로부터 유연하게 대처할 수 있다는 장점이 있어 중국 건축물의 골조로서 가장 많이 사용되었다. 물론 흙이나 석재까지 함께 활용한 건축물이 대다수이나, 전체적인 면에서 볼 때는 목조를 많이 활용하며, 특히 중남부 지역에서는 목재가 차지하는 비중이 절대적이라는 점이 중국 건축의 특징이라 할 수 있다.

● 팔작지붕

셋째, 건물의 구조면에 있어서 여러 층으로 된 높으면서도 거대한 하나의 건축물을 만들기보다는 단층으로 넓게 짓는 것이 대부분이며, 경우에 따라서는 이러한 건물들을 여러 개 만들어 평면 배치함으로서 군체 건축을 이루면서 필요한 건축물의 수요를 감당하게 하였다. 예컨대 자금성이

● 우진각지붕

나 소주(蘇州)의 졸정원(拙政園)등은 여러 개의 단층 건물들을 지어 커다란 평면 위에 적절히 배치하고, 각 건축물 사이에는 주랑(走廊)을 두어 건물간의 이동이 편리하도록 했으며, 아울러 경우에 따라서는 중간 중간에 루(樓)나 정(亭)등을 세워 지루함을 달래면서도 삶의 쾌적함과 편안함을 느낄 수 있는 평면적이면서도 전체적이고 유기적인 조화를 중시하였다. 또한 각 건물은 대부분 장

기둥, 대들보, 서까래(추녀)

기둥

건축물을 지탱하게 하는 가장 기본적인 구조물로서, 기둥의 모양에 따라 아래 부분에서 위 부분으로 곧게 올라간 기둥을 민흘림 기둥이라 하며, 아래와 윗부분에 비해 중간 부분이 약간 두껍게 되어 마치 뚱뚱보의 배와 같이 둥글게 튀어나온 모양을 한 기둥을 배흘림 기둥이라 한다. 그리고 나무를 네모지게 다듬어서 세운 기둥을 사모기둥이라 하고, 나무의 껍질만을 벗긴 채 자연 그대로의 모양을 살려 세운 기둥을 도랑주라 한다.

대들보

가옥의 구조를 지탱하기 위해 서로 마주보는 기둥과 기둥 사이를 가로 질러 연결한 것으로서, 가옥 구조에서 기둥과 더불어 가장 중요한 구조물이기 때문에 대부분 힘을 많이 받을 수 있는 하나의 굵은 나무로 만든다.

서까래

건물의 앞에서 볼 때 기둥과 기둥을 연결한 것을 도리라 하는데, 이 도리와 직각방향으로 길게 연결하여 그 위에 서까래 판을 얹고 흙이나 기와로 지붕을 올릴 수 있도록 한 것을 서까래라 한다. 보통 둥근 나무로 하되 단순히 지붕의 재료만을 지탱하면 되기 때문에 굵기는 기둥이나 도리보다 훨씬 가는 나무를 사용하며, 도리 밖으로 나오게 하여 지붕의 처마가 밖으로 나올 수 있게 함으로서 비가 건물 안으로 들어오는 것을 방지하도록 한다.

전통 가옥의 칸(間)수에 대해

전통 가옥 중 커다란 주택을 지칭할 때 99칸 집이라는 말을 자주 사용한다. 여기서 한칸이란 그 집에 사용된 기둥과 기둥 사이를 말하며, 가로칸수와 세로칸수를 곱한 숫자가 그 집의 칸수가 된다. 즉 그 집의 가로면이 네칸, 세로면이 두칸으로 된 집(가로면의 기둥 5개, 세로면의 기둥이 3개로 된 집)은 넷과 둘을 곱한 여덟칸 집이 된다. 그러므로 99칸 집은 가로면이 11칸, 세로면이 9칸(즉 가로면 기둥이 12개, 세로면 기둥이 10개)으로 된 집을 말하며, 방의 개수가 99개라는 말이 아니다. 99칸 집은 반드시 한 건물이 99칸으로 이루어질 필요는 없으며, 한 집안에서 여러 개의 건축물을 모두 합쳐 그 건축물들의 칸수가 모두 99칸이 될 경우에도 그렇게 부르기도 한다.

방형이며, 이러한 장방형이 여러 개 엇갈리게 물려 만드는 복잡한 형태는 되도록 피함으로서 실생활에 편리하도록 하면서도, 장방형 건축물의 단조로움을 피하기 위해 지붕은 맞배나 팔작(八作), 우진각(隅-閣)등 다양한 형태로 만들어 건축물의 전체적인 조화를 꾀하고 있다.

넷째, 건물들의 배치면에서 방형의 구조이면서 엄격한 대칭구조이다. 먼저 종축선을 설정한 후, 그 종축선 위에 주요한 건축물을 안치하고, 이 종축선상에 있는 횡축선 위에 비교적 작은 건축물을 대칭되도록 배치하여 서로 마주보도록 하는 것이 보통이다. 그리고 이 건축물들은 모두 복도로 연결하고 있는데, 대표적인 건물로는 북경에 있는 사합원(四合院)이다.

다섯째, 건축 기법상 땅을 파서 그 속에서부터 기초를 쌓고 그 위에 기둥을 올리는 형식이 아니라, 지반 위에 흙과 돌을 이용하여 기단을 높이 쌓고 그 위에 주춧돌을 놓으며, 주춧돌 위에 기둥을 세웠다.

기단을 높이 쌓는 이유는 지면에서 습기가 올라오는 것을 방지하고 채광이 용이하도록 하는 것이었으며, 주춧돌은 건물의 기초를 단단히 하고 지면의 습기가 기둥에 전달되지 않도록 하는 역할을 하였다. 또한 기둥과 지붕을 잇는 곳에는 지붕의 넓게 펴진 하중을 집중적으로 기둥에 전달하기 위해 공포(貢包)를 끼우는 구조형식을 취했다.

2) 대표적인 건축

중국의 건축물은 단일 건축물로서 그 웅장함 때문에 중국을 대표할 수 있는 것도 있고, 지역에 따라 특징을 보이는 것들도 있는데, 다음에서는 그 중 몇 종류에 대해 간단히 설명하고자 한다.

① 자금성

북경시의 중심에 위치한 명·청대의 궁전으로, 1407년 명나라의 영락제(永樂帝)가 남경(南京)에서 북경으로 천도하기 시작할 때부터 원대(元代)의 고궁 유적을 바탕으로 건립하여 1420년에 완성하였다. 자금(紫禁)이란 북두성(北斗星)의 북쪽에 위치한 자금성이 천자가 거처하는 곳이라는 데서 유래된 말로, 그 후 명·청 시대를 통하여 궁전과 궁문을 여러 차례 보수·개축하였으며 명칭도 바뀌었다. 자금성은 남북 약 1,000m, 동서 약 760m의 성벽으로 둘러싸여 있으며, 성벽 밖에는 적으로부터의 공격에 대비하여 깊이가 약 6m이고 넓이가 약 50m인 해자(垓子)를 파놓았으며, 총 면적은 72만 평방미터이다. 성벽 주위 4곳에 각각 1개씩의 궁문이 있으며, 그 중 남쪽의 오문(午門)이 정문으로서 가장 웅대하다. 북쪽에는 신무문(神武門)이 있는데, 이 남문과 북문을 연결하는 종축선을 따라 태화문(太和門), 태화전(太和殿), 중화전(中和殿), 보화전(保和殿)이 세워져 있고, 그 좌우로 문화전(文華殿), 무영전(武英殿) 등 수많은 전각(殿閣)

• 자금성

이 배치되어 있는데 여기까지가 자금성에서 일어나는 각종 의식을 행하던 외조(外朝)에 해당하며, 이 중에서 가장 거대한 건물은 자금성의 정전(正殿)인 태화전으로서, 크기는 남북 약 33m, 동서 60m나 되어, 단일 건물로는 중국에서 가장 크다. 그리고 다시 북쪽으로 건청문(乾淸門)이 있고, 여기서부터 내정(內廷) 부분에 속하는데, 여기에는 건청궁(乾淸宮), 교태전(交泰殿), 곤녕궁(坤寧宮), 어화원(御花園), 동육궁(東六宮), 서육궁(西六宮), 자녕궁(慈寧宮), 수녕궁(寧壽宮) 등 황제가 일상의 정무를 행하는 건물과 거주하는 곳 및 황제 가족의 생활 공간으로 이루어져 있다. 이 자금성에 있는 건물의 방을 모두 합치면 총 9,999칸이나 된다.

② 포탈라궁(布達拉宮)

티벳의 성도(省都)인 라싸(拉薩)의 중심지에 있는 티벳 궁전으로서, 달라이라마 5세가 17세기 중반에 건설하였다고 한다. 전면에서 보면 13층이지만 산을 등지고 지은 것이어서 실제는 9층으로 되어 있으며, 높이는 117m이고 동서의 길이는 360m, 총 면적은 10만㎡에 이르는 거대한 궁전이다. 벽의 두께만도 2~5m되는 화강암과 나무를 섞어서 만든 이 궁전 안에는 1,000개가 넘는 방이 아래 위로 복잡하게 얽혀져 있어 안내자를 따라가지 않으면 길을 잃기 쉬울 정도이다.

● 포탈라궁

포탈라란 산스크리트어로 성지(聖地)를 뜻하며, 이에 따라 이 궁전은 성지인 불타(佛陀)의 산에 세워진 궁전이 되는 것이다. 건물 안에는 달라이 라마들이 살았던 방을 비롯하여 그들이 묻힌 무덤들과 정부 관청들, 승가대학, 수백 개의 불당이 있는데, 겉에서 보기에는 크게 붉은색의 벽과 흰색의 벽으로 구분되어 있다. 이 중에서 붉은색으로 되어있는 홍궁(紅宮)은 주로 종교 생활과 관련된 방들로서, 홍궁의 중심인 영탑전에는 8기에 이르는 역대 달라이라마의 영탑이 안치되어 있고, 흰색으로 된 부분인 백궁(白宮)은 달라이라마가 정사를 돌보던 방들로서, 백궁의 맨 꼭대기에는 달라이라마의 개인 공간인 일광전(日光殿)이 세워져 있다.

③ 북경 사합원(四合院)

북경의 사합원은 북경을 비롯하여 산동, 산서, 섬서, 하남성의 여러 성에서 일반화된 민간 주택의 대표적인 형태로서, 중국 주택의 전형(典型)이라 할 수 있다. 사합원은 중정(中庭)을 중심으로 여러 채의 건물이 그 주변을 둘러싸면서 내부인 중정을 향하는 형태를 취하고 있는데, 그 배치는 종축선을 중심으로 엄격하게 대칭을 이루고 있다. 중정을 바라보며 남쪽을 향하는 건물이 그 집안의 가장 어른이 거처하는 중심 건물로서 정방(正房)이라고 하며, 그 앞의 양측에 있는 건물은 다른 가족이 거처하는 상방(廂房)이다. 그리고 가장 바깥쪽에 있으면서 정방과 마주하고 있는 건물은 하인들이 거주하는 도좌방(倒座房)이다. 만일 중정이 두 개일 경우에는 두 개의 정방 중에서 앞의 정방은 손님 접객을 위한 방으로 사용되며 보

● 사합원

238 테마로 중국문화를 말하다

통 청방(廳房)이라 한다. 그리고 중규모 이상의 주택의 경우에는 정방 후면에 다시 좁고 긴 마당의 후원(後院)이 있고, 그 뒤에 후조방(後罩房)이 있는데, 여기는 여자 하인들이 거처하는 곳이다. 이와 같은 구조를 취하게 된 것은 그 구조가 한 가족의 상하관계를 엄격하게 구분하는 중국 전통의 종법(宗法)제도에 가장 적합하기 때문이라 할 수 있다.

● 사합원 전경

④ 휘주(徽州)의 주택

휘주의 주택은 강남을 대표하는 주거형식으로서, 평지가 많은 북경에서 발달된 1층 구조의 사합원과 달리, 산지가 많고 평지가 협소한 이곳에서는 주택들이 대부분 2층 이상의 구조를 취하면서, 벽으로 완전히 둘러싸여 매우 폐쇄적인 외관을 형성하고 있다. 이 주택에는 대문 외에는 바깥으로 연결된 통로가 거의 없고 아주 작은 창만 몇 개 있는데, 이는 겨울철에 차가운 바람이 들어오는 것을 막고 내부의 열이 밖으로 발산되는 것을 막기 위한 것이다. 또한 방범의 효과와 함께 주택을 폐쇄적으로 함으로서 자기들만의 소우주로 만들겠다는 의미까지 갖게 된다. 주택의 중앙에 있는 중정의 위에는 깊고 좁은 천정이 있는데, 이는 휘주 주택 구조에서 바깥과 연결되는 유일한 공간이다. 이 천정은 여름에 그늘을 만들어주고 밤낮의 심한 일교차를 줄여주며, 주택 내부에 적절한 채광이 가능하도록 하는 통로 역할도 하고 있다.

● 정방(正房)과 중정(中庭)

층별로 볼 때, 1층에 비해 2층이 비교적 잘 꾸며져 있는데, 이는 주요 생활 공간이 2층이기 때문

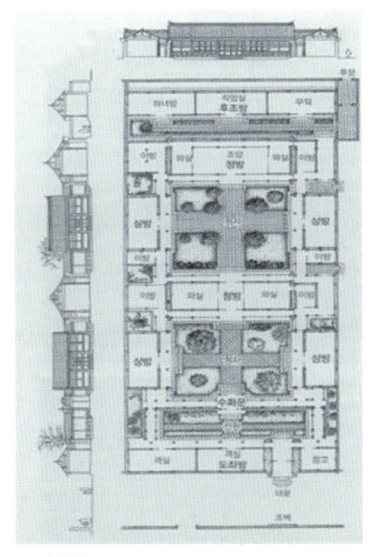
● 사합원의 구조

• 휘주(徽州)의 주택, 굉촌(宏村)

이다. 이는 이 지역이 비가 많아 습하고 홍수 피해가 많으며, 해충과 맹수의 습격이 빈번했기 때문이었는데, 후대로 오면서 수로의 관리가 잘 되어 홍수의 염려가 없게 되고 해충과 맹수의 위협도 적어짐에 따라 아래 층도 사람의 활동 중심으로 변하게 되었다고 한다.

⑤ 강남의 수향(水鄕) 주택

장강(長江)의 하류지역으로 대표되는 강남은 지대가 평탄하면서도 하류(河流)가 발달하여 강줄기가 교통의 주요한 역할을 담당하고 있다. 그렇기 때문이 이 지역에서는 용수(用水)와 교통의 편리함을 위해 도로에 접해 집을 짓기 보다는 수로(水路)를 따라 집을 짓는 형태로 마을이 형성되었는데, 이러한 주택을 '임수(臨水)주택'이라고도 한다. 이 지역의 전형적인 주거형식은 수로에 접하는 면은 좁은 반면에, 안으로는 길게 늘어진 형태를 하면서 수많은 집들이 연이어 배열되

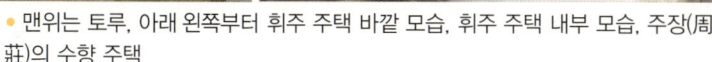

● 맨위는 토루, 아래 왼쪽부터 휘주 주택 바깥 모습, 휘주 주택 내부 모습, 주장(周莊)의 수향 주택

어 있다. 다만 길다랗게 된 주택과 주택 사이에는 피농(避弄)이라는 좁고 긴 골목을 두었는데, 이는 화재시에 위험이 널리 퍼지지 않도록 함과 동시에 부녀자나 아이, 혹은 하인들이 중정을 통하지 않고 주택의 전면과 후면으로 출입할 수 있게 하기 위한 것이다. 이 지역의 주택의 수로를 따라 형성된 작은 대지

● 토루의 내부 모습

위에 많은 집을 짓다보니 각각의 집들은 대개가 2층 구조를 취하게 되었는데, 이러한 2층 구조의 주택은 강남의 더운 직사광선을 피하는데 유리한 면도 있다.

⑥ 복건성 토루(土樓)

복건성과 광동성, 강서성의 접경 부근에는 객가인(客家人)들이 많이 살았는데, 이 객가인들은 본래 황하 유역에서 살던 한족이었으며, 여러 차례의 전란을 피해 이곳으로 이주하여 살고 있는 사람들이다. 그들은 이주 후에 현지인들과 융화하지 못하고, 자신들끼리 모여 살면서 외부와 접촉을 꺼렸으며, 한편으로 외부로부터의 물리적 공격에 대응하기 위해 독특한 공동 주택을 건설하여 살았는데, 그것이 바로 토루이다.

토루는 방형(方形) 혹은 원형으로 이루어진 거대한 공동 주택으로서, 바깥에서 보면 하나의 성채와 같은데, 내부로 들어가면 수십 혹은 수백가구가 함께 사는 주택구조로 되어 있다. 이 토루의 가운데에는 공동의 공간이 있고, 바깥의 벽쪽으로 벽면을 따라 둘러가며 각각의 가족마다 따로 살 수 있는 구조이며, 대개 3층 이상으로 지어졌다. 각 가족별로 거주하는 곳에서는 1층이 주방과 식당으로 사용되며, 2층은 식량 저장고 및 복도, 3층 이상은 주요 생활공간인 침실과 조당(祖堂)으로 이루어져 있다.

⑦ 운남 간란식(干欄式) 주택

운남 일대는 기후가 매우 덥고 습하기 때문에, 이에 대응할 수 있는 방식으로 주택이 만들어졌다. 즉 이곳은 이러한 기후 조건으로 인해 더위를 피할 수 있어야 하며, 또한 해충과 맹수도 많아 그것들로부터 보호될 수 있도록 하기 위해 지상에서 떨어진 곳에 주거가 마련되어야만 했다. 그래서 주위의 많은 나무를 이용하여 이층으로 된 골조를 형성하고, 대나무 등을 이용해 이층에 바닥과 벽을 만들어 통풍을 용이하게 하면서도 지상의 습

• 태족(傣族)의 간란식 주택

• 중경의 대족석각(大足石刻)

기로부터 보호하고 맹수가 쉽게 침범하지 못하도록 하였다. 또한 이렇게 지어진 집의 아래층은 주로 창고로 사용하든가 축사로 활용함으로서 일상생활에 불편함이 없도록 하였다. 이층의 중앙에는 모닥불 구덩이를 만들어 일년 내내 꺼지지 않게 하는데, 이는 가족이 대대로 이어지는 것을 뜻한다.

⑧ 산서 요동(窯洞) 주택

산서성 일대 지역은 황토 고원으로 이루어져 있는데, 지역의 특성상 건축 자재인 나무와 돌을 구하기가 매우 어렵다. 기후는 여름에는 덥고 겨울에는 차가운 바람과 함께 혹독한 추위가 기다리고 강우량도 적다. 그런데 다행히도 토질이 부드러워 예전부터 이 지역에서는 동굴을 파고 그 속에서 거주해왔다. 이와 같이

• 요동

• 요동의 내부 모습

• 만리장성의 서쪽 가욕관(嘉峪關)

• 만리장성

동굴을 파서 만든 주택을 요동 주택이라 하는데, 이 요동 주택은 두터운 황토층을 벽으로 삼기 때문에 겨울의 혹독한 추위와 여름의 더운 날씨에 매우 효과적으로 대처할 수 있으면서도 적은 경비로 건설할 수 있기 때문에 이 지역에서 많이 발달된 주택 형태이다. 다만 굴을 파서 만들기 때문에 통풍과 조명에 취약한데, 최근에는 이를 보완하기 위해서 굴의 가장 안쪽과 지표면을 연결하는 작은 통풍구를 만들기도 한다.

기본적인 요동 주택은 두터운 황토층이 침식되면서 만들어진 자연 절벽에 굴을 파서 주거 공간을 만드는 형식이었다. 그러나 절벽이 없는 곳에서는 평지에 넓고 깊게 사각형 형태로 파고 들어가 커다란 지하 공간을 만들어 정원으로 삼고, 여기서 다시 옆면으로 굴을 파서 요동 주택을 만들기도 한다. 아울러 가족이 많이 늘어나면 굴을 추가로 파서 주거 공간을 늘려가는데, 동굴의 크기는 대체적으로 볼 때 폭과 높이는 약 3m 정도이고, 깊이는 6m인 것이 가장 일반적이다.

2. 중국의 회화(繪畵)

중국의 그림은 서양과 달리 색채와 표면의 질감에 충실하기 보다는 필선을 가장 중요한 표현의 수단으로 삼아 이들의 조합에 의해 전체적인 그림이 완성된다. 또한 그림을 보는 것도 그림을 단순히 감상해서는 안되고, 오히려 "읽는다"는 표현이 적합할 정도로 전체적인 관조(觀照)와 사념(思念)이 곁들인 감상을 해야만 그 뜻을 제대로 받아들일 수가 있다. 다음에서는 이와 같은 중국화의 특징과 그림의 주제에 따른 여러 가지 유형, 그리고 중국 회화와 관련된 몇 가지 사항에 대해 간단히 살펴보기로 한다.

1) 중국 회화의 특징

중국의 회화는 서양의 회화에 비해 여러 가지 차이점이 있다. 그 중에서 중요한 몇 가지를 살펴보면 다음과 같다.

첫째, 채색을 쓰지 않는 수묵화가 성행했다. 서양의 그림은 기본적으로 여러 가지의 색상을 활용하는 채색화이다. 이에 반해 중국화는 채색으로 이루어진 것도 있지만, 흑백의 색만으로 이루어진 수묵화가 중요한 위치를 차지하고 있다. 서예가 발달된 중국에서 그와 유사한 방식의 먹물이라는 특수한 재료로 흑백의

• 당대 한간(韓幹)의 말 그림

농담(濃淡)을 이용하는 수묵화가 발달된 것은 매우 자연스러운 현상이라 할 수 있다.

둘째, 그림 위에 글씨와 인장을 사용하였다. 중국의 회화는 단순한 회화를 넘어 시서화(詩書畵)의 조화로까지 발전되는데, 여기서 낙관(落款)이라는 인장까지 더해 이 모두가 그림의 영역으로 간주된다. 그림에 시나 문장을 담은 글씨와 낙관을 곁들이는 것은 동양만이 갖는 특이한 형식인데, 특히 낙관은 붉은 색으로 찍음으로서 단조로운 흑백만의 구성에 적절한 변화와 조화를 꾀함과 동시에 그림을 그린 사람이 누구인가를 알려주는 역할도 하고 있다. 후대로 오면서 남의 그림에 제발(題跋)을 가함과 동시에 자기의 낙관을 찍기도 해, 낙관은 그림의 비평자 혹은 소장자 표시까지 겸하게 되었다.

셋째, 사실적(寫實的) 표현보다는 사의적(寫意的) 표현을 중시한다. 중국인들은 그리는 대상을 있는 그대로 그리는 것보다도, 그것이 가지고 있는 의미라든가 혹은 특정 현실과는 관련이 없더라도 내적인 심상(心象)과 자연의 아름다움에 대한 미적 경험 등을 상상을 통해 그려내는 것을 중시하고 있다. 물론 어떤 상황이나 사실을 재현하기 위한 방법으로서 그것을 그린 경우도 없지 않으나, 이는 예술성을 위한 것이기보다는 상황의 기록을 위한 것이기 때문에 중국화의 본령이라고 할 수는 없다.

넷째, 화폭의 사용이 자유롭다. 일부 그림의 경우에는 화폭 전체에 색을 칠하기도 하지만 대부분의 중국화는 여백의 미학이 강조된다. 즉 자기가 그리고자 하는 것만 적당한 위치에 그리고 나머지 배경은 전혀 손대지 않음으로서 그림과 여백이 서로 조화를 이루게 하고 있다. 즉 여백도 전체적인 구도의 일부로 보며, 그와 동시에 한편으로는 여백의 적당한 위치에 낙관을 위치시킴으로서 아름다움과 여유를 동시에 살리고 있다.

다섯째, 모작(模作)이 많다. 중국화의 수련 과정 중 초보자에게 주어지는 과제의 하나가 예전의 작품 중 일부를 선택해 그것을 열심히 모방하는 것이다. 이는 모범이 되는 대가들의 작품에 사용된 필법이나 구도, 색감 등을 열심히 따라해보는 과정을 통해 붓놀림이나 기타의 회화 수련에 꼭 필요한 기법을 숙달시키기 위한 중요한 활동이다. 그러나 이러한 과정을 통해 만들어진 모작(模作)이 진짜 행세를 하는 폐해가 나타나기도 했는데, 그럼에도 불구하고 원작에 완벽할 정도로 충실하고자 하는 자세와 성과로 인해 이미 소실된 초기의 많은 명화들의 특성이 현재까지 전해질 수 있었다는 장점도 있다.

여섯째, 화론(畵論)이 발달하였다. 동진(東晋)의 고개지(高愷之)로부터 시작된 미술에 대한 이론서가 많이 나와, 회화 창작과 비평에 관한 많은 이론이 출현하였다. 이들 이론은 결과적으로 그림에 대한 설명을 덧붙여야만 했기 때문에 기존 그림을 이해하는데 매우 도움을 줄 수 있게 했을 뿐 아니라, 후인들이 전인들의 그림을 배울 때 좋은 안내자의 역할도 함께 할 수가 있었다.

2) 당 이전의 그림

그림의 역사는 서양과 마찬가지로 중국도 아주 오래 전으로 거슬러 올라간다. 가장 먼저 보이는 것은 신석기 시대의 암화(巖畵)이나, 현재까지 남아있는 자료로 볼 때 가장 오래되면서도 본격적인 회화의 모습을 보여주는 것은 호남성(湖南省) 장사(長沙)에서 발견된 기원전 2세기에 만들어진 마왕퇴(馬王堆) 무덤에서 발견된 백화(帛畵)이다.

이 그림은 명주 위에 채색으로 그려져 있으며, 전체적인 내용이 당시의 토템

• 마왕퇴 백화

과 원시적 신앙을 보여주고 있다. 그림의 상단부는 천상(天上) 세계의 모습을 그렸고, 중단부는 인간(人間) 세계, 그리고 하단부는 무서운 지하(地下) 세계의 모습을 표현한 신화적 내용을 담고 있다.

한대의 또 다른 중요한 회화는 화상석(畵像石)의 그림들이다. 전한(前漢) 시기부터 시작하여 육조시기까지 많이 발달되었는데, 주로 분묘(墳墓)나 사당(祠堂) 등의 돌로 된 벽면이나 기둥에 음각하여 부조(浮彫)의 형식으로 새겨 그린 그림이며, 일부는 채색도 되어 있는데, 당시의 풍속이나 문화를 알 수 있는 중요한 자료가 되기도 한다. 또한 수많은 벽돌 하나 하나에 그림을 그려 그것들이 모아져 커다란 그림이 되는 전화(塼畵)가 많이 만들어지기도 했다.

한 이후의 회화는 동진(東晉)의 고개지(高愷之)가 가장 대표적이다. 그는 여사잠도(女史箴圖)와 낙신부도(洛神賦圖)라는 걸출한 작품을 남겼을 뿐만 아니라, 회화의 이론서인 『위진승류화찬(魏晉勝流畵贊)』과 『논화(論畵)』라는 뛰어난 저술을 완성하여, 중국의 화성(畵聖)이라는 별칭을 얻고 있기도 하다.

3) 산수화(山水畵)

산수화는 자연의 모습을 직접 보고 그리거나 혹은 마음 속에 담겨 있는 산수의 풍광을 나름대로의 의정(意情)을 담아 그린 그림이다. 문헌의 기록으로 보면 산수화의 원류는 육조시기로 볼 수 있는데, 당시의 산수화가 어떠한지에 대해서는 자세히 알 수는 없다. 산수화가 발달하기 시작한 것은 당대(唐代)이며, 초기에는 채색으로 된 산수화였다. 그러나 당나라 중기 이후에 청담(淸淡)을 추구하는 기풍이 일면서 오대(五代)에 이르러서는 본격적으로 수묵(水墨) 산수화가 나오기 시작했는데, 이는 결과적으로 중국 문인화(文人畵)의 시조가 되기도 하였다. 특히 오대의 대표적인 화가인 형호(荊浩)와 관동(關仝)은 산수화의 대상으로 바위와 산을 새롭게 해석했으며, 나아가 산수화의 지위를 굳건하게 한 화

• 고개지의 낙신부도 중의 일부

가이기도 하다.

산수화의 풍격은 남과 북이 확연한 차이를 보이고 있다. 대체적으로 볼 때 북쪽의 자연은 산동(山東)의 태산(泰山)을 중심으로 높은 산과 바위가 많은 반면에, 장강 하류의 남쪽은 나지막한 구릉이 대부분이어서 이들을 보고 느끼며 그려지는 산수화의 풍격은 자연히 다를 수밖에 없다. 그래서 북쪽의 산수화는 분방하면서도 힘차고

• 조맹부의 작화추색도(鵲華秋色圖)

장쾌한 맛이 있는데 반해 남쪽의 산수화는 정교하고 섬세하며 잔잔한 느낌을 주는 자연의 맛을 즐기고 있다.

4) 화조화(花鳥畵)

화조화는 본래 꽃과 새를 그린 것이라는 의미인데, 여기서는 산수가 아닌 것들, 즉 나무와 짐승, 풀과 벌레, 물고기와 사람의 모습 등을 모두 각기 이름 붙여 부르지 않고 가장 많이 그려진 것만을 이름 붙이기로 한다. 사실 중국의 그림에서는 정물이란 개념은 없었고, 꽃이나 새도 정물이 아니라 산수와 같은 풍경으로 받아들여졌다. 왜냐 하면 모든 대상들은 그 자체가 하나의 풍경이며, 그 풍경은 어느 한 곳에 고정되는 것이 아니라 전체 그림의 구도에서 어느 한 위치에 놓이느냐에 따라 그 그림의 생명력이 엄청나게 달라지게 되기 때문이다. 즉 그림의 대상 자

체만을 그리는 것으로서 그림이 만들어지는 것이 결코 아닌 것이다.

5) 수묵화(水墨畵)

수묵화는 그림의 대상으로 이름 붙인 것이 아니라 그림을 그리는 재질에 따라 분류한 명칭으로서, 여러 가지의 색상을 사용하는 채색화와는 달리, 오직 먹물을 이용하여 흑백의 농담(濃淡)만을 조절하여 그림을 그린 것이다. 이러한 수묵화가 나오게 된 동기는 성리학과 매우 관련이 깊은데, 위에서 언급한 바와 같이 청담(淸淡)과 그윽한 정취를 좋아하고 추구하는 경향이 생겨난 당대 중기부터 시작하여 오대에 본격적으로 그려지기 시작했으며, 이러한 수묵화가 발달됨에 따라 채색화는 상당히 위축될 수 밖에 없었다. 이와 같은 수묵화는 주로 문인들이 즐겨 그렸으며, 그렇기 때문에 자연스럽게 문인화에 수묵화가 매우 많다. 그렇지만 화원(畵院)에서 전문적으로 그리던 사람들이나 북종화파에 속하는 사람들의 그림에는 여전히 채색화가 많이 보인다.

6) 문인화(文人畵)

문인화란 본래 문인들이 그린 그림을 일컫는 말인데, 이들의 그림 유형이 나름대로의 특징을 가지고 있기 때문에 중국화에서 하나의 장르처럼 굳어지게 되었다. 본래 중국화는 전문 화가들에 의해 채색으로 그려졌던 것인데, 당대와 오대에 이르러 그림에 재능이 있는 문인들이 여가 활동의 하나로서 주로 수묵을 이용해 그림을 그린 것에서부터 문인화가 시작되었다. 송대에 와서는 많은 문인들이 그림에 시(詩)와 서(書)를 즐겨 넣음으로서 기존의 화가들이 그린 그림들과는 차이를 보이게 되었다. 이들이

● 董其昌의 하목수음(夏木垂陰)

그림에 시와 서를 넣는 원인에 대해 여러 가지의 설이 있으나, 대체적으로 일치하는 주장은 그들의 그림은 전문 화가들에 비해 그림 자체로서 표현하고자 하는 의정(意情)을 모두 표현하기가 쉽지 않아 이를 보완하기 위한 방편으로 시와 서를 즐겨 사용하기 시작했으며, 또한 그렇게 함으로서 그림 구도의 전체적인 균형도 함께 추구할 수가 있었다고 한다. 대표적인 작가로는 송대의 이공린(李公麟), 원대의 황공망(黃公望), 명대의 문징명(文徵明)등을 꼽고 있다.

● 황공망의 부춘산거도(富春山居圖)의 일부

7) 남종화(南宗畵)와 북종화(北宗畵)

본래 중국화에서는 남북의 분별이 없었다. 그런데 명나라 시기의 화단(畵壇)에 파벌이 등장하기 시작하여 소주(蘇州)를 근거지로 한 오파(吳派)와 절강성을 중심으로 한 절파(浙派)로 나뉘어지게 되었는데, 오파는 주로 관료 문인 출신으로 심주(沈周)와 문징명(文徵明)이 대표적인 화가였으며, 절파는 화원 출신의 전문적인 화가들로서 대진(戴進)과 주단(朱端)이 대표적인 화가

● 곽희의 조춘도(早春圖)

였다. 이들이 서로 각축을 벌이다가 전체 화단의 분위기가 점차 활기를 잃어갈 즈음에 동기창(董其昌)이란 화가가 오파의 화론을 보다 확대하고, 자기가 그 계통을 이어받은 정통 화가임을 자처하면서, 자기와 다른쪽에 있는 절파 계통의 그림을 낮춰보는 상남폄북론(尙南貶北論: 남쪽을 숭상하고 북쪽을 폄하하는 것)을 주장하면서 제기한 것이 남북분종론(南北分宗論)이다. 그의 주장에 의하면 북종화는 당대에 금니(金泥)와 청록(靑綠)을 사용하는 독특한 화법을 창안하여 산수화를 화려하게 그린 이사훈(李思訓)에서 시작되며, 남종화는 같은 시기의 시인이면서 산수화에 능했던 왕유(王維)가 개창했다고 한다.

제백석(齊白石)

근현대의 가장 유명한 중국의 신문인화가로서, 본명은 황(璜)이며 호남성(湖南省) 출신이다. 가난한 목수의 아들로 태어나 40세 무렵까지 고향에서 목수 노릇을 하면서 생계유지를 위해 그림을 그렸는데, 특히 초충류(草蟲類)의 그림은 누구도 따르지 못하는 경지에 이르렀다. 송(宋)·원(元)의 그림에 촉발되고, 육방옹(陸放翁)의 시에서도 자극을 받아 시·서·화를 배웠으며, 전각(篆刻)과 그림에 뛰어난 오창석(吳昌碩)의 영향을 많이 받았다. 출신이 사회적으로 미천함에도 불구하고 훌륭한 그림 솜씨로 인해 당시 화단의 거물이며 북경 중앙미술학원의 학장이었던 서비홍(徐悲鴻)이 주위의 반대를 무릅쓰고 그를 교수로 전격 발탁하기도 했다. 대표적인 작품으로는 《하엽도(荷葉圖)》, 《남과도(南瓜圖)》 등이 있다.

● 제백석의 새우그림

양주화파(揚州畫派)

청나라 중기부터 뛰어난 교통 입지 조건을 바탕으로 상공업이 발달되고 자본이 몰리면서 부유한 도시가 된 곳 중의 하나가 양주(揚州)이다. 이곳의 사업가 중에는 거부들이 적지 않았는데, 그들 중에는 그림에 관심을 가지고 많은 투자를 한 사람들이 꽤 있어서 많은 화가들이 이곳으로 몰려들었다. 그들은 이전의 전통을 따르지 않고 자유로운 개성과 생명력 있는 그림을 그림으로서 특이함을 보이게 되었는데, 이러한 화풍은 전통 회화에서 청말 민초의 근대회화로 나아가는 교량 역할을 하고 있다. 이들을 양주화파(揚州畫派)라고 하며, 이들 중에서도 대표적인 화가인 김농(金農)과 정판교(鄭板橋) 등 8명을 지칭해 양주팔괴(揚州八怪)라 부르고 있다.

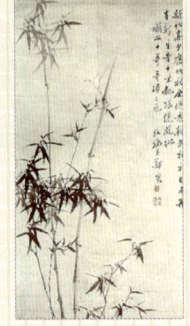
● 정판교의 그림

이렇게 시작된 남북종화의 계보를 보면, 남종화는 왕유(王維)에서 시작하여 당말(唐末)의 장로(張路), 오대(五代) 및 송나라 때의 형호(荊浩)·관동(關同)·동원(董源)·거연(巨然)·미불(米芾)을 거쳐 원대의 조맹부(趙孟頫)와 원말 사대가(四大家)인 황공망(黃公望)·예찬(倪瓚)·오진(吳鎭)·왕몽(王蒙)으로 이어지며, 다시 명나라의 심주(沈周)·문징명(文徵明) 같은 오파(吳派)의 문인화가들이 계승하게 된다. 이에 반해 북종화는 이사훈의 착색산수(著色山水)로부터 송(宋)나라의 조간(趙幹)·조백구(趙伯駒)·곽희(郭熙)를 거쳐 마원(馬遠)·하규(夏珪)로 이어지고, 다시 명대의 절파에 속하는 화가들이 계승하였다.

청명상하도(淸明上河圖) 중의 일부

중국화에서 가장 유명한 실경화(實景畵) 중의 하나이다.
송나라 때 장택단(張擇端)이 청명절의 개봉(開封) 모습을 사실적으로 그린 것이다.
크기가 세로 24.6cm, 가로 528cm인 이 그림은 긴 두루마리 형태를 하고 있다.
청명상하도 속에는 강을 따라가며 강 양측의 풍경이 묘사되어 있고, 점차 성 안의 모습까지 그려내고 있는데, 매우 사실적인 묘사로 인해 당시의 사회 모습을 알아보는데 매우 귀중한 자료가 되고 있다.

　　남북종화의 특징을 보면, 북종화는 주로 화원 출신의 전문 화가들로서 채색을 주로 사용하여 외형묘사를 위주로 한 사실적(寫實的) 표현을 지향하는데 반해, 남종화는 대부분이 문인출신으로서 수묵화를 즐기며, 표현의 방식도 사물의 직접적인 표현보다는 작가의 내적인 심경(心境)을 드러내고자 하는 사의(寫意)의 표현을 위주로 한다. 그렇기 때문에 남종화가들은 자연히 문인화이면서 수묵화를 그린 사람들이 절대 다수라고 할 수가 있다. 한편 이들을 남북으로 가른 것은 지역적인 남과 북의 차이에서 오는 것이 아니라 화풍의 차이에서 갈라지는 것으로 보아야만 할 것이다.

3. 중국의 공예(工藝)

공예품은 사람의 손재주를 잘 보여주는 것으로서, 이 공예품의 수준을 보면 그 사람들의 손재주 수준을 알 수 있는데, 중국에도 수많은 공예품이 있다.

중국의 공예품은 만드는 재질에 따라 옥기(玉器), 칠기(漆器), 전지(剪紙), 상아조각(象牙彫刻)을 비롯하여 유리(琉璃)를 이용한 내화호(內畵壺)까지 매우 다양한 종류가 있는데, 이에 대해 다음에서 간단하게 알아보기로 한다.

● 대안옥대식(大雁玉帶飾) (대만국립고궁박물원소장)

● 비취 배추

1) 옥기

옥은 단단하면서도 모가 나지 않고, 윤기가 있으며, 빛깔이 고운 것이 군자(君子)의 성품과 비슷하다하여 중국에서는 옥을 매우 중요하게 생각했다. 그러나 옥은 생산량이 많지 않아 매우 귀할 뿐만 아니라 값도 상당하여 아무나 소유할 수가 없었다. 그래서 일부 귀족이나 사대부들만이 지위의 상징으로 옥으로 만든 장신구를 만들어 몸에 지니거나 혹은 완상품(玩賞品)을 만들어 집에서 그것을 감상하는 것을 커다란 즐거움으로 삼았다.

● 조칠기(대만국립고궁박물원 소장)

2) 칠기

칠기는 여러 종류가 있는데, 그 중에 가장 유명한 것중의 하나가 조칠(雕漆)이다. 조칠은 14세기부터 시작되었다고 하는데, 그릇의 바탕에 법랑(琺瑯)을 입히고, 이 바탕 위에 주로 붉은 색의 칠을 두껍게 입힌 후에, 칠 위에 다양한 모양의 조각을 함으로서 멋을 낸 그릇이다. 칠을 두껍게 입히기 위해서는 한번 칠을 하고 말린 다음 다시 칠을 하고 말리는 과정을 적어도 80~100정도 반복 한다고 하며, 그런 과정을 거친 단단하면서도 두꺼운 칠에 매우 정교하면서도 아름다운 무늬나 모양을 조각한 칠기들이 중국에는 매우 많이 남아 있다.

● 내화호

3) 내화호

내화호(內畵壺)는 속이 패인 투명한 유리 주전자를 가지고 만든 것인데, 끝이 굽은 붓을 이용하여 이 주전자의 안쪽에 매우 아름다우면서도 정교한 그림을 그려 넣은 것이다. 비록 속에다 그림을 그렸지만 유리가 투명하기 때문에 이 유리를 통해 보는 그림은 실로 감탄스럽지 않을 수가 없다. 사실 겉면에 그림을 그려 넣는 것도 쉽지 않은데, 유리 속에 붓을 집어 넣어 속에다 그림을 그린다는 것은 정말로 어려운 일이다. 최근에는 이 유리로 둥근 공을 만들고, 역시 공 안에 둥근 공간을 만든 다음, 그 안에 붓을 집어 넣어 그린 작품들이 많이 보이고 있다.

• 전지 공예

4) 전지

전지(剪紙)는 종이를 잘라서 만드는 공예품이다. 만드는 방법은 색종이 위에 원하는 도안을 하고, 이에 따라 가위나 조각칼로 잘라낸 다음, 바탕이 되는 골격의 종이 위에 붙여 완성하는 작품이다. 도안을 쉽고도 정확하게 잘라내기 위해서는 색종이를 필요에 따라 여러 번 접은 후, 가위 등을 이용하여 잘라 만든다. 그러나 그것이 자기가 의도했던 바대로 나오기 위해서는 철저한 구상과 정확한 계산이 이루어져야 하며, 정교한 가위질이 뒤따라야 함은 물론이다.

# 중국의 과학기술

...
아직도 전세계의 많은 사람들은 인류 전체의 과거가 서구가 지구 대부분을 점령했던 19세기 후반의 상황과 같았다고 맹신한다. 때문에 중국의 우월성을 인지하기 위해서는 엄청난 상상력이 필요하다. 제법 중국을 안다고 하는 사람도 어쩌면 본인도 모르는 사이에 이런 가치관에 경도되어 있을 지도 모른다. 이런 생각들이 잘못된 편견에서 벗어나 역사의 실재를 똑바로 인식할 수 있도록 하기 위해 이 장에서는 일관되게 중국과학기술의 우수성을 주장해보고자 한다.

1. 중국 전통과학기술의 우수성

현재 중국이 강대국이라는 데는 이의를 제기할 사람은 많지 않겠지만 선진국에는 동의하는 사람이 드물 것이다. 이 장은 과연 중국이 옛날부터 후진국이었는가라는 질문에서부터 시작해보고자 한다. 중국이 세계사에서 후진국이라는 오명을 듣기 시작한 시기는 1840년에 발생한 아편전쟁 이후부터이므로 5,000년 전체 중국 역사에서 겨우 1백년 남짓한데도 불구하고 우리는 중국을 후진국이라고 간단히 매도해버린다. 우리는 오늘날의 서구의 탄생은 18세기 영국에서 출현한 산업혁명이 가장 큰 공헌을 했다고 알고 있다. 때문에 산업화의 우두머리가 영국이 아닌 중국이었다는 이야기를 들을 일은 거의 없다. 그러나 중국은 1500년간 산업적 기적을 일궈냈으며 송나라의 혁명과 함께 산업화의 절정을 맛보았다.

산업의 쌀이라고 불리우는 철의 생산량에서부터 중국과 서구를 비교해보자. 중국에서는 1078년에 12만 5천톤의 철을 생산한 반면 영국의 경우 1788년이 되어서도 고작 7만 6천톤을 생산하는데 그쳤다는 믿을 만한 보고가 있다. 그리고 중국인들은 산업혁명에서 기대할 만한 수준의 생활용품과 도구를 만드는데 철을 사용하였다. 그 못지않게 인상적인 것은 철의 제조법과 용해법이다. 중국인은 기원전 2세기에 이미 강철을 생산해내었지만 유럽은 현대에 들어와서야 강철을 개발해냈다. 직물산업의 발전은 흔히 18세기 영국의 성과로 취급되는 것이 보통이지만 중국의 비단 산업은 기원전 14세기로 거슬러 올라갈 수 있다. 물방아는 유럽에서 곡물을 빻을 목적이었지만 중국의 물방아는 31년 용광로에 풀무질을 하기 위해 개발되었다. 무엇보다도 물을 이용한 풀무에 피스톤 막대와 동력 전달 벨트를 이용한 점이 증기기관과 흡사하다는 것은 아주 중요하다. 더욱이 인공 수로와 저수지는 중요한 발명이었다. 그리고 수로를 통해 중국 남부 지역으로 석탄, 철, 강철 등을 수송했다. 이것은 중국의 산업적 기적에 반드시 필요한 요소로 그 물품들에 대한 대규모 내수가 있었기 때문에 가능한 일이었다. 또 하나 주목할 일은 아마도 기원전 4세기에 중국인이 석유와 천연가스를 이미 조리와 불을 켜기 위한 용도의 연료로 개발했을지도 모른다는 것이다. 이 새로운 기술은 10세기경에 영구적인 석면 램프가 가정용으로 대량생산되었다는 사실로 미루어 짐작할 수 있다.

이 외에도 유럽의 산업혁명의 초석이 된 문예부흥운동, 농업혁명, 항해혁명, 군사혁명을 주도한 것도 모두 중국에서 개발한 4대 발명품 덕분이라는 것은 두말할 나위가 없는 사실이다. 이에 관해서 하나하나 자세히 살펴볼 것이므로 이쯤해서 서구의 발흥을 거세게 불러일으킨 것이 송나라의 수많은 기술적 이념적 혁신이었던 것이 역사적 진실로 받아들여졌을 것이라고 믿는다.

이제까지 중국은 애초부터 후진국이 아니라는 점을 이야기했지만 20세기를 주도한 것은 결국 서구였다. 중국이 후진국이 아니었다라는 것을 설명하는 것도 중요한 일이지만 현재가 그렇게 된 이상 그 원인을 서술하는 것은 보다 가치있는 일이 될 것이다.

중국의 정치적 사회적 환경의 억압을 그 첫 번째 원인으로 들 수 있다. 19세기 이후 세계사에 등장한 선진국들에게서 공통으로 찾아볼 수 있는 것은 자본주의를 기초로 한 경제구조와 민주주의라는 정치제도이다. 원(原)자본주의의 기초를 이루는 물질적 토대부터 제도에 이르기까지가 모두 중국에서 기원했거나 적어도 중국과 관련이 있지만 중국의 정치제도는 적극적으로 이를 수용해서 국가의 발전으로 이끌려하지 않았다. 중국이 세계의 패러다임이 변한다는 사실을 간파하지 못해서 못한 것이 아니었다. 그들은 군주에 의한 독재정치체제, 농업에 기초를 둔 경제구조, 유교로서 대표되는 정치이데올로기, 사대관계로 대변되는 외교적인 시스템 등에 토대를 두고 형성된 자신의 기득권을 사수하기 위해 애써 새로운 흐름에 고개를 돌렸다. 송나라의 산업혁명이 미완의 혁명으로 끝나게 된 것도 바로 이 때문이었다. 그리고 이는 다음에 제시될 원인들을 부수적인 것으로 돌릴 수 있을 정도로 결정적 요인이었다.

다음은 중국과학기술이 가지는 본질적인 한계이다. 과학의 성과를 이론, 실험, 기술의 세 분야로 나누어 평가해 볼 때, 중국과학기술은 이론을 도외시한 채 기술위주로 편중되어 발전했다. 예를 들어 중국 수학은 너무나 실용주의적이어서 계산법을 개선하는 방향으로만 진행되었기 때문에 서구에서와 같이 공리와 정의를 통한 이론적 발전이 거의 없었다. 이렇듯 수학이 계산에만 치우쳐 발전한 것이 수학분야의 퇴보로만 그쳤다면 중국에게는 그나마 행운이었을지 모른다. 그러나 현대 과학기술이 자연에 대한 이론적 수학의 뒷받침속에서 발전되었다는 것은 확실히 불행이었다. 또한 중국과학기술은 이론, 실험, 기술이 서로 상호보완과 자극을 주지 못하고 각각 분리된 채로 진행되었다. 이를 상호 촉진시키기 위해서는 사회적 시스템이 구축되어야 하고, 사회적 시스템이 구축되기 위해서는 우수한 사회적 인재들의 참여가 필수적으로 요구된다. 그러나 문장만으로 인재를 배출하던 중국의 과거제도와 소규모 문벌에 의해 주도되던 교육제도는 처음부터 고급 인력이 과학기술분야로 참여하는 것을 막았다. 진정한 과학의 발전은 학문과 기술의 상호보완과 자극에 있으며, 이러한 상호자극이 촉진될 때에야 과학의 발전은 가속화될 수 있는데 중국의 과학은 그렇지 못했다.

중국문명의 몰락이 된 원인을 지금까지는 중국 내부에서만 찾으려는 시도가 있어 왔다. 20세기부터 현재까지 중국을 대신하여 세계문명을 이끄는 서구의 도약을 단순히 중국자체의 몰락만으로 설명하는 것은 어딘지 적당하지 않아 보인다. 필자는 서구인들이 그들한테 주어진 기회를 잘 활용했다는 점을 지적하고 싶다. 그들은 타아로부터 배우려는 준비성, 모방하려는 의지, 중국을 비롯한 세계의 다른 지역에서 발명한 도구나 기술을 받아들여 더 효율적으로 개발하고, 그것들을 다른 용도로 그리고 훨씬 더 열심히 이용하는 능력 등의 우수한 적응성을 갖췄다. 서구는 결국 이를 발판으로 발전한 문명의 표본이자 모델로 간주했던 중국을 영원히 제자리걸음만 반복하는 실패한 민족으로 전락시킬 수 있었다.

중국은 지난 세기 과학기술의 몰락으로 인한 대가를 충분히 받았고 고통을 감수했다. 오늘날 중국은 개혁개방정책으로 돌아선 후 성취된 놀라운 경제발전에 힘

● 중국의 최신형 DF-31 대륙간 탄도 미사일(ICBM). 사정거리 8000km로 차량에 탑승한 이동식이고, 고체연료를 사용해 신속한 재배치가 가능하다.

입어 약 4만여 개의 과학연구기관에서 약 천만명의 과학자들이 과학연구를 진행하고 있다. 연구성과에서도 중국은 대륙간 탄도 미사일, 잠수함 발사 탄도 미사일 등의 군사과학기술방면 뿐만 아니라 세계에서 세 번째로 유인우주선을 발사시킨 우주과학기술 분야에 이르기까지 눈부신 성장을 거듭하고 있다.

2. 중국의 생활과학과 4대 발명

중국은 상당히 오랫동안 과학기술 방면에 있어서 세계 선두의 지위를 유지했다. 그런 중국의 과학기술을 일일이 열거하는 것은 거의 불가능할 뿐만 아니라 이 책의 범위를 넘어서는 일도 되므로 그런 것을 알고자 하는 독자들은 조셉 니덤(Joseph Needham)과 같은 전문가들의 책을 참고하면 좋을 것이다. 그렇다고 해도 수없이 많은 중국과학기술의 성과 가운데 과연 무엇을 선정해서 기술해야 되는지도 고민거리가 아닐 수 없다. 오랜 망설임 끝에 필자가 선택한 기준은 전체 중국민족의 생활수준을 향상시켰던 과학기술과 세계사의 무게중심을 서구쪽으로 옮겨가게 만든 4대 발명품을 중심으로 그 우수성을 소개해보자는 것이었다.

1) 중국의 생활과학

선진적인 농업기술, 신기하고 오묘한 중의학 등에서 중국민족이 창조해낸 기적을 살펴보기로 한다.

① 농업

중국에서 농업은 '천하지대본(天下之大本)'으로서 국가경제의 가장 중요한 산업이었다. 농업과 관련된 제분야가 자연히 발달될 수밖에 없었다. 중국인은 이미

• 쇄납

기원전 6세기부터 이랑을 만들어 농작물을 재배하였으며 적어도 기원전 2세기에는 근대적 파종기를 개발하여 한꺼번에 대대적인 파종을 할 수가 있었다. 또한 금속가공법이 독자적으로 발달하여 기원전 6세기에 이미 괭이와 쟁기를 널리 사용하였다. 17세기 이전만 해도 유럽 사람이 사용한 농기구는 고작 지중해식의 긁는 쟁기뿐이었다. 농업에서 말은 생산된 곡물을 운송하는 수단으로서도 중요했지만 무거운 쟁기를 끌 수 있는 동력을 제공한다는 측면에서도 중요했다. 말을 이용하는데는 두 가지 장애물이 있었다. 그 것은 마구를 채우는 문제와 말발굽이 젖은 토양에서 썩지 않도록 보호해야 하는 문제였다. 유럽에서는 말의 목에 줄을 매어 짐을 끌게 하였는데 짐이 너무 무거울 때는 말의 목을 조르기까지 했다. 중국에서는 이미 기원전 4세기경 목 대신에 가슴과 배를 이용

> **Tip**
> 중국역사박물관에는 동한시기 장형(張衡)에 의해 만들어진 세계 최초의 지진계 모형이 전시되어 있다. 이 기계의 표면에는 각 방향을 가리키는 8마리의 용이 붙어 있고, 각각의 입에는 구리 구슬이 물려 있다. 또 밑에는 용기를 둘러싸고 8마리의 두꺼비가 입을 벌리고 용을 바라보고 앉아 있어 지진이 발생하면 그 방향을 향해 있던 용의 입이 벌어지면서 구리구슬이 자동으로 두꺼비의 입 안으로 떨어져 지진이 난 방향을 알려주도록 설계되어 있다. 138년에 지진계 서쪽에 달려있는 용 입에서 구리구슬이 떨어졌는데 과연 당시 수도였던 함양(咸陽)에서 수 천리 떨어진 농서(隴西)지방에서 지진이 발생하였던 것이다.

● 현대에 와서 복원한 동한시기 장형이 만든 지진계

한 띠를 만들어서 이 문제를 해결하였지만 유럽에 새로운 목띠마구법과 못을 박은 쇠편자가 등장한 것은 10세기 혹은 11세기에나 들어와서였다.

농사를 짓기 위해서는 하늘의 움직임을 관찰하는 것이 필수적이다. 중국의 천문학은 이미 기원전 4세기에 태양의 흑점을 발견하여 기록으로 남기고 있지만, 유럽은 17세기에 와서야 태양의 흑점을 발견할 수 있었다. 또한 이미 한나라 때에 대지를 중심으로 그 주위를 회전하는 천구의 모형을 생각해낸 혼천론(渾天論)과 같은 우주 구조론이 제기되기도 하였다.

농경사회에서는 토지를 기준으로 세금을 걷는 경제구조를 가질 수밖에 없기 때문에 중국에서는 예로부터 각종 형태의 토지를 정확히 측정해서 조세수입을 늘리기 위한 계산법이 발달했다. 현대과학의 초석이 된 십진법은 일찍이 기원전

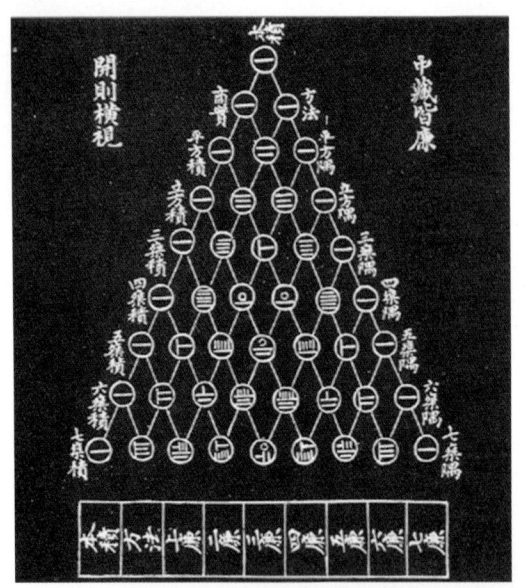
• 1303년 주세걸(朱世傑)의 『사원옥감(四元玉鑑)』에 기술된 파스칼의 삼각형. 6승까지의 이항계수를 일람표로 만들었다.

14세기에 상나라에서 기원했고, 기원전 2세기에는 음수를 생각해냈으며, 기원전 1세기에는 거듭제곱근의 풀이와 고차방정식의 해법을 고안해 냈다. 유럽에서 이같은 성과는 모두 10세기이후에나 가능한 일이었다. 또한 남북조시기의 조충지(祖沖之)는 세계 최초로 원주율의 값을 소수점 아래 7자리까지 계산해내었다. 서구에서는 1000여년이 지나서야 조충지의 성과에 다다를 수 있는 결과가 나왔다.

② 의학

유구한 역사를 자랑하는 중국전통의학인 침술과 중의학은 지금도 실제 의료활동에 광범위하게 사용되고 있을 뿐만 아니라 전세계 각지에까지 전파되고 있다. 시기적으로 볼 때나 수준으로 볼 때 중국 의학은 서구의학에 비해 상당히 앞서 있었다. 전설속에 황제 신농씨는 직접 여러 풀을 맛보고 약용식물을 식별해냈다고 전해지며, 침술은 이미 상나라때 출현했다. 중국역사에 있어 명의는 그 수를 헤아릴 수 없을 정도이다. 편작(扁鵲), 화타(華陀), 장중경(張仲景), 손사막(孫思邈) 등은 모두 그들의 뛰어난 의술로 환자를 치료하였다.

중국인은 정착생활을 시작한 시기가 상당히 빨랐고 강력한 중앙집권제가 유지되었기 때문에 권력자들의 건강에 대한 집착이 유독 강했고, 여기에 부응하여 질병극복에 대한 연구가 일찌감치 상당한 궤도에 진입할 수 있었다. 중국에서 의학의 발전을 주도한 것은 단연 도가 사상가들이었으며 의학적 업적은 그들이 의도해서가 아니라 대부분 우연에 의해 이루어졌다. 도가의 일파였던 방사들은 일찍부터 불로장수와 신선이 되기를 꿈꾸었다. 이들은 불로불사의 선약(仙藥)을 만들기 위해 갖가지 실험을 행하였고, 기타 다양한 방법들을 가르쳤다. 성행위에 대한 지침인 방중술(房中術)이나 생식(生食)이나 절식(絶食)과 같은 절제된 식생활 등이 대표적 예에 속한다. 중국 전통 의학의 업적 가운데 대표적인 몇 가지를 살펴보기로 한다. 혈액 순환의 원리는 중국인들은 이미 한나라때 알았지만 유럽인들은 이를 1600년이 지나서야 발견하였다. 중국인들은 기원전 2세기경에 불사약을 얻기 위한 방사들의 노력의 결과로서 인체의 소변에서 성호르몬과 내하수체 호르몬을 분해하여 치료에 사용하였다. 유럽에서 임산부의 소변에 스테로이드 호르몬이 다량 함유되어 있음을 발견한 것은 20세기에나 들어와서였다. 천연두를 예방하는 종두법은 사천성 아미산에서 수도하던 도사들 사이에서는 이미 오래전부터 쓰여지다가 10세기에 비로서 세상에 알려졌다. 중국의 종두법은 17세기에 유럽으로 전달되었고 18세기에는 유럽에서 널리 행해지기 시작하였다.

> **Tip**
>
> 세계에서 마취술을 제일 먼저 발명한 사람은 동한 시기의 화타이다. 화타는 고서를 열심히 연구하고 직접 산과 들에서 마취 작용을 지닌 만다라 등의 약초를 채집한 뒤 이를 정제 가공하여 마취약 마비산(麻沸散)을 만들었다. 어느 날 사람들이 위중한 환자를 들쳐업고 왔다. 화타는 환자에게 마비산을 마시게 한 후 그의 복강을 열어 썩은 창자를 깨끗하게 정리하고 환자가 아무런 고통도 느끼지 못하는 상황에서 개복수술을 끝냈다. 이 수술은 문자로 기록된 것 중 세계에서 최초로 시술된 대형 개복수술이다.
>
>
> • 화타

2) 중국의 4대 발명

앞에서 농업에서 의학에 이르기까지 고도의 과학력과 기술력을 구비했던 중국의 전통문명에 대해 살펴보았다. 그러나 무엇보다도 세계 문명사를 다시 쓰게끔 만든 것은 종이, 인쇄술, 나침반, 화약 등의 중국의 4대 발명이다.

종이제지기술은 동한 시기 채륜(蔡倫)에 의해서 높은 궤도에 올랐다. 전국시기에 이미 마지를 이용한 종이가 중국에 존재하였지만 서사목적으로 사용되었다기보다는 포장지의 역할에 그쳤다. 채륜은 종이재료의 폭을 월등히 높여 삼 이외에 다른 나무껍질이나 심지어 그물로 종이를 만들 수 있는 방법을 개발함으로써 종이의 질을 향상시켰고 이후 종이가 중국에서 죽간(竹簡)을 대신하

• 기원전 2세기의 단관식(單管式) 승화기(昇華器). 우아한 금박을 입힌 청동기는 화학과 연단술에 사용되어 성호르몬과 뇌하수체 호르몬를 채취하는 기구이다.

> **TIP**
>
> 종이는 동한에서 처음으로 발명된 이후에도 오랫동안 지금처럼 그렇게 손쉽게 구할 수 있는 물건은 아니었던 것 같다. 위진남북조 시기에 활약했던 좌사(左思)의 시부(詩賦)를 그 당시 유명한 문사들이 감탄하여 앞다투어 베낌으로써 낙양의 종이값이 상승했다는 고사가 전해지는걸 보면 당시까지도 종이의 생산이나 유통이 그다지 수월하지 않았다는 것을 짐작해볼 수 있다.

여 본격적인 서사재료가 될 수 있게 만들었다.

중국의 제지술은 동아시아에서 7세기에 한반도에 전해지고 이것이 다시 일본으로 전해졌다. 또한 8세기에는 중앙아시아를 거쳐 아랍국가로 전해졌으며 12세기 이후 유럽 전역으로 전해졌다. 그리고 유럽에 전해진 제지술은 14세기에 중국에서 건너온 인쇄술과 함께 서구의 지식 보급에 기여했다. 현재 최초의 금속활자 인쇄기의 발명자는 독일의 요하네스 구텐베르크라고 알려져 있다. 그러나 이것은 순전히 서구중심 사상에서 출현한 잘못된 상식이다. 사실상 인쇄술의 기원은 16세기 중국과 14세기 초의 한국에서 찾을 수 있다. 목판 인쇄술은 6세기에 중국에서 처음으로 출현했고, 1040년경에는 필승(畢勝)이 세계 최초의 활자 인쇄기를 발명했다. 그는 먼저 점토로 하나의 한자인(漢字印)을 만들고 불로 구워서 단단하게 한 이후에 원고에 따라 자인을 자판 위에 배열하여 송진류의 물건으로 임시적으로 고정시키고, 판의 표면을 눌러서 인쇄하는 방법을 사용하였다. 그러나 표의문자인 중국 문자의 특성상 활자 인쇄보다는 조판 인쇄가 확실히 편리하기 때문에 광범위한 지지를 얻지 못했을 뿐이었다. 그리고 최초의 금속활자 인쇄기는 구텐베르크의 발명보다 50년 앞서 한국에서 처음으로 발명되었다.

• 필승이 발명한 활판을 현대에 복원한 것과 그것으로 인쇄한 페이지

인쇄술은 종이의 발명과 더불어 지식의 전파와 축적에 있어 중대한 영향을 미쳤다. 인쇄술이 발명되자 손으로 베끼는 수고로움이 해결되었으며 아울러 지식의 대중화에 큰 기여를 하였다. 특히 중국과 한국의 인쇄술은 서구로 건너가 유럽의 르네상스와 과학 혁명의 효과를 더 폭넓게 조장하는 데 도움을 주었고 결국 서구 문명의 특징을 근본적으로 바꾸는데 절대적인 공헌을 하게 되었다.

중국인은 이미 83년에 조악하나마 나침반을 발명했다. 항해용 나침반은 1090년경에 중국배에서 이미 널리 사용되고 있었다. 유럽에서 나침반은 아랍인의 손을 거쳐 12세기 말에 처음으로 사용되기 시작했다. 역사는 가정이 성립되지 않지만 만약 나침반이 유럽에 전해지지 않았다면 유럽이 신대륙을 발견하는 것은 불가능했을 지도 모른다.

최초의 화약의 배합 방법은 수은을 사용하여 불로장생약을 만들고자 했던 사람들에 의해 우연히 발견되었다. 후에 중국인은 이러한 배합 방식에 근거해 유황, 초석, 목탄을 일정한 비율로 배합하여 850년경에 화약을 만들었고, 1044년에는 문헌에도 기록됨으로써 대중화되었다. 화약이 유럽에 전해진 시기는 이보다 4세기나 뒤였다. 서구 중심적인 역사관에서는 중국인들이 비록 화약을 최초로 발명하였지만 군사적 목적으로 사용한 것은 그들이 처음이라고 주장하면서 중국인이 화약을 처음으로 발명한 사실을 폄하한다. 그러나 중국은 이미 10세기 초에 화약을 화염방사기에 이용했으며, 969년에는 불화살에 이용했다. 또한 1231년에는 폭탄, 수류탄, 로켓에 이용했고 14세기에는 육지와 바다의 광산에 이용했다. 유럽에 전해진 화약은 중세 유럽의 성채를 파괴하여 중앙집권 국가의 등장을 도왔을 뿐 아니라 화약을 이용한 대포는 중국을 비롯한 아시아 국가를 무력으로 강제 개방하는 도구가 되었다.

● 한나라 때(206-220)만들어진 사남(司南). 국자의 손잡이가 지시하는 곳이 남쪽이고, 국자의 머리 부분이 가리키는 곳이 북쪽이다.

● 14세기 사용된 휴대용 죽세공품 로켓발사대.

중국인은 11세기나 12세기 경에 이미 초보적 로켓을 만들어 불꽃놀이와 전쟁에 이용하였고 13세기에는 상당히 발전된 로켓을 만들었다고 한다. 심지어 중국인은 한꺼번에 320대의 로켓을 발사할 수 있는 로켓 발사대를 개발하기도 했다. 더욱 흥미로운 것은 14세기에 날개와 핀이 달린 로켓을 이미 개발했다는 점이다. 니덤의 말을 빌리자면 이것은 제2차 세계대전 당시 악명 높았던 독일의 V-1 로켓과 유사한 파괴력을 지녔다고 한다.

3. 중국의 최첨단 수출상품 도자기와 비단

도자기와 비단은 서구의 산업혁명이 일어나기 전까지 중국을 세계 유일의 초강대국으로 이끈 최첨단 수출상품이자 전략무기들이었다. 전세계에서 중국만이 제조할 수 있었던 도자기와 비단은 단순한 상품이 아니었다. 그것은 당시 최고 수준을 유지했던 중국과학과 예술의 총결집체였다. 영어의 'china'와 'silk'가 중국과 동의어이거나 중국어에서 기원했다는 사실은 우리에게 메이드 인 차이나의 도자기와 비단 위상을 다시금 상기시켜 준다.

1) 과학과 예술의 결합, 메이드 인 차이나

도자기가 완벽하다는 것은 재료가 얼마나 섬세하냐 하는 것과, 순백함, 유약, 문양, 형태에 의해 판정된다. 색채는 물론 질도 좋아야하고 도안의 윤곽도 깨끗하고 분명하게 잘 그릴 뿐 아니라 중첩되는 일이 없도록 세심히 배려해야 한다. 유약은 선명하고 흠이 없어야 하고, 형태는 통일성 있게 균형을 이루어야 한다. 중국 도자기는 이 조건들을 모두 충족시키는 세계 유일의 도자기였다도자기는 정확하게 표현하면 도기와 자기가 혼재되어 있는 명칭이다. 도기는 일반적으로 토기라고 부르는 것을 의미하며 비교적 낮은 온도에서 만들 수 있는 것이라 반드시 중국이 아니더라도 고대문명이 존재했던 곳이라면 세계 어느 곳에서나 쉽게 발견할 수 있다. 자기는 1300도 이상의 높은 온도와 독특한 재료, 그리고 복잡한 단계를 거쳐야만 비로소 만들어지는 것이라 높은 과학적 지식과 기술력이 요구된다.

중국인들은 분명 처음에는 음식물이나 액체를 담아둘 적합한 용기를 만들려는 심사에서 한 것이었으나 결국 쓸모에 있어서나 장식 목적으로도 사용할 수 있는 합성적인 옥 혹은 옥처럼 단단하고 빛나는 어떤 물질을 만들어 내기에 이르렀다. 중국에서 자기가 언제 출현했는지에 대한 정확한 기록은 찾아보기 힘들지만 원시 자기가 만들어진 상나라 때부터 계산한다면 중국의 자기는 대략 3,000여 년의 역사를 가지고 있다. 도기에서 자기로의 정진은 사실상 세계사에 대한 중국 문화의 큰 공헌인 것이다.

중국의 자기 제작기술은 동한 이후 빠른 속도로 발전하였다. 각 왕조마다 각기 모두 특색 있는 자기 제작 가마터와 신품종의 도자기가 출현하였다. 당나라의 도자기는 당나라의 국제적인 성격으로 인하여 외래적인 형태와 소재가 많이 이용되었으며, 다색 유약의 발달, 자기의 완성도 등으로 주목할 만한 시대이다. 자기는 이전까지 회록색의 유약을 입힌 자기에서 순백색의 자기로 발전한 데 획기적인 의의가 있다. 당나라의 월요(越窯) 청자, 형요(邢窯) 백자는 모두 꽃무늬엔 중점을 두지 않고 품질에 충실한 것이 특색이다.

당삼채(唐三彩)는 당나라 전기(7세기 말~8세기 초)에 만들어진 백색 바탕에 녹색·갈색·남색 등의 유약으로 여러 무늬를 묘사한 도기의 통칭으로서 대체로 황색, 녹색, 홍갈색이 주가 되기 때문에 당삼채라고 부른 것이다. 제작 과정에서 에나멜이 자연스럽게 녹으면서 흘러내려 당삼채에는 복잡하고 신기한 수많은 변화가 일어나게 된다. 이 때문에 당삼채 작품에는 완전히 동일한 작품이 있을 수 없다. 당삼채는 일상용품이나 장식품으로는 거의 사용되지 않았고 대부분 부장품으로 사용되었다. 출토된 유물 중에는 크고 작은 남녀의 인물상이나 묘지의 수호신으로 말·낙타·사자·개 등의 동물 및 당나라 특유의 형태인 항아리·병·쟁반 등의 기물이 있으며, 이것들은 당나라 귀족들의 취미·풍속 등을 잘 보여준다. 특히 서구의 양식과 이란풍의 문양 등이 보이는 것이 주목된다.

● 당나라의 낙타당삼채

• 송나라의 용천요에서 만들어진 청자

그러나 자기의 황금 시대는 무엇보다 송나라이다. 자기의 생산지도 전국에 걸쳐 산재했고 자기 기술도 최고봉에 달했다. 성리학의 영향으로 무형식과 무채색, 단색의 유약 등을 특징으로 한 송나라의 자기는 단순한 형식과 채색으로 사대부들의 청아한 인격과 안으로 가다듬는 정(靜)의 세계를 표현함에 성공함으로써 자기를 한 차원 높은 단계로 끌어올린 시기였다. 하북 정요(定窯)의 백자, 담란색에 때로 자색이나 홍색이 섞인 하남 균요(鈞窯)의 균자, 절강 용천요(龍泉窯)의 청자 역시 모두 가치를 따지기 힘들 정도로 귀중한 자기이다. 송나라 때부터 용천요의 청자는 멀리 세계 여러 나라로 수출되었다.

원나라 이후 자기 제작기술이 급속히 발전한 강서의 경덕진(景德鎭)은 중국에서 자기의 도시로 일컬어진다. 경덕진의 자기는 가벼우면서도 정교하며, 그 중 흰 바탕에 남색 문양이 있는 청화(青花)자기와 중국의 회화기법을 받아들여 발전된 것으로서 자기 표면의 색깔이 매우 다채롭고 화려한 분채(粉彩)자기는 진기한 보물로 취급되었다. 명나라의 자기는 각종 문양을 넣고 채색도 청색, 홍색, 황색, 녹색 등으로 다양하고 화려한 작품이 많이 만들어지게 되었다. 특히 가정(嘉靖) 연대는 도자기 생산의 절정기였으며 다양한 채색 도자기가 대량으로 생산되어 국내 소비는 물론 국제무역에서도 중요한 수출상품이 되었다. 명나라의 유명한 항해가인 정화(鄭和)는 7차례나 배를 타고 동남아 각국과 아프리카 등 먼 바다까지 나갔다. 이때 배에 싣고 간 물품 중에 다량의 청화자기가 있었다. 그후 청나라에 들어와서는 서구의 영향으로 그 품질이나 예술이 정교한 법랑채(琺瑯彩)가 처음으로 개발되었다.

중국의 도자기는 재료의 우수성과 제조기술의 독창성을 겸비하고 있었기 때문에 세계적으로 환영을 받을 수 있었다. 도자기 재료로는 유약과 단단한 백색의 가용성 석영인 백돈자(白墩子), 화강암의 분해 장석인 고령토(高嶺土), 모래 및 다른 성분들이 사용된다. 그리고 이러한 재료로 빚은 도자기를 고온에서 구워주는 가마가 반드시 필요하다. 특히 고령토는 중국에서는 쉽게 볼 수 있는 광물이지만 아랍을 비롯한 유럽에서는 거의 발견할 수 없었다. 자기를 만들기 위해서는 가마의 온도를 1300도 이상의 고온으로 유지시켜주어야 하는데 18세기 이전까지 유럽은 이 기술을 가지지 못했다. 중국인들은 적어도 도자기 분야에서만은 폐쇄적이지 않았다. 끊임없이 외국에서 새로운 재료나 기술을 도입하여 도자기를 개발하고 개량해나갔다. 원나라에서 처음 출현한 청화백자는 중국 고유의 기술만으로 탄생시킨 작품이 아니었다. 8세기 아랍에서 들어온 코발트가 없었다면 중국의 도자기는 더 이상 발전이 불가능했을지도 모른다. 중국인들은 고온에서 유지성이 강한 코발트를 사용하여 이전까지 상감기술에 의존하여 표현해낼 수 밖에 없었던 도자기의 문양을 직접 자기 표면에 그려

● 명나라의 청화백자

넣을 수 있게 되었고 이때부터 중국 도자기의 화려하고 다양한 문양이 연출될 수 있었다. 중국의 도자기가 일상용품에서 예술품으로 탈바꿈된 것이다. 중국 도자기의 변신은 제조기술에만 그치지 않았다. 중국 도자기 제품의 형태도 더불어 변화했다. 일상 쓰는 병 모양의 화병에서부터 접시류, 손잡이가 달린 찻잔 등은 본래부터 외국시장을 겨냥해 만들어진 것이었다. 중국 고유의 찻잔에는 손잡이가 달리지 않는다. 문양 역시 중국 고유의 화문(花紋), 팔선(八仙), 용, 봉황문양 등에서 원대 이후에는 그리스에서 기원된 당초(唐草)무늬까지 다양해졌다.

중국의 자기는 정교하고 아름다운 일상용품일 뿐 아니라 그것들 속에 깃들어 있는 고양된 미의식과 본질적인 가치 때문에 진귀한 예술품이기도 하였다. 한나라와 당나라 이후 중국의 자기는 대량으로 외국에 수출되었고, 중국의 자기 제작 기술 또한 점차로 세계 각지에 전파되었다.

2) 비단의 나라 중국

장강 일대에 있는 소주(蘇州), 항주(杭州) 등의 도시를 다녀온 여행객이라면 누구나 값싸고 질 좋은 비단제품을 하나쯤은 사 본 경험이 있을 정도로 중국은 예나 지금이나 비단의 나라이다. 오죽했으면 명월이한테 반했던 중국사람 왕서방의 직업도 비단장수였을까!

비단이 구체적으로 어디에서 누구에 의해 발명되었는지는 알 수 없으나, 그

• 비단으로 만든 치파오

원산지가 중국이라는 데는 견해가 일치한다. 비단이 언제부터 중국에서 사용되었는지 확실치는 않지만 전설에서는 황제의 아내인 누조(嫘祖)가 양잠과 실뽑기, 직조 기술을 발명했다고 한다. 갑골문에 이미 누에신에게 제사를 지냈다는 기록이 보이고, 잠(蠶), 상(桑), 사(絲) 등 비단과 관련된 글자가 보이는 것으로 판단해볼 때 은나라에는 누에를 길러 비단을 만드는 기술이 상당히 발전해 있었음을 알 수 있다.

비단 생산은 한나라에 이르러 더욱 발전했는데, 여러 가지 색상으로 염색된 날실을 이용하여 다채로운 무늬를 표현하는 '경금(經錦)'이 직조되기 시작했다. 당시 비단은 황후와 귀부인들의 옷감으로 사용되었다. 이러한 사실을 뒷받침하듯 1972년 중국 호남(湖南)성 장사(長沙)시에서 전한 초의 무덤인 마왕퇴한묘(馬王堆漢墓)가 발굴되었다. 이 무덤에서는 여성의 유해와 함께 비단으로 만든 150점이 넘는 의류가 출토되었다.

한나라는 흉노를 물리치기 위해 장건(張騫)을 서역으로 파견해 동맹을 구했다. 이 동맹은 실패했지만 동서교통로를 개척하는 의외의 결과를 얻었다. 이 길을 따라 시작된 동서무역에서 주력상품은 언제나 중국의 비단이었기 때문에 이 길을 비단길, 즉 실크로드(silk road)라고 부르게 되었다.

현재는 중국산 제품이 저가시장에서 막강한 위력을 떨치고 있지만 고대에는 명품으로 취급받았다. 목숨을 걸고 그 험한 실크로드를 따라 중국산 비단을 수출하는 모험을 감수할 수 있을 만큼 중국산 비단은 이문이 많이 남는 장사였다. 실크로드를 통해 로마로 들어온 중국산 비단은 처음에는 장식품으로 이용되었는데, 차츰 침실 장식이나 의복에 사용되기 시작하면서 소비량이 급격하게 증가했다. 로마에서는 귀부인들이 앞다투어 비단옷을 입었기 때문에 비단은 황금과 똑같은 기준으로 거래되었다. 또한 비단의 수입을 위해 대량의 황금이 유출되어 황제 중에는 비단의 사용 금지를 발표한 황제도 있을 정도이다. 중국산 비단의 인기는 역사가 바뀌어도 전혀 시들 줄을 몰랐다. 서하(西夏), 요(遼), 금(金) 등 북방 유목민족이 세운 왕조들은 송나라에 평화의 조건으로 매년 대량의 비단을 요구했다. 또한 중국의 비단은 한국, 일본을 비롯한 조공관계의 국가들에게는 중국의 황제가 은혜를 베푸는 하사품으로 증여됨으로써 사대관계를 돈독히 다지는데 일조하기도 하였다.

중국은 고부가가치를 지닌 이런 비단수출을 독점하기 위해 비단의 제조법을 비밀로 했고, 이를 어기는 자는 엄중한 처벌을 내렸다. 그리스, 로마인 역시 일찍이 실크로드를 따라 들어온 비단의 존재를 알았지만, 비단이 누에에서 나왔다는 사실은 한참 동안 알지 못했다. 결국 6세기 중엽에 들어와서야 두 명의 네스토리우스파 기독교 승려가 누에 알을 지팡이 손잡이에 숨겨와 당시 비잔틴 황제 유스티아누스(Justinianus)에게 헌정함으로써 비로소 유럽에 알려지기 시작했다고 전해진다.

비단의 나라 중국이지만 비단은 아무나 입을 수 있는 것이 아니었다. 가난한 백성들은 국가에 바치는 세금으로 비단을 생산만 할 뿐 평생동안 비단을 입을 수 있는 기회는 몇 번 주어지지 않았다. 그리고 이렇게 온갖 정성을 들여 생산된 비단은 대부분 귀족이나 왕족들의 옷감에 사용되었다.

중국인들은 비단의 나라답게 비단을 옷감으로만 쓰지 않았다. 종이가 발명되기 전에는 서사도구로 사용되었다. 비단은 얇을 뿐만 아니라 가볍고 질기면서 먹물도 잘 먹어 글자를 쓰는 소재로 매우 훌륭하였다. 비단이 사용된 예로는 전국시대 유물로 보이는 초백서(楚帛書)가 있는데, 비교적 거칠게 짜진 비단에 글자와 더불어 그림까지 덧붙여 있다. 그러나 비단은 매우 값비싼 물건이기 때문에 일상적으로 사용되었다고 보기는 어려우며 중요한 내용을 기록할 때만 사용된 것으로 보인다.

중국의 비단은 당나라 이후 비단의 제조법이 중앙아시아를 거쳐 서방으로 넘어가면서 그 위상이 많이 약화되었지만 아직까지도 중국하면 비단을 떠올릴 수 있을 만큼 세계인들의 머릿속에 깊게 각인되어 있다.

 12. 중국의 기공과 무술

오랜 문화 역사를 지닌 다른 나라에서도 마찬가지이겠지만, 중국에서도 아주 오래 전부터 건강을 유지시키고 질병을 치료하기 위한 방법을 모색해 왔으며, 그 방법의 하나로서 기공(氣功)을 중요시해 왔다. 지금으로부터 약 5,000년 전의 유물인 무용문채도분(舞踊紋彩陶盆)에서도 기공의 흔적을 찾아볼 수 있는데, 그들은 이 기공을 통하여 가까이는 건강의 증진을 위하는 것부터 멀리는 생명의 연장을 위한 방편으로서 이에 대한 많은 공력을 기울여왔다. 이러한 기공이 처음부터 '기공'이란 명칭으로 사용되었던 것은 아니다. 고대에는 기공을 유가(儒家)나 불가(佛家), 도가(道家) 등 각 유파에 따라 다르게 불렀다. 예컨대 선도(仙道)나 도인(導引), 연단(煉丹), 좌선(坐禪), 태식(胎息) 등이 바로 그것인데, 기공이란 용어가 처음 나온 것은 위진남북조 시기의 진(晉)의 도사였던 허손(許遜)이 쓴 「정명종교록(淨命宗教錄)」에 「기공천징(氣功闡徵)」이라는 용어로 처음 등장한 것이다. 그 후 근대에 들어와 1935년에 유귀진(劉貴珍)이 「기공요법실천(氣功療法實踐)」을 출판하면서부터 이 명칭이 정식으로 채택되어 사용되어지고 있다. 그렇다면 이러한 기공이 무엇이기에 많은 사람들이 이를 수련하고 있는 것일까? 이를 알아보기 위해 다음에서 '기(氣)'와 '공(功)'에 대한 것들을 알아보기로 한다.

1. 기공(氣功)이란 무엇인가?

　　오랜 문화 역사를 지닌 다른 나라에서도 마찬가지이겠지만, 중국에서도 아주 오래 전부터 건강을 유지시키고 질병을 치료하기 위한 방법을 모색해왔으며, 그 방법의 하나로서 기공(氣功)을 중요시해 왔다.
　　지금으로부터 약 5,000년 전의 유물인 무용문채도분(舞踊紋彩陶盆)에서도 기공의 흔적을 찾아볼 수 있는데, 그들은 이 기공을 통하여 가까이는 건강의 증진을 위하는 것부터 멀리는 생명의 연장을 위한 방편으로서 이에 대한 많은 공력을 기울여왔다.

　　이러한 기공이 처음부터 '기공'이란 명칭으로 사용되었던 것은 아니다. 고대에는 기공을 유가(儒家)나 불가(佛家), 도가(道家) 등 각 유파에 따라 다르게 불렀다. 예컨대 선도(仙道)나 도인(導引), 연단(煉丹), 좌선(坐禪), 태식(胎息) 등이 바로 그것인데, 기공이란 용어가 처음 나온 것은 위진남북조 시기의 진(晉)의 도사였던 허손(許遜)이 쓴 『정명종교록(淨命宗敎錄)』에 「기공천징(氣功闡徵)」이라는 용어로 처음 등장한 것이다. 그 후 근대에 들어와 1935년에 유귀진(劉貴珍)이 『기공요법실천(氣功療法實踐)』을 출판하면서부터 이 명칭이 정식으로 채택되어 사용되고 있다.

그렇다면 기공이 무엇이기에 많은 사람들이 이를 수련하고 있는 것일까? 이를 알아보기 위해 다음에서 '기(氣)'와 '공(功)'에 대한 것들을 알아보기로 한다.

1) 기(氣)란?

기란 생명 뿐만 아니라 우주 전체에 흐르고 있는 본질적인 에너지이다. 그러한 에너지는 온 사방에 존재하는 것인데, 인간의 생명력과 관련지어 본다면 그것은 인간의 체내에 있는 것과 외부인 우주 전체에 흩어져 있는 것으로 구분된다. 또한 그러한 기가 인간의 생명 활동에 도움을 주지만 어떤 시기부터 체내에 존재하며 도움을 주는가에 따라 구분될 수도 있다. 그런데 체내에 있는 기는 인간이 태어나면서부터 이미 갖고 있는 것이고, 우주에 흩어져 있는 기들은 인간이 태어난 후에 생명력을 유지시키기 위해 받아들이는 기라 할 수 있다. 그래서 통상적으로 인간 체내에 있는 기를 '선천적인 기'라 말하고 우주 전체에 흩어져 있는 기를 '후천적인 기'라 부르고 있다.

선천적인 기 : 인간이 생명력을 갖게 되면서부터 지니게 되는 기를 말한다. 인간이 생명력을 갖게 되는 시기는 어머니의 뱃속에서 수태될 때 부터이다. 그때의 기는 통상 유전자 정보라는 말로 대체될 수도 있는데, 이를 '정기(精氣)'라 한다. 또 인간은 수태된 후에 다시 열 달 동안 어머니의 뱃속에서 에너지를 공급받아 진정한 생명체로 발전해나가는데, 이 기간 동안 얻게 되는 에너지를 '원기(元氣)'라 한다.

이렇게 태어나기 전에 얻어진 선천적인 기는 인간의 성장과 더불어 계속 인체 속에서 생명 유지를 위한 활동을 하면서 소모의 과정을 거치게 되며, 그 기가 완전히 소진되었을 때 사람은 죽음을 맞이하게 되는 것이다.

후천적인 기 : 체내에 있던 기는 시간이 지남에 따라 소모되는데, 인간이 생명력을 왕성하게 유지하기 위해서는 그 소모되는 기를 보충해 주어야만 한다. 그것은 외부의 기, 즉 우주 전체에 있는 기를 체내로 끌어들이는 것을 말한다. 우주의 기는 우주 공간의 기를 가리키는 천기(天氣)와 땅에 서려있는 지기(地氣), 그

> **경락(經絡) 이야기** TIP
>
> 일반적으로 기공에서는 수련을 기공을 통해 기를 체내에서 원활히 흐르게 하여 건강을 유지한다고 한다. 그렇다면 이 기는 체내에서 어떤 기관을 통해 순환을 하게 될까? 동양의학과 기공에서는 기가 경락(經絡)을 통하여 인체의 각 부분에 전달되는 것으로 알려지고 있다. 그리고 이 경락 중에는 매우 중요한 지점들이 있는데, 그 곳을 경혈(經穴)이라고 하며, 기의 흐름이 원활치 못할 경우에는 바로 병이 생기게 되고, 그럴 경우에는 이 경혈에 침이나 다른 방법으로 자극을 줌으로서 기의 흐름을 원활하게 만들어 병을 치유하는 것이다.
>
> 그렇지만 해부학적으로 볼 때 혈액이 혈관을 통해 체내에서 흐른다는 것은 과학적으로 입증이 되었는데 반해 아직까지 과학적 입증이 불완전한 경락의 존재는 과연 있는 것일까? 이에 대해 해부학적 관점에서 과학적 접근 방식을 통한 경락의 존재를 증명하고자 시도하고 어느 정도의 성과를 거둔 사람은 바로 한국인이다. 1960년대 북한의 김봉한이라는 학자가 경락의 실체를 증명하기 위해 각종 과학 장비와 방사성 동위원소 P32를 토끼와 다른 짐승들의 경혈에 투입하고 그것의 흐름을 관찰하는 방법을 통해 경락이 하나의 실체로서 인체에도 존재할 수 있다는 것을 밝혀냈다. 그러나 그는 보다 더 발전된 후속 연구 성과를 내지 못하고 사망하였으며, 지금은 미국을 비롯한 프랑스, 독일 등에서 많은 연구가 이루어지고 있다고 한다.

리고 식물에 의해 이 천기와 지기가 혼합되어 만들어진 혼원기(混元氣)로 나뉘는데, 사람들은 호흡을 통해 천기를 끌어들이고, 땅속에서 자라는 식물 뿌리를 가공한 음식을 통해 지기를 취하며, 식물의 줄기나 잎, 혹은 열매를 통해 혼원기를 빨아들여 생명력을 강화시킨다.

이와 같은 후천적인 기는 언제든지 보충이 가능한 것으로서, 이를 적절히 보충함으로서 선천적인 기의 소모를 감소시키고, 또한 수련을 통하여 선천적인 기와 조화를 이루게 함으로서 생명의 힘을 극대화할 수가 있는데, 이와 같은 조화를 위한 기의 운용법을 '진기운용법(眞氣運用法)'이라 한다.

2) 공(功)이란?

사람의 몸은 가만히 있으면서 식사와 호흡만 해도 신체의 각 기관들이 활동을 함으로서 생명을 유지시켜 준다. 그러나 이와 같은 최소한의 행동은 선천적인 기를 매우 많이 소모하게 하기 때문에 건강한 신체를 오래도록 유지하기가 어렵게 된다. 그래서 사람들은 선천적인 기와 후천적인 기를 최대한 조화롭게 하여 보다 더 건강한 몸을 유지하고자 하는데, 그 조화를 위한 수련에 들어가는 노력과 시간을 '공(功)'이라 한다. 일반적으로 '쿵푸(功夫)'라 부르는 것은 바로 기공 수련 과정을 하는데 들이는 시간과 노력을 가리키는 공을 의미한다. 그렇기 때문

● 소림사 무술

에 우리가 '기공(氣功)'이라 함은 호흡법이나 운동, 혹은 의식훈련 등을 통하여 체내와 우주 전체에 흐르고 있는 이 진기(眞氣)들을 운용함으로서 기가 체내에서 가장 효과적으로 활동할 수 있도록 노력하는 수련법이라 말할 수 있다.

2. 기공(氣功)의 수련법

　기공의 수련을 어떻게 하면 진기운행(眞氣運行)이 효과적으로 이루어질 수 있을까 하는 데서 여러 가지 수련법을 강구하게 되었다. 현재 가장 일반적인 방법은 몸을 움직이는 조신(調身)과 호흡을 조절하는 조식(調息), 의념(意念)의 작용에 의한 조심(調心)의 세 가지 기술을 가장 기본적인 수련법으로 정하고, 이를 삼조(三調)라 부르고 있다.

1) 조신(調身) - 몸 운동

　조신이란 삼조 기술의 기초로서 몸의 형태를 바로 잡고 몸의 움직임도 바르게 하여 기가 원활히 작동되도록 하는 기술을 말한다. 이와 같이 신체를 조절하는 방식으로는 누워서 편안한 자세에서 하는 와식(臥式)과 앉아서 하는 좌식(坐式), 서서하는 입식(立式), 움직이면서 하는 행식(行式)의 네 종류가 있는데, 이것들은 각기 그 자세와 행동의 크기에 따라 다시 여러 가지로 세분되기도 한다. 와식은 가장 편안한 자세이므로 노약자나 허약자에게 적합하고, 좌식은 정공을 할 때 가장 많이 사용되는 자세이며, 입식은 체질의 강화와 체격의 단련을 통하여 무술을 연마하고자 하는 사람들이 주로 이용한다.

2) 조식(調息) - 호흡의 조절

조식은 호흡의 조절을 통하여 기를 축적하고 운용하는 기술을 말하는 것으로, 호흡의 방법에 따라 길게 들이마시고 짧게 내쉬는 장흡단호(長吸短呼)와 짧게 들이마시고 길게 내쉬는 단흡장호(短吸長呼), 그리고 길게 들이마시고 길게 내쉬는 장흡장호(長吸長呼)가 있다. 이중에서 장흡단호는 교감신경계의 흥분을 고조시키고 심장 박동이 빨라지게 되나, 단흡장호는 그 반대로 교감신경계의 흥분을 저하시키고 심장 박동을 느리게 하는 작용을 한다.

조식에서는 모두 단전호흡(丹田呼吸)을 가장 기본으로 하는데, 단전호흡은 숨을 들이쉴 때, 들이쉬는 공기가 배꼽 아래에 있는 하단전까지 이르게 한다고 생각하면서 호흡하는 것을 말하며, 이렇게 함으로서 인간 생명력의 근원인 하단전에 기가 축적되도록 한다.

3) 조심(調心) - 마음 다스리기

조심은 마음을 의식적으로 조절하여 자신의 몸이나 내기(內氣)를 조화롭게 함으로서 몸의 음양균형을 유지하고 기혈을 다스림으로서 건강과 정신 계발을 이루도록 하는 것이다. 이것은 크게 세 단계로 이루어지는데, 첫째는 마음의 잡념을 없애기 위해 오로지 한 가지 대상에 생각을 집중함으로서 입정(入靜)의 상태로 들어가도록 하는 단계이다. 불가(佛家)에서는 그 한 가지 대상을 화두(話頭)라 한다. 두 번째 단계는 의념을 조절 기술을 높이는 훈련이 되며, 마지막 단계는 모든 의념을 끊고 무념(無念)과 무아(無我)의 경지로 들어가는 입정(入靜)의 상태를 말하는데, 이것이 조심의 최고 경지로서, 이 상태가 되면 삼매(三昧)에 이르렀다고 할 수가 있다.

3. 기공(氣功)의 분류

　기공의 분류는 각 기공법의 역사적 근원에 따라 분류될 수도 있고, 수련 방법의 주안점을 어디에 두는가에 따라 분류될 수도 있으며, 추구하는 바가 무엇인가에 따라 분류될 수도 있는 등, 그 기준에 따라 다양한 분류방법이 있을 수 있다. 그러나 여기에서는 가장 기본적인 방식에 따라 기공을 다음과 같이 분류하여 설명하고자 한다.

1) 수련 내용에 따른 분류
　기공의 내용이 정신적인 수양을 위한 것인가 아니면 육체적인 건강을 위한 것인가에 따라 다음과 같이 두 가지로 나뉜다.

　성공(性功) : 정신 수양을 목적으로 하는 수련이다. 마음의 상태가 고요하고 편안하여 거리낌이 없게 되는 수준에 이르도록 하기 위해 자신의 마음을 다스리는 수련으로서, 명상이나 불가(佛家)에서의 참선법(參禪法) 같은 것들이 여기에 속한다고 할 수 있다.

　명공(命功) : 신체 단련을 목적으로 하는 수련이다. 기본적으로는 건강의 유지를 위한 것이며, 적극적으로는 질병을 치료하고, 나아가 신체를 강건하게 하기 위한 수련을 말한다. 이러한 명공도 먼저 정신수양이라는 밑바탕이 있어야만 보다 건전하면서도 활발한 신체 활동이 가능할 것이다.

2) 수련 방식에 따른 분류

기공을 수련 방식에 의해 분류해 보면 비교적 유연한 수련 방식을 취하는 연기공(軟氣功)과 강도 높은 수련 방식인 경기공(硬氣功)으로 나뉜다.

● 무술수련

연기공 : 기공 수련의 강도가 비교적 부드러운 방식으로, 특히 수련 과정에서의 몸 동작이 느리면서도 과격하지 않은 것이 특징이다. 신체의 건강 증진과 질병의 치료 목적으로 많이 사용되는 건강기공과, 잠재능력을 계발함으로서 보통 사람 이상의 정신 능력을 갖추도록 하는 지능기공으로 나뉠 수가 있다. 이 중에서 건강 기공의 치료법은 근래 들어 대체의학으로 많은 주목을 받고 있는데, 치료를 위한 기공요법(氣功療法)은 다시 시술자(施術者)가 환자를 치료할 때 환자의 몸에 손을 대지 않고 자신의 기를 환자의 몸에 투사시킴으로서 병을 치료하는 외기요법(外氣療法)과, 환자의 몸에 손을 대고 환자 자신의 몸 속에 있는 기를 순환시켜 치료하는 수기요법(手氣療法)으로 나뉘고 있다.

경기공 : 주로 신체 단련을 통하여 강한 신체적 능력을 지니도록 수련하는 것으로서 무술과 같은 것이 여기에 속한다. 즉 강도 높은 기의 운용과 신체적 훈련을 통하여 자신의 신체를 매우 유연하고 빠르게 만들며, 강력한 힘을 낼 수 있도록 훈련하는 방식이다. 중국의 무술은 모두 여기에 속하며, 소위 말하는 경공술(輕功術)이나 축지법(縮地法) 등도 모두 이와 같은 방식으로 얻어진 능력이라 할 수 있다.

3) 수련 형태에 따른 분류

수련 형태에 따른 분류는 기공의 수련법 중의 하나인 조신(調身)의 측면에서 움직이면서 하는 것인가 혹은 움직이지 않고 하는가에 따라 동공(動功)과 정공(靜功)으로 나뉜다.

동공 : 몸을 움직이면서 기를 단련하는 방식으로 몸의 동작이 우선이고 호흡법과 의념(意念)은 부수적인 역할을 한다. 원시의 무용과 고대의 체조인 도인법(導引法) 등에서 유래한 것으로 운기(運氣)의 극대화를 추구한다. 이는 다시 움직이는 방법에 따라 단순히 선 자세에서 동작을 하는 동장(動樁)과 걸으면서 행하는 보행공(步行功) 등으로 나뉘기도 하는데 몸의 건강을 목표로 하거나 허약한 사람들에게 유용한 방식이다.

정공 : 동작없이 호흡과 의념(意念) 활동을 통해 기를 수련하는 방식이다. 주로 호흡 조절과 정신집중, 염력의 발휘 등을 행함으로서 기를 받아들이고 몸 안에서 순환시킴으로서 마음의 안정을 얻고 정신력을 계발하는 내적인 단련법으로서 매우 고차원적인 수련법이다. 다만 그 효과는 상당히 느리게 나타나며, 고도의 정신 활동을 요구하는 수련이기 때문에 자칫 부작용이 있을 수 있으므로 어느 정도의 수준에 이르기까지는 전문가의 도움이 반드시 필요하다. 이것 역시 누운 자세로 하는 와공(臥功)과 앉은 자세로 하는 좌공(坐功), 선 자세로 하는 참장공(站樁功)이 있다.

• 경기공

4. 기공(氣功)의 공법(功法)

　기공을 하는 방법을 공법(功法)이라 하며, 그 공법의 차이에 따라 약 이천 개 정도의 유파가 있다고 전해진다. 실제 각 파의 기공수련법에는 차이가 많아서 단전같은 가장 기초적인 개념을 공동으로 하는 것 외에, 각 문파별로 복잡한 호흡법을 가진 문파가 있는 반면, 자연스런 호흡정도로 만족하는 문파도 있다. 의념의 경우에도 여러 가지 의념을 사용하는 문파가 있는 반면, 의념을 하면서도 실제 기공시엔 무념무상을 강조하는 경우도 있다.

　동양의 기공법은 단순한 건강법의 차원을 넘어 몸과 마음을 다스리는 양생법이라 할 수 있다.

　동양의 고대 양생법들은 인간의 기본적인 생명활동과 정신적 활동이 자연법칙에 일치되어야 하고 기의 원활한 순환이 이루어지도록 짜여졌으며, 이를 바탕으로 각종 호흡법과 도인법으로 대표되는 체조법, 식사법, 수면법, 방중술, 정화법 등이 나왔다. 지금 우리가 알고 있는 기공이란 이러한 전래의 양생법을 이어받아 발전적으로 정리한 현대적 종합 양생법이다. 전통적인 양생법은 크게 도가(道家), 불가(佛家), 유가(儒家), 의가(醫家), 무가(武家) 계통 등으로 나뉘어지는데, 다음에서는 현대에 많이 퍼져 있는 중요한 몇 가지 공법에 대해 알아보기로 한다.

1) 태극공(太極功)

태극권의 근본 이치인 태극의 묘를 살리면서 몸놀림 위주의 무술을 신체 내부의 기의 순환에 의한 기공술로 변화시켜 건강기공으로 재구성함으로서 만들어진 것이며, 태극공 혹은 태극기공이라고 한다.

태극공에서는 두 손으로 공을 끌어안는 듯한 동작을 하며, 두 손으로 기를 방출하면서 두 손에 의해 싸여진 가상의 공을 굴리거나 돌리기도 하고, 크게 했다 작게 했다 하며, 밀기도 하고 당기기도 하는 동작을 반복한다. 이러한 동작을 함으로써 외부의 동작에 대응하여 내부도 함께 움직이게 하여 내기를 운행하려는 것이다. 이러한 방식은 배우기가 쉽고, 기를 쉽게 느낄 수 있다는 점에서 많은 사람들이 이 수련 방식을 배우고 있다.

2) 신기공요법(新氣功療法)

1977년에 곽림(郭林)이라는 여성의 의해 소개된 공법이다. 그녀는 자궁암에 걸려 회복 불능이라는 판결을 받고 나서, 마지막 수단으로서 전통적인 기공에 자기 나름대로의 수련 방법을 더한 방식으로 수련하여 암을 완쾌시켰다고 한다. 그리고 이를 다른 환자들에게 보급함으로서 이 기공요법이 널리 퍼지게 되었다.

3) 법륜공(法輪功)

수년 전에 천안문 광장에서의 중국 공안 당국과의 마찰로 인해 근래 들어 가장 관심의 대상이 되고 있는 공법이다. 법륜대법(法輪大法) 또는 파룬궁이라고도 하는데, 파룬궁은 법륜공(法輪功)의 중국식 발음이다.

법륜공은 1992년 5월 길림성 장춘시에서 이홍지(李洪志)에 의해 처음 세상에 전수되었는데, 그 방법이 쉽고 편해 중국 전역에 매우 빠른 속도로 전파되어 많은 중국인들이 이를 통해 건강을 되찾았다고 한다. 그래서 중국에서는 국민건강에 기여한 공로로 그에게 표창을 주기도 했다. 그가 미국으로 이주한 96년 이후에는 전 세계로 퍼져나가, 처음 세상에 소개된 지 7년 후인 1999년에는 중국 전역의 8,000여 만명을 포함하여 전 세계 약 60여개국에서 1억명 이상이 수련하고 있다고 한다. 이렇듯 법륜공 수련자들이 폭발적으로 늘어나자, 이들이 세력화할

● 태극권

지 모른다는 위기의식을 느낀 중국 정부는 1999년 7월, 법륜대법연구회와 산하 조직을 불법화하고, 활동을 전면 금지하는 조처를 취하는 한편, 파룬궁을 단순한 사교집단으로 몰아 압박을 가하기 시작하여 약 800명의 수련자가 희생됐다고 한다. 그러나 이러한 중국 당국의 탄압 명분은 사실이 아니고, 만일 이들이 세력화하면 과거 '태평천국의 난'처럼 종교적 민중봉기를 일으켜 체제에 위협을 줄 수 있다는 위기 의식때문에 정부 당국이 고의적으로 이 같은 명분으로 탄압을 한다는 의견도 있다.

수련은 연공수련과 이홍지의 저서인 「전법륜(轉法輪) 강독」이라는 커다란 두 축으로 이루어져 있는데, 이 중에서 연공 수련은 부작용 없이 건강을 증진하는 명상적 기체조로서, 수련 동작은 크게 5장으로 구성돼 있다.

명리심·욕심 등 모든 집착을 내려놓는 데서 시작하는 이 연공은, 4장까지는 서서 하는 '동공'이고, 5장은 가부좌를 튼 상태에서 하는 '정공'이다.

이 과정을 수련하여 몸에 공력이 생기면 더욱 높은 단계로 올라가게 되고, 또한 법륜공에서 최고의 수준이자 기의 자유로운 축적과 운용이 가능한 법륜의 단계에까지 이르면 병을 고칠 수 있는 것은 물론이고 마음 속의 눈을 통해 일반인이 보지 못하는 대상까지 꿰뚫어 볼 수 있는 능력도 생길 수 있다고 한다.

중국에서 현재 기공이 매우 활발한 모습을 보이는 것과 마찬가지로 우리나라에서도 건강에 대한 관심이 높아지면서 우리 민족 고유의 기공에 많은 관심이 모아지고 있는데, 그 중에서도 대표적인 것이 국선도(國仙道)와 단학(丹學)이다. 국선도는 행공 중심의 호흡수련으로서, 선도, 밝도, 현묘지도, 풍류도, 화랑도라고도 불리우며, 고조선 시기부터 존재했으나, 통일 신라 이후에는 주로 산중에서만 비전되어 오다가, 1967년 청산도인에 의해 현대 사회에 공개된 수련법이다. 또 최근에 많이 보급된 단학도 기본적으로는 국선도와 같은 맥락이며, 다만 수련법 등에서 약간의 차이가 있을 뿐이다.

5. 중국무술의 역사

중국의 무술은 기공의 일종이다. 즉 기공에서 강한 신체적 단련을 목적으로 하는 경기공이 무술이라고 할 수 있다. 중국을 무술을 '우슈'라고도 하는데, 우슈란 바로 '무술(武術)'의 중국식 발음이다. 또 중국에서는 무술이 뛰어나다는 것을 말할 때, 보통 무술이 뛰어나다고 말하지 않고 '무공(武功)'이 뛰어나다는 표현을 주로 사용한다. 이와 같은 중국의 무술이 어떠한 역사를 가지고 있고 그 특징은 무엇인지, 이 외에 무술과 관련된 제반 사항을 다음에서 간략히 알아보기로 한다.

인류의 생활에서 싸움이란 처음부터 존재했다고 볼 수 있다. 단순히 농경생활만을 영위한다면 그다지 싸움의 필요성이 없겠지만, 수렵을 한다든가 하는 경우, 혹은 단체 생활을 하게 됨에 따라 다른 단체와의 생존을 건 투쟁이 있을 경우에는 바로 싸움이 있는 것이고, 이 싸움의 기술에서 개인이 구사하는 것은 바로 무술이 되는 것이다. 그런데 초기의 싸움에서는 현대에 중국 무술에서 보일 수 있는 정도의 체계적인 기술이 있었던 것은 아니고, 그 싸움이 오랜 기간을 거치면서 무술이 점차 발전되고, 정리되면서 체계화되었을 것이다.

전설에 의하면 치우(蚩尤)가 다섯가지의 병기를 발명하였다고 하고, 은상(殷

● 무당문파(武當門派)

商) 시기에는 청동(青銅)이 발명되어 이를 이용한 무기가 만들어졌으며, 전국시기를 거치면서 무기는 더욱 강해지고 정교해지면서 그 위력이 매우 뛰어나게 되었다. 이러한 시기에는 무기에 의한 무술이 중시되고 발전되었으며, 오늘날과 같이 신체만을 사용하는 형태의 무술 계통이 생겨난 것은 한(漢) 이후로 보인다. 한대(漢代)에 무술이 본격적으로 형성된 이유는 무술 자체의 기능 뿐만 아니라 당시의 사회 환경이 큰 역할을 한 것으로 보고 있다. 한대는 진(秦)에 의해 이룩된 통일의 기반 아래 경제적으로 커다란 발전이 이루어지자 국민들의 생활에 여유가 생겨나 정신적인 오락물을 추구하게 되었고, 이에 따라 다른 많은 분야와 마찬가지로 건강에 대한 관심이 생겨나 기공이 발전하고, 더 나아가 체계적인 무술까지 형성된 것으로 보인다.

이렇게 형성된 무술은 육조(六朝) 시기에 소림사(少林寺)를 터전으로 하는 불가(佛家)에서 매우 체계적인 권법을 익히게 되어, 중국 무술이 도약하는 계기가 되었다. 또한 당송(唐宋) 양대를 거치면서 사회 오락적인 성격이 많아지고, 경제적인 풍요가 생김에 따라 이 무술을 활용한 전문적인 공연을 하는 예인(藝人)들도 많아지게 되었으며, 자연히 다양한 권법(拳法)의 기초가 다져지게 되었다. 예를 들면 조광윤(趙匡胤)의 삼십이세장권(三十二勢長拳)을 기초로 장권(長拳)이 나오고 장삼봉(張三奉)은 무당권(武當拳)을 만들었으며, 악비(岳飛)가 형의권(形意拳)을 만들었다고 한다.

명청(明靑) 시기에 와서는 권법(拳法)이 정착되고 발전되었다고 할 수 있다. 특히 명대에 와서는 경기공에 연기공을 결합한 내가권(內家拳)을 만들어냈고, 이 바탕에서 그 유명한 태극권(太極拳)이 탄생되기도 했다. 그러나 명대와 달리 청대는 드러내고 무술을 연마하는 시기는 아니었다. 청의 시작 시기에 명의 부흥 운동에 무술인들이 많이 연루되었다는 사실 때문에 청대의 조정에서 소림 무술에 대한 탄압이 심해, 민간에서 비밀리에 무술이 전승되었다. 그러나 청말에 와서 다시 의화권(義和拳)과 같은 조직 단체가 생겨나 무술은 다시 많은 발전을 하게 되었다.

민국(民國) 이후에는 다시 침체기로 들어서게 된다. 특히 국민당(國民黨)과 공산당(共産黨)의 대립 국면 때 많은 무술인들이 국민당을 지원하게 되었는데, 공산당이 국민당을 중국 대륙에서 쫓아내자 공산당의 보복을 두려워 한 무술인들은 대부분 해외로 나가게 되어, 전통 무술인들의 상당수가 대만을 비롯한 해외에서 활동을 하면서 명맥을 유지하게 되었다. 그러다가 문화혁명 이후에 다시 중국 정부에서 국민 건강을 고려하고, 또한 중국의 무술이 전 세계에 많이 홍보되어 있다는 점을 중시하여, 이를 활용한 중국 무술의 홍보를 위해 태극권을 적극 권장함으로서 다시 중국 무술이 발전하게 되었다.

6. 중국무술의 특징

　　동양의 무술이 대개 그러하듯, 중국의 무술 역시 서양의 무술과는 약간 다른 나름대로의 특징을 가지고 있다. 일반적으로 무술은 그 성질에 따라 단순히 신체를 강건하게 하여 수명을 연장하고자 하는 것을 목적으로 하는 것과, 남에게 보여주는 것을 목적으로 하는 오락 체육으로서의 무술, 실용적인 면에서 호신(護身)을 목적으로 하는 무술로 크게 분류되는데, 중국의 무술은 이 세 가지의 어느 한 분야에 속한다고 설명하기에는 좀 복잡한 성격을 띠고 있다. 어쨌든 위와 같은 관점에서 중국 무술의 특징을 살펴보면 다음과 같다.

　　첫째, 중국의 무술은 호신의 기능을 중시할 뿐만 아니라 남에게 보여주는 표연예술(表演藝術)로서의 성격이 강하다. 앞에서도 언급되었듯이 어느 무술이나 마찬가지로 중국의 무술은 처음에는 싸움에 사용하기 위해 만들어졌다. 즉 자기 자신을 보호하고 상대에게 강력한 공격을 가하기 위한 방편으로 만들어진 것이기 때문에 무술의 성격도 그에 맞게 만들어진 것이다. 그러나 당송대를 거치면서 무술의 오락성이 강조되고, 자신이 가지고 있는 무예를 남에게 보여줌으로서 그 가치를 인정받기도 했는데, 그것이 전통이 되어 지금도 무술 시범이 중요한 오락 체육의 한 수단으로 자리 잡고 있다. 그래서 무술을 '무예(武藝)'라는 용어

● 중국검술

로 표현하기도 하는 것이다.

   둘째, 중국의 무술은 신체의 외형적 강건함 뿐만 아니라 신체 내부와의 조화를 추구한다. 중국의 무술이 형성되는 과정이 단순히 신체적으로 싸우는 것에서 파생된 것이 아니라, 중국의 도인법(導引法)과 같은 연기공과 결합되면서 형성된 것이기 때문에, 중국의 무술은 신체의 내외가 모두 단련되는 특징을 지니게 된다. 즉 내부의 에너지가 외부로 흘러나와 강력한 힘이 되고, 또 외부의 힘이 내부에 있는 기의 순환을 돕게 되는 상생의 원리로 발전한 것이다. 그렇기 때문에 중국 무술을 수련하는 사람들은 모두 기를 축적하는 능력을 가지고 있으며, 이로 인해 매우 어렵고도 힘든 운동 을 한 후에도 자세의 흔들림이 잘 드러나지 않는 특징을 가지고 있다.

   셋째, 정신적인 수양을 매우 중시한다. 진정한 무술인은 신체의 건강을 위해 무술을 연마하지만, 그 이전에 정신적인 수양을 쌓도록 하는 수련을 강요받는다. 정신적인 수양이 없이 육체적인 힘만 강력하다면, 이는 불필요하게 남을 공격하여 남에게 커다란 피해를 줄 수도 있다는 점을 고려해서이다. 이는 기공에서 삼조(三調)의 하나인 조심(調心)을 강조하고 연마하는 과정에서 저절로 드러나게 된다. 이와 같은 정신적 수양의 바탕이 있기 때문에 중국 무술의 고수들은 겉으로 쉽게 드러나지 않는 힘을 보유하게 되는 것이다. 그래서 '무덕(武德)'이란 용어가 생겨난 것이고, 무술을 하는 사람들을 '무도인(武道人)'이라는 용어로 표현하기도 한다.

7. 중국무술의 종류

무술은 실질적이든 혹은 가상이든 기본적으로 타인과의 대결을 전제로 하기 때문에 공격이나 수비에 사용되는 수단이 필수이다. 그렇기 때문에 여기에는 맨손으로 하는 권법(拳法)과 무기를 가지로 하는 병기(兵器) 부문이 있을 수 있는데, 이를 나누어 설명하면 다음과 같다.

1) 권법

중국의 권법은 아주 많으나 이중에서 중요한 권법(拳法)으로는 크게 장권(長拳)과 남권(南拳), 형의권(形意拳), 태극권(太極拳)으로 나뉠 수가 있다. 다음에서 이에 대해 알아보기로 한다.

장권(長拳) : 장권은 사권(查拳), 화권(華拳), 소림권(少林拳) 등의 권법을 통틀어서 말하는 것으로 그 특징은 몸을 크게 뻗으면서 신속하게 움직이는 것을 중시하며 발동작과 도약 동작이 많다. 동작이 크면서 발동작이 많으므로 장권에서는 다리의 힘을 중시한다. 손으로 30%, 발로 70% 정도 움직인다고 하며, 전신을 종횡으로 움직이며 다이나믹한 모습을 보여주므로 그 모양이 매우 아름다워 화려한 동작을 좋아하는 외국에서 인기가 높다. 이 중에서 일반 대중에게 가장 널리 알려진 것이 소림권이다.

소림권은 지금으로부터 약 1500여년 전에 소림사에서 수도하던 달마(達磨) 스님이 자신의 제자들에게 건강증진과 호신을 위해 가르친 권법에서 유래했다고 한다. 이후에 여기에서 배워 나간 무술인이 많기 때문에 중국의 무술은 소림사가 성지가 되다시피 되었는데, 북파의 권법은 대부분 소림권에서 발전된 것이라고 한다. 한때 이 사찰이 황폐화되어 무술의 명맥이 끊어질 위기도 수차례나 있었는데, 최근에는 중국 당국의 적극적인 도움에 의해 소림사가 복원되고, 소림 무술의 복원이 장려되었다. 또한 지금은 소림사 주변에 꽤 많은 무술 학교가 세워져 수많은 젊은이들이 소림 무술을 익히고 전파하려는 노력을 지속하고 있다.

남권(南拳) : 광동성과 복건성 등 중국의 남방지역에서 주로 수련하는 권법들을 통합하여 말하는 것으로 장권에 비해 발을 적게 사용하고 손을 많이 사용한다. 즉 손이 70%, 발이 30% 정도 사용되는데, 권세가 강렬하고 동작이 매우 긴밀하며, 항상 근육을 팽팽하게 긴장시키고 중심을 하체에 둔다는 특징을 가지고 있다. 손 동작은 기민하고 단권(短拳)을 많이 쓰되, 빠르고 끊이지 않게 하며, 동작의 템포를 빨리하면서도 힘을 싣기 때문에 공격을 할 때는 큰 소리로 기합을 넣는다.

여기에 속하는 대표적인 권법으로는 홍가권(洪家拳)과 이가권(李家拳), 그리고 복건성의 영춘권(永春拳)이 유명하다. 특히 영춘권은 이소룡(李小龍)이 영화에서 선보임으로서 더욱 유명해졌는데, 연타 위주의 무술로서 주먹이 몸 밖으로 벗어나지 않는 것이 특징이며, 이 영춘권에서 발기술은 단순히 손기술의 보조에 지나지 않아 근접된 상태일 경우에는 방어에서 순식간에 연타로 상대를 공격하는데 매우 뛰어난 효력을 발하는 권법이다.

이 영춘권은 소림권의 고수가 말년에 필요치 않은 큰 동작을 제외시키고 간소화하며 실전에 유용한 동작만을 취해 만든 것이라는 설이 있다.

형의권(形意拳) : 심의육합권(心意六合拳)에서 파생된 권법으로서, 호랑이,

• 아침에 태극권을 단련하는 중국인들의 모습

용, 원숭이, 말, 닭, 제비, 뱀, 독수리, 곰과 같은 동물의 외형과 특징을 모방하여 만든 권법이다. 형의권은 간결하고 꾸밈이 없는 특징을 가지고 있어서 동작이 직선적이면서 작은 동작을 주체로 하고 있다. 형의권의 가장 큰 장점은 동작을 매우 작게 함으로서 상대가 방어하기 곤란하며, 예비 동작이 매우 작기 때문에 별로 위력이 없어 보이지만 호흡과 동작의 일체화를 통해 파괴력을 강화 시킨다는 점이다. 이 형의권과 같은 내용으로서 상형권(象形拳)이라는 것도 있는데, 이것은 동물 뿐만 아니라 사람의 특정한 동작을 형상화한 권술로서, 어떤 것을 모방하여 만든 것이라는 측면에서 동일시할 수가 있을 것이다. 이 중에 가장 유명한 것이 당랑권(螳螂拳)이다.

당랑이란 사마귀를 말하는 것으로서, 당랑권은 왕랑이라는 사람이 사마귀가 먹이를 잡을 때의 손 모습을 보고 영감을 얻어 만들었다고 한다. 북파의 권법 중에서 실전성이 높은 기술만을 모아 만들었는데, 근접전에 유리하며 보법(步法)도 특이해서 원숭이가 발을 교차시키면서 걷는 모양을 기본으로 접근하고, 당랑수(螳螂手)를 사용하여 연속적으로 상대의 신체의 상하에 있는 급소만을 공격하면서 연타를 위주로 하는 권법이다.

이 외에 우리에게 영화로 널리 알려진 취권(醉拳)도 상형권의 일종이다.

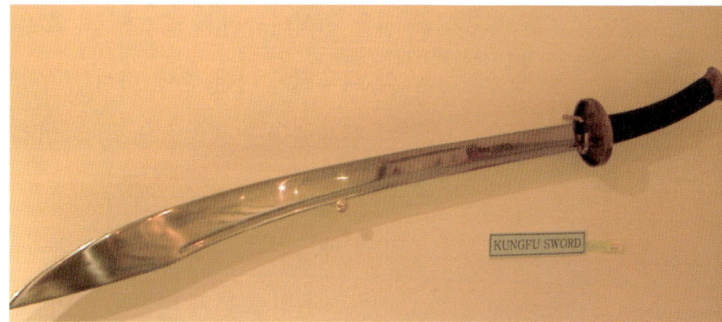
● 쿵푸에서 사용되는 칼

태극권(太極拳) : 태극권의 창시와 관련된 학설은 여러 가지가 있는데, 멀리는 송나라 때의 장삼풍이 창시했다는 학설로부터 『태극권보(太極拳譜)』의 저자인 왕종악 창시설, 하남성 온현(溫縣)에 있는 진가구(陳家溝)의 시조인 진복 창시설, 진가구의 9대손인 진왕정(陳王庭) 창시설, 청대의 양로선(楊露禪)이 진씨 가문의 무술을 수정하여 처음으로 만들었다는 주장까지 매우 다양하다. 그러나 현재 가장 일반적으로 받아들이는 학설은 진왕정에 의해 태극권이 시작되었다는 주장이다.

● 양씨태극권 양로선의 고거(故居)

진왕정은 명대(明代) 각 문파의 권법과 도인법(導引法), 토납술(吐納術), 중국 의학의 경락학설, 태극의 음양 이론을 기초로 심성을 수양하면서도 신체를 강건하게 할 수 있는 기법을 추가한 태극권을 만들었다. 그는 내공과 외공을 합일시키기 위해 무술에 기공의 삼조(三調)를 밀접하게 결합시켜 내가권(內家拳)을 완성시켰다.

그 후 태극권은 다시 여러 사람에 의해 각종 기법이 추가되고 수정되면서 여러 가지의 태극권으로 분화되었다. 그 중에 대표적인 것이 청대에 만들어진 양식태극권(楊式太極拳)이며, 양씨태극권(楊氏太極拳)이라고도 한다. 이것은 양로선이 진씨 가문에서 무술을 배운 후에 다시 나름대로의 방식을 추가하여 새로운 형식으로 완성한 것이다. 이 양식 태극권과 혼동을 피하기 위해 진씨의 태극권을 진식태극권(陳式太極拳) 혹은 진씨태극권(陳氏太極拳)이라고도 한다. 양식 태극권이 나온 후에 다시 무우양(武禹襄)이 진씨와 양씨의 태극권을 수정하여 무씨태극권(武氏太極拳)을 만들었고, 손록당(孫祿堂)이 여기에 삼가권(三家拳)을 융합하여 손씨태극권(孫氏太極拳)을 창시했으며, 오감천(吳鑑泉)은 양씨의 태극권을 수정하여 오씨태극권(吳氏太極拳)을 만들었다. 이와 같이 태극권은 세월의 흐름과 더불어 많이 개량되고 전승되면서 그 세력을 확산시켰는데, 기본적인 특징은 같았다고 볼 수 있다.

태극권은 여러 가지의 특징을 지니고 있는데, 그 중에서 가장 중요한 몇 가지는 다음과 같다.

첫째, 동작이 연속된다는 점이다. 태극권의 동작은 시작부터 끝까지 연속되어 한 동작의 완성이 다음 동작의 시작으로 연결되는데, 이 때문에 태극권의 동작을 장강(長江)이 유유히 흐르는 것과 같다고도 한다. 그런데 이 과정에서 동작만을 연결시키는 것이 아니고 호흡과 의식도 함께 연결시킴으로써 커다란 하나의 흐름으로 융합되는 듯한 느낌을 준다.

둘째, 동작이 유연하다는 점이다. 태극권은 보통 부드러우면서도 천천히 움직임으로서 근육을 이완시키고 몸의 피로를 없앤다. 이러한 모든 동작은 매우 편안한 듯하면서도 자연스럽기 때문에 호흡이 흐트러지지 않고 몸의 각 부분에 무리를 주지 않는다.

셋째, 모든 동작이 하나의 커다란 원 안에 움직이며, 원을 그리듯이 움직인다는 점이다. 모든 동작이 둥근 원의 모양을 따라 움직이고 연속적으로 흐르듯 하기 때문에 조직 활동이 원활하게 되고 신체의 균형이 잘 이루어지게 된다.

넷째, 모든 내가권(內家拳)과 마찬가지로 정신과 육체의 결합이 매우 중요시된다. 그래서 외형적인 근육의 강건함만이 추구되는 것이 아니라 체내의 기의 순환이 자유로와 신진대사가 잘 이루어지면서, 의념까지 맑아지게 하는 내외의 조화에 적합하게 짜여져 있다.

이와 같은 특성 때문에 지금 중국에서는 많은 사람들이 이 태극권을 수련하면서 건강의 증진을 꾀하고 있다.

2. 병장기법(兵仗器法)

병장기법은 무술을 할 때 병장기를 사용하는 무술을 말하는데, 대표적인 검법으로는, 곤륜파(崑崙派)의 태허도룡검, 무당파(武當派)의 태극혜검(太極慧劍), 아미파(峨嵋派)의 소청검법(小淸劍法), 청성파(靑城派)의 청운적하검(靑雲赤河劍), 화산파(華山派)의 이십사수매화검(二十四手梅花劍), 그리고 벽사검법 등이 있다.

곤법과 창법은 무기가 길다란 형태란 점 때문에 검법이나 도법과는 다른 형태로 이루어지는데, 주로 원거리 공격을 통하여 때리는 방법이다. 자주 사용되는 것으로는 버드나무로 만들었다는 부드럽고 탄력있는 백낙곤을 사용하며, 창술은 백낙곤의 끝에 창을 달아 찌르는데도 사용한다. 무기 중에는 이와 비슷한 봉(棒)도 있는데, 봉은 막대기의 처음과 끝의 굵기가 같으나, 곤은 처음과 끝의 굵기가 다르다는 점에서 차이가 있다.

8. 중국무술의 문파

중국의 무술은 신체의 강건함을 추구한다는 목표로 수련을 하다보니, 어느 정도의 경지에 이른 사람들은 기존의 방법과는 달리 자기 나름대로의 기술을 개발하고 익히게 되었다. 그러한 기술들은 기존의 기술과는 약간씩 다른 형태를 띠게 되었지만, 그렇다고 그 방법의 부류는 그리 많다고는 할 수 없다. 그런데 무술을 수련하는 사람들은 엄청나게 많았으며, 그들은 모두 각자 자기에게 적합한 기술을 가르치는 사람들을 찾아가게 되고, 그러다 보니 자연히 무술계는 기술에 따라 혹은 지역에 따라 여러 개의 단체로 나뉘게 되었다. 그 단체들을 "문파(門派)"라고 한다.

전통적으로 중국 무술계에 있어서의 문파는 크게 세도가(勢道家), 무림정파(武林正派), 사파(邪派)로 나뉜다. 세도가(勢道家)는 무술이 뛰어난 집안을 중심으로 형성된 문파로서, 대표적인 세도가로는 남궁세가(南宮世家), 모용세가(慕容世家), 제갈세가(諸葛世家), 황보세가(皇甫世家), 하북팽가(河北彭家) 등이 유명하다. 무림정파로는 소위 구파일방(九派一幇)이 유명한데, 구파일방은 분류하는 사람에 따라 다르지만 대체적으로 소림파(少林派), 무당파(武當派), 화산파(華山派), 곤륜파(崑崙派), 아미파(峨帽派), 점창파(點蒼派), 청성파(青城派), 공동파

(崆峒派), 종남파(終南派)와 개방(丐幇)을 가리키고, 사파로는 마교(魔敎)가 유명한데, 이에 대해서는 다시 이야기하기로 한다.

무림(武林)의 구분에 있어서 정파와 사파는 어떤 차이가 있으며, 왜 그런 차이가 생겨나게 되었을까?

경제적으로 볼 때 정파는 사파에 비해 여유가 있다. 그들이 자기들의 생활을 꾸려나가기 위한 소득의 수단은 권세가나 혹은 부자들에게 합법적인 무력을 제공하여 나쁜 사람들로부터 그들을 보호하는 역할을 맡아 그들로부터 합당한 댓가를 얻거나, 혹은 자기들이 직접 장사와 같은 사업을 한다든가 일반인에 대한 의료 시술, 또는 무술을 가르쳐주는 무술도장의 운영을 하는 것으로서, 이 모두가 합법적이며, 주위의 사람들로부터 신망도 얻는 것은 물론, 여기서 얻어지는 소득으로도 그들이 생활하기에 충분하다. 그렇기 때문에 그들은 돈에 대해 억지로 욕심을 낼 필요가 없으며, 이에 따라 불법적인 행동도 하지 않는다. 또한 무술을 가르칠 때도 서두르지 않고 기초부터 체계적인 과정을 거치면서 정도(正道)를 강조한다. 그래서 무술의 단계를 완성하기 전에는 암술(暗術)을 쓰는 사람에게 쉽게 패할 수가 있지만, 고수가 된 단계에서는 진정한 강자가 될 수 있다. 또한 고수가 된 후에는 무술로나 경제적으로 아쉬울 것이 없어 제자들에게 정도(正道)를 강요하게 된다.

이에 반해 사파는 대체적으로 경제적 여유가 없다. 그렇기 때문에 무리한 욕심을 부려 남에게 해를 끼치게 되고, 그렇게 되니 사람들이 따르지 않게 되며, 이에 따라 경제적으로 소득이 줄어들게 된다. 그러니 다시 옳지 않은 방법으로 돈을 벌 생각을 하게 되며, 그러기 위해 이들의 행동을 저지하려는 높은 수준의 무술인들을 격파하기 위해 단기간에 높은 무술의 단계로 진입하고자 한다. 그래서 정상적인 무술보다는 단기에 실력을 향상할 수 있는 사악한 기술을 추구하고, 암기(暗器)를 즐겨 사용하여 언제나 정파로부터 배척을 당하면서도 그 유혹의 길에서 벗어나지 못하게 된다.

이와 같은 정파와 사파 중에서 비교적 유명한 구파일방과 마교에 대해 간략히 알아보면 다음과 같다. 먼저 구파일방부터 알아보기로 한다.

소림파 : 불교를 바탕으로 한 문파로서 정파무림의 태산북두인 소림사를 지칭한다. 무공은 주로 내가기공보다는 외문무공에 더 정통한 것으로 알려져 있으며, 무술은 달마대사에 의해 전해졌다고 하는데, 중국무술이라 하면 소림사를 연상할 정도로 널리 알려져 있다. 각각의 무공도 유명하지만, 이 중에서 18명, 혹은 108명으로 구성되는 나한진(羅漢陣)은 무림 역사상 무너진 적이 없는 가장 강력한 진법으로 전해지고 있다. 아울러 소림사에서는 어떠한 독약도 치료할 수 있는 대환단이라는 영약(靈藥)을 보유하고 있다. 소림사에서는 문파의 가장 높은 지위를 지칭하는 장문인(掌門人)을 방장(方丈)이라고 한다. 소림사는 하남성의 숭산(崇山)에 위치하고 있다.

무당파 : 소림사에서 잠깐 무술을 배웠던 장삼봉(張三奉)이라는 사람이 소림사를 나와 천하를 주유하다가 호북성 무당산(武當山)에 들어가 만든 무술이다. 도가(道家) 계통의 무술이라 할 수 있으며, 소림사와 더불어 무림의 양대 기둥이라 할 수 있다. 소림 무술이 외문무공에 치중된 것이라면, 무당의 무술은 내가기공을 매우 중시하며, 형세도 부드러움을 위주로 하는데, 그 중에서도 검법이 매우 뛰어나다고 한다.

화산파 : 섬서성 화산 서쪽의 연화봉에 근거한 문파로서, 규화보전(葵花寶典)과 관련된 이야기가 무림에 자주 회자되고 있다.

곤륜파 : 청해성의 곤륜산(崑崙山)에 근거한 문파로서, 도가무학(道家武學)의 발상지라 할 수 있을 정도로 오랜 전통을 자랑하는 문파이다. 위치상으로 볼 때 중원(中原)과는 너무 멀리 떨어져 있으나 중원 무술과의 교류가 활발하기 때문의 중원의 한 문파로 본다.

아미파 : 사천성 성도의 남쪽에 있는 아미산(峨嵋山)을 근거지로 하고 있다. 본래 이곳은 도가의 문파들이 많았었는데, 후에 불교가 이곳에서 성행하게 되자 불교적인 요소가 가미되어, 결과적으로 불교의 바탕에 도가적 무공을 보여

규화보전(葵花寶典)

무협영화를 보면 최고의 경지를 배울 수 있는 비급(秘笈)으로서 "규화보전(葵花寶典)"이라는 책이 자주 등장한다. 이 규화보전은 본래 황궁(皇宮)의 환관이 지은 것으로서 극음(極陰)의 사람만이 수련할 수 있다고 하며, 수련을 마치면 무술 최고의 경지에 다다를 수 있다는 책이다. 그러나 극음의 사람만이 할 수 있기 때문에 양기(陽氣)를 가진 사람들이 수련을 하면 주화입마(走火入魔)에 빠져 몸을 완전히 상하게 된다. 그래서 일반인들이 그것을 보면 부작용이 있을 수 있기 때문에 소림사에 감추어 놓았는데, 후에 화산파의 두 제자가 훔쳐가게 되면서부터 이를 둘러싼 쟁탈전이 많은 이야기로 엮어지고 있다. 그러나 이것을 익혔다는 사람들을 보면 미리 양기를 제거하고 수련했기 때문에 여성화되었다는 것을 알 수가 있다.

주고 있다. 나중에는 비구니들만의 문파로 발전되기도 했다. 아미파에서는 무덕과 인술을 특히 강조하여 인도주의 정신과 호연지기를 갖는 것을 기본으로 하였다.

점창파 : 천룡사(天龍寺)가 있던 사천성 점창산에 근거한 문파로서 대리국(大理國)의 후손들에 의해 만들어졌다고 한다. 본래 불교적인 바탕의 무술이었는데, 여기에 도가적인 무공과 실전(實戰)에 유용한 무술이 가미되어 만들어진 무공을 자랑하며 검법을 특기로 한다.

청성파 : 사천성 청성산에 근거하고 있다. 무당파와 더불어 도가 계통 대표적

● 소림사

● 소림제자의 무술시범

인 문파이다. 처음에 이 산에 있던 무술인들은 암기(暗器)까지 사용했었으나 후에 도가의 정통 무예가 성행하면서 명문정파로 발전하게 되었다.

공동파 : 감숙성 공동산을 근거로 하고 있다. 이 산은 동굴이 많고 정기가 수려하여 많은 도인들이 머물면서 서로 다른 유파를 형성하면서 정사(正邪)가 뒤섞여 있었는데, 나중에 점차 하나로 묶여지게 되고 정파의 성향을 띠면서 명문정파로 인정받았다.

종남파 : 종남파도 도가 계통의 문파로서 섬서성 종남산에 근거하고 있다. 전진도가(全眞道家)가 일어났던 곳인 만큼 도교 문파의 종주라고도 불렸는데, 후에 유불도를 조화시키면서 실천적, 서민적인 특색을 지니면서 속가적(俗家的) 성격을 강하게 지니고 있는 문파이다.

개방 : 위의 아홉 명문정파들을 합쳐서 구파(九派)라 하고, 개방을 일방(一幫)이라 한다. 개방은 말 그대로 거지들만으로 구성된 문파이다. 이 문파에 들어가기 위해서는 반드시 개인 재산을 모두 처분해야 하는 말 그대로 거지가 되어야만 가능하다. 이 문파의 가장 큰 특징은 문파에 속하는 오만명에 달하는 거지들이 전국으로 퍼져있기 때문에 가장 뛰어난 정보망을 보유하고 있다는 점이다. 우두머리를 방주(幫主)라 하는데, 신표로서 타구봉이라는 지팡이를 가지고 있으며, 비록 거지 왕초에 불과하지만 무림에서는 그의 위치를 매우 존중해주고 있다. 방주의 주위에는 여러 명의 장로가 있어 조직의 여러 가지 사안들에 대해 논의하며, 각 지방 조직으로 당(堂)이 있고, 그 아래 조직으로 분타(分舵)가 있다. 이들이 가장 중요시하는 원칙은 의(義)를 강조하는 것이며, 이에 따라 방주의 권력 승계 때에도 후임 방주를 선임할 때 무공의 수준보다는 인품을 더 중요시한다.

마교 : 대표적인 사파이다. 서역의 배화교(拜火敎)가 중국으로 들어오면서 자기들의 종교를 전하고자 했으나, 교리나 하층민 중심으로 된 신봉자들의 계층,

기타 문화적 차이의 극복 문제들이 얽히면서 중국의 권문세가나 기득권층에 배척을 받았다. 이에 따라 기득권층과의 갈등이 생기고 그들을 피해 지하로 숨어들면서 살아남기 위한 수단으로 비합법적인 수단을 강구하게 되었다. 그 와중에서 여러 가지 부작용이 발생하게 되는데, 이들을 기반으로 만들어진 무술 집단을 마교파라고 한다. 그들의 행동양식이 명문정파의 눈에는 매우 사악하고 비겁한 것으로 보이기 때문에, 중원의 무림에서는 이를 멸시하고 배척한다. 사파에는 이들 외에도 장강(長江)과 같은 큰 강이나 깊은 산들을 무대로 노략질을 하던 문파들도 있다.

참고문헌

❁ 한국 ❁

강준영 외,『한권으로 이해하는 중국』, 서울, 지영사, 1997.
김상균·신동윤,『사진으로 보고 배우는 중국문화』, 서울, 동양북스, 2012.
공상철 외,『중국 중국인 그리고 중국문화』, 서울, 다락원, 2001.
丘桓興 지음, 남종진 옮김,『중국풍속기행』, 서울, 프리미엄북스, 2000.
김구진 외,『이야기중국사(1)』, 서울, 청아출판사, 2000.
김병문 외,『中國觀光地理』, 서울, 백산출판사, 1996.
김영구.김시준,『중국현대문학론』, 서울, 한국방송통신대학출판부, 2003.
김용희 외,『자신만만 세계여행(중국)』, 서울, 삼성출판사, 2002.
김원중,『중국의 풍속』, 서울, 을유문화사, 1997.
김종박,『중국역사의 이해』, 서울, 호산당, 2003.
김학주,『중국문학사』, 서울, 신아사, 1990.
김학주.이동향,『중국문학사(Ⅰ)』, 서울, 한국방송통신대학출판부, 1990.
김학주.이동향.김영구.김진곤,『중국고전문학의 전통』, 서울, 한국방송통신대학출판부, 2002.
達人 엮음, 양호영 옮김,『리자청에게 배우는 기업가 정신』, 서울, 럭스미디어, 2005.
로버트 템플 지음, 과학세대 옮김,『그림으로 보는 중국의 과학과 문명』, 서울, 까치, 1993.
司馬遷 지음, 정범진 외 옮김,『史記列傳上中下』, 서울, 까치, 2004[제6판].
史源 지음, 김태성 외 옮김,『상경』, 서울, 더난출판사, 2002.
서성,『한권으로 읽는 중국문화』, 서울, 넥서스, 2005.
손세관,『넓게 본 중국의 주택』, 서울, 열화당, 2001.
손세관,『깊게 본 중국의 주택』, 서울, 열화당, 2001.
송봉규 외,『중국학개론』, 서울, 동양문고, 1998.
守屋洋 지음, 박화 옮김,『중국 3천년의 인간력』, 서울, 청년정신, 2004.
C.A.S 윌리암스 지음, 이용찬 외 옮김,『중국문화 중국정신』, 서울, 대원사, 1995.
신성곤 외,『한국인을 위한 중국사』, 서울, 서해문집, 2004.
阿辻哲次 지음, 김언종 외 옮김,『한자의 역사』, 서울, 학민사, 1999.
王峰 지음, 황보경 옮김,『그는 어떻게 아시아 최고의 부자가 되었을까』, 서울, 아인북스, 2005.
유충걸 외,『中國地理』, 서울, 백산출판사, 1996.
이국희,『도표로 이해하는 중국문화사』, 서울, 현학사, 2005.
이규갑,『한자가 궁금하다』, 학민사, 2000.
이벤허,『중국인의 생활과 문화』, 서울, 김영사, 1994.
이수광,『신의 편작』, 서울, 청어, 2003.
이수웅.김경일,『중국문화의 이해』, 서울, 대한교과서, 1997.
이인호,『중국 이것이 중국이다』, 일산, 아이필드, 2002.
이장우 외,『중국문화통론』, 대구, 중문출판사, 1993.
이재정,『중국사람들은 어떻게 살았을까』, 서울, 지영사, 2002.
林澐 지음, 윤창준 옮김,『중국고문자학 연구방법론』, 학고방, 2004.
장범성,『현대중국사회의 이해』, 서울, 현학사, 2005.
前野直彬 지음, 김양수, 최순미 옮김,『중국문학서설』, 서울, 창, 1992.

정범진.하정옥, 『중국문학사』, 서울, 학연사, 1987[제5판].
조관희, 『이야기중국사』, 서울, 청아출판사, 1998.
조셉 니덤 지음, 이석호 옮김, 『중국의 과학과 문명』1, 서울, 을유문화사, 1985.
조셉 니덤 지음, 이석호 외 옮김, 『중국의 과학과 문명』2, 서울, 을유문화사, 1986.
조셉 니덤 지음, 이석호 외 옮김, 『중국의 과학과 문명』3, 서울, 을유문화사, 1988.
조셉 니덤 지음, 콜린 로넌 축약, 김영식 외 옮김, 『중국의 과학과 문명』1, 서울, 까치, 1998.
조셉 니덤 지음, 콜린 로넌 축약, 이면우 옮김, 『중국의 과학과 문명』2, 서울, 까치, 2000.
조영남, 『용과 춤을 추자』, 서울, 민음사, 2012.
조창완, 『차이나소프트』, 서울, 문화유람, 2003.
존 M. 홉슨 지음, 정경옥 옮김, 『서구문명은 동양에서 시작되었다』, 서울, 에코리브르, 2005.
朱謙之 지음, 전홍석 옮김, 『중국이 만든 유럽의 근대』, 서울, 청계, 2003.
주영하, 『중국, 중국인, 중국음식』, 서울, 책세상, 2000.
中國國務院僑務辦公室, 中國海外交流協會 지음, 최진아 옮김, 『中國常識』1, 서울, 다락원, 2003.
中國國務院僑務辦公室, 中國海外交流協會 지음, 김민호 옮김, 『中國常識』2, 서울, 다락원, 2003.
中國國務院僑務辦公室, 中國海外交流協會 지음, 김민호 옮김, 『中國常識』3, 서울, 다락원, 2003.
중국사학회 엮음, 강영매 옮김, 『중국역사박물관』, 서울, 범우사, 2005.
중국어문학연구회, 『중국문화의 이해』, 서울, 학고방, 2000.
曾道 지음, 한정은 옮김, 『장사의 신』, 서울, 해냄출판사, 2004.
최영애, 『중국어란 무엇인가』, 서울, 통나무, 1998.
한광수 · 한창수, 『현대중국의 이해』, 서울, 한국방송통신대학교출판부, 2004.
한우덕, 『세계 경제의 슈퍼 엔진 중국』, 서울, 김&정, 2007.
현동일, 『중국 고위 지도자 양성소, 당교』, 『Chindia Journal』, 2008.4.
허세욱, 『중국문화총설』, 서울, 신지사, 1974.
胡兆量 지음, 김태성 옮김, 『중국의 문화지리를 읽는다』, 서울, 휴머니스트, 2005.

❂ 중국 ❂

陳秉義, 『中國音樂通史槪述』, 重慶, 西南師範大學出版社, 2003.
戴念祖, 『中國聲學史』, 石家庄, 河北敎育出版社, 1994.
方建軍, 『中國古代樂器槪論』, 西安, 陝西人民出版社, 1996.
關劍平, 『茶與中國文化』, 北京, 人民出版社, 2001.
韓鑒堂, 『中國文化』, 北京, 北京語言文化大學出版社, 1999.
黃殿祺, 『中國戱曲臉譜』, 北京, 北京工藝美術出版社, 2003.
蔣雁峰, 『中國酒文化硏究』, 長沙, 湖南師範大學出版社, 2004.
李澤奉 等, 『古器物圖解』, 臺北, 萬卷樓, 1993.
劉軍茹, 『中國飮食』, 北京, 五洲傳播出版社, 2004.
陸羽, 『茶經』, 哈爾濱, 黑龍江美術出版社, 2004.
馬敏, 『中國文化敎程』, 武漢, 華中師範大學出版社, 2003.
齊士, 趙仕祥, 『中華酒文化史話』, 重慶, 重慶出版社, 2002.
任洪, 『中國古代的宦官』, 北京, 商務印書館國際有限公司, 1997.
水田月 等, 『中國十大宦官』, 西安, 三秦出版社, 1997.

唐魯孫,『中國吃的故事』, 天津, 百花文藝出版社, 2003.
王家範.謝天佑,『中華古文明史辭典』, 杭州, 浙江古籍出版社, 1999.
王建輝 外,『中國文化知識精華』, 湖北, 湖北人民出版社, 1991.
王仁湘,『飮食與中國文化』, 北京, 人民出版社, 1999.
王順洪,『中國槪況』, 北京, 北京大學出版社, 1998.
徐城北,『京劇與中國文化』, 北京, 人民出版社, 1999.
徐城北,『中國京劇』, 北京, 五洲傳播出版社, 2003.
許樹安 外,『中國文化知識』, 北京, 北京語言學院出版社, 1987.
葉羽晴川,『茶緣』, 北京, 中國輕工業出版社, 2005.
于云瀚,『閹宦』, 天津, 百花文藝出版社, 2005.
張林,『帝王將相與中華美食』, 武漢, 湖北人民出版社, 2004.
中國藝術硏究院音樂硏究所,『中國音樂詞典』, 北京, 人民音樂出版社, 2000.

❁ 인터넷 ❁

http://ata.hannam.ac.kr/china/c-h1-k.htm
http://blog.naver.com/imdhyun?Redirect=Log&logNo=100014101881
http://blog.naver.com/liukhkkokko1?Redirect=Log&logNo=60006310375
http://blog.naver.com/ko170659?Redirect=Log&logNo=120007772291
http://blog.naver.com/PostView.nhn?blogID=victorydr&logNo=220047703240
http://book.sina.com.cn
http://cafe.daum.net/Chinesemeeting/LH9k/988?q=%C1%DF%B1%B9%B0%F8%BB%EA%B4%E7
http://cheramia.net/index.html 안원전의 21세기 담론
http://eastasianstudies.org
http://linux.korea.ms.kr/
http://myhome.naver.com/12345654/taichi/origin4.htm
http://my.netian.com/%7Ejyyj5/jyyj5_page3.html
http://windman.nalove.org/danglang.htm
http://www.chilema.cn
http://www.chinabang.co.kr
http://www.chinainkorea.co.kr
http://www.drkimchina.com
http://www.giant.x-y/net
http://www.kepu.com.cn
http://www.korea.ac.kr/%7Esinoview/home(pic2).htm
http://www.ndcnc.gov.cn
http://www.tai-ji.co.kr/sub_01_03.htm
http://www.wushusports.co.kr/html/but2.htm
http://4life.co.kr/contents/muye/muye-index.php

찾아보기

한국어

ㄱ

가반주 225, 226
가성(假聲) 149
가차(假借) 105
간란식(干欄式) 주택 242
간체자(簡體字) 100, 101
감숙성(甘肅省) 11, 207
갑골문(甲骨文) 96, 97, 223
강서성(江西省) 84
강소성(江蘇省) 28, 220, 227
개방(丐幇) 301
개봉(開封) 30, 253
개완(蓋碗) 220
개자추(介子推) 185
객가인(客家人) 242
거연(巨然) 252
건강기공 283

건배(乾杯) 229
검보(臉譜) 147
경공술(輕功術) 283
경극(京劇) 142, 145, 175
경기공(硬氣功) 283
경덕진 270
경덕진(景德鎭) 270
경락(經絡) 278
경혈(經穴) 278
계림 44, 45
계압어육(鷄鴨魚肉) 208
고개지(高愷之) 247, 248
고금(古琴) 141
고량주 226
고력사(高力士) 123
고립어 92
고비사막 17
고체시(古體詩) 119
곡부(曲阜) 31

곡패(曲牌) 144, 151
곤륜산맥(崑崙山脈) 14
곤륜파(崑崙派) 299, 300
곤명 42
곤명(昆明) 42
곤법 299
공공共工 115
공동파(崆峒派) 300
공자(孔子) 51, 85, 165, 194
공척보(工尺譜) 144
곽림(郭林) 286
곽말약(郭沫若) 135
곽희(郭熙) 252
관동(關仝) 248
관동(關同) 252
관우(關羽) 126, 148
관저(關雎) 117
관한경(關漢卿) 129, 130
광동(廣東) 음식 202, 205
광동성(廣東省) 72, 94
광동어 94, 175, 202
광서장족자치구 45
광인일기(狂人日記) 135
광주(廣州) 36, 196, 202
교자(餃子) 205
구양수(歐陽修) 133
구파일방(九派一幇) 300
국경절(國慶節) 186
국무원 77, 79, 84, 88, 89, 312
국선도(國仙道) 288
굴원(屈原) 35, 118, 183
궁리 165
궁보계정(宮保鷄丁) 201, 202
궁상각치우(宮商角徵羽) 143
귀주(貴州) 41, 42, 226
귀주성 17, 25, 41, 227
규화보전(葵花寶典) 302, 303
균요(鈞窯) 270
근체시(近體詩) 121
금(琴) 140
금기(禁忌) 193
금기서화(琴棋書畵) 141

금문(金文) 98, 223
금병매 125, 127, 128
기공(氣功) 275, 276, 279, 280, 282, 285
기공요법실천(氣功療法實踐) 275, 276
기공천징(氣功闡徵) 275, 276
기단 235
기둥 234, 235, 248, 302
기련산맥(祁連山脈) 15
길림성 18, 25, 38, 286
김농 252
김봉한 278
꼬마 황제(小皇帝) 187

ㄴ

나관중 125
나침반 60, 265, 267
나한진 302
낙관(落款) 246
낙신부도 248, 249
낙양 30, 54, 55, 56, 126, 138, 266
난주(蘭州) 11, 40
난탄 145
남경(南京) 27, 29, 31, 56, 62, 68, 204, 235
남궁세가(南宮世家) 300
남권(南拳) 294, 295
남방의 주식 204
남북곡(南北曲) 144
남북분종론(南北分宗論) 251
남전 48
남종화(南宗畵) 251
남창(南昌) 34, 69
남첨 201
납길(納吉) 188, 189
납징(納徵) 188, 189
납채(納采) 188
내가권(內家拳) 291, 297, 298
내몽고고원 15, 16, 40
내몽고자치구 18, 20, 31, 42
내차(奶茶) 219
내화호(內畵壺) 254, 255
념(念) 152
노동절 186

노신 28, 135
녹차 216
논어 132, 139
논화 248
농업혁명 259
농차(濃茶) 221
니엔까오(年糕) 182

ㄷ

다경(茶經) 215
다구(茶具) 215, 219, 221
단권(短拳) 295
단오절(端午節) 183
단음절어 93
단전호흡(丹田呼吸) 281
단학(丹學) 288
단흡장호(短吸長呼) 281
담차(淡茶) 221
당(堂) 305
당교(黨校) 82
당랑권(螳螂拳) 296
당삼채(唐三彩) 269
당송팔대가(唐宋八代家) 133
당조(黨組) 83
당 중앙(黨中央) 78
대들보 234
대련(大連) 37
대렴(大殮) 191
대리(大理) 42
대전(大篆) 98
대진(戴進) 251
대환단 302
대흥안령산맥(大興安嶺山脈) 14
덩리쥔(鄧麗君) 175
덩샤오핑(鄧小平) 76
도문(陶文) 96, 97
도연명(陶淵明) 119
도인법(導引法) 284, 293, 297
도좌방(倒座房) 237
돈황(敦煌) 30, 40
동공(動功) 284
동기창(董其昌) 251

동랄 201
동방견문록(東方見聞錄) 61
동원(董源) 252
동장(動樁) 284
동정호(洞庭湖) 20, 33, 34
동파육(東坡肉) 208
동한(東漢) 54, 74, 101, 182
두강 224, 227
두보(杜甫) 35, 59, 121
두장(豆漿) 210
드라마 155, 167, 168, 169, 170, 171, 173
등절(燈节) 182

ㄹ

라싸(拉薩) 44, 236
량차오웨이 164
뤄훈(裸婚) 168
류더화 165
리샤오룽 160, 163
리안 162

ㅁ

마교(魔敎) 301
마르코폴로 34, 39, 61
마오쩌둥(毛澤東) 69, 76
마왕퇴(馬王堆) 140, 247
마원(馬遠) 252
마카오(澳門) 46
마파두부(麻婆豆腐) 202
막고굴(莫高窟) 30, 40, 56
만다린 92, 164
만두(饅頭) 205, 206
만한전석(滿漢全席) 211
말차(抹茶) 219
맞배 233, 234
매란방(梅蘭芳) 146, 147
맥주 109, 171, 224, 225
맹자(孟子) 51, 132
명공(命功) 282
모순(茅盾) 134, 135
모용세가(慕容世家) 300
모태주(茅台酒) 42, 226

모택동 29, 37, 39, 42, 71, 127, 157, 161, 186, 187
몽고족(蒙古族) 25, 229
무당권(武當拳) 291
무당산(武當山) 302
무당파(武當派) 299, 300
무림정파(武林正派) 300
무술 21, 147, 148, 149, 150, 153, 154, 156, 163, 275, 279, 280, 283, 286, 289, 290, 291, 292, 293, 294, 295, 297, 299, 300, 301, 302, 303, 304, 305, 306
무씨태극권(武氏太極拳) 298
무예(武藝) 292
무용문채도분(舞踊紋彩陶盆) 275, 276
무우양(武禹襄) 298
무장(武場) 152
무한(武漢) 29
문명(問名) 188
문예부흥운동 259
문인화(文人畵) 248, 250
문장(文場) 152
문징명(文徵明) 251, 252
문파(門派) 300
문학개량추의(文學改良芻議) 134
문학연구회(文學研究會) 135
미불(米芾) 252
미주(米酒) 225

백주(白酒) 224, 226
백차(白茶) 216, 217
백화(帛畵) 247
법랑(琺瑯) 255
법랑채(琺瑯彩) 270
법륜공(法輪功) 286
베이징카오야(北京烤鴨) 209
벽사검법 299
변검(變臉) 153
변려문(騈儷文) 132
병마용(兵馬俑) 39, 191
병장기법(兵仗器法) 299
보건주(保健酒) 227
보행공(步行功) 284
복건성(福建省) 72, 217
복희씨(伏羲氏) 49, 140
본초강목(本草綱目) 224
볼핀치(Bulfinch) 115
부녀절(婦女節) 186
부춘산거도(富春山居圖) 251
북종화 250, 251, 252, 253
분서갱유(焚書坑儒) 52
분채(粉彩)자기 270
분타(分舵) 305
불도장(佛跳墻) 211
불발효차(不醱酵茶) 216
비파(琵琶) 141, 142, 152, 175

ㅂ

바링허우(80後) 170
반고盤古신화 115
반발효차(半醱酵茶) 217
반변천(半邊天) 187
반절(反切) 101
반파(半坡) 96
발효(醱酵) 205, 216, 225
방주(幫主) 305
배화교(拜火敎) 305
백거이(白居易) 58, 121
백궁(白宮) 237
백낙곤 299
백아절현(伯牙絶絃) 143

ㅅ

사(詞) 122
사권(査拳) 294
사극 168, 169
사기(史記) 132
사남(司南) 267
사대명단(四大名旦) 146
사대명절(四大名節) 180
사사명(史思明) 58
사원옥감(四元玉鑑) 264
사천(四川) 음식 201
사천분지 14, 17, 29, 41
사천성(四川省) 226, 227
사파(邪派) 300

사합원(四合院) 235, 237
사호(砂壺) 221
산곡(散曲) 129
산동성(山東省) 227
산서성(山西省) 207, 227
산수화(山水畵) 248
산업혁명 258, 259, 260, 268
삼국지연의 125, 126
삼매(三昧) 281
삼분손익법(三分損益法) 143
삼십이세장권(三十二勢長拳) 291
삼조(三調) 280, 293, 297
삼황오제(三皇五帝) 49
상(商, 殷) 49
상남폄북론 251
상례(喪禮) 191
상방(廂房) 237
상해(上海) 음식 204
상해시 18, 73, 89
상형(象形) 102
상형권(象形拳) 296
생단정축(生旦淨丑) 148
서경(書經) 132
서계 97
서까래 234
서비홍(徐悲鴻) 252
서산 201
서상기(西廂記) 130, 154
서시(西施) 32
서안 39
서안사건(西安事件) 70
서유기 125, 127, 154
서장자치구 44
서피(西皮) 146, 152
서하(西夏) 43, 74, 272
서한(西漢) 43, 54, 74, 228
섬서성(陝西省) 48, 96, 223, 227
성공(性功) 282
성도(成都) 41, 121, 201
성조 93
세도가(勢道家) 300
소렴(小殮) 191

소림권(少林拳) 294
소림사(少林寺) 21, 156, 291
소림파 302
소림파(少林派) 300
소순(蘇洵) 133
소식(蘇軾) 123, 133
소식(素食) 202, 208
소전(小篆) 52
소주(蘇州) 31, 61, 204, 233, 251, 271
소철(蘇轍) 133
소청검법(小淸劍法) 299
소흥(紹興) 225
속악(俗樂) 138, 139
손록당(孫祿堂) 298
손사막(孫思邈) 264
손씨태극권(孫氏太極拳) 298
쇄양육(涮羊肉) 203, 209
수기요법(手氣療法) 283
수묵화(水墨畵) 250
수세(守歲) 181
수장(樹葬) 192
수호지 30, 125, 126, 127
숭산(崇山) 21, 302
시경(詩經) 112
식재광주(食在廣州) 203
신기공요법(新氣功療法) 286
신농씨(神農氏) 49
신랑조(新浪潮) 158
신청년(新靑年) 134
신해혁명(辛亥革命) 64, 68, 70
심의육합권(心意六合拳) 295
심주(沈周) 252
심천(深圳) 36, 72
십오국풍(十五國風) 139
십이평균률(十二平均律) 143
쑨원(孫文) 68

ㅇ

아Q정전(阿Q正傳) 135
아미파(峨帽派) 299, 300
아악 137, 138, 139
악교(樂敎) 138

악비(岳飛) 291
악양(岳陽) 35
안록산(安祿山) 58
안휘성(安徽省) 220, 227
앙소문화(仰韶文化) 48, 96
약주(藥酒) 224, 227
양귀비(楊貴妃) 123, 212
양로선(楊露禪) 297
양식태극권(楊式太極拳) 297
양씨태극권(楊氏太極拳) 297
양주팔괴(揚州八怪) 252
양주화파(揚州畵派) 252
양호(養壺) 220
양회 88
어둠의 아이들(黑孩子) 187
어향육사(魚香肉絲) 201, 202
여사잠도 248
여아홍 225
여와 115
여지(荔枝) 212
연기공(軟氣功) 283
연수(軟水) 221
연악(燕樂) 138
연화(年画) 181
염제(炎帝) 49, 114
영춘권(永春拳) 295
예교 139
예능 172, 173
예서 98
예찬(倪瓚) 252
오감천(吳鑒泉) 298
오룡차(烏龍茶) 216, 217
오성(五聲) 143
오씨태극권(吳氏太極拳) 298
오음(五音) 143
오진(吳鎭) 252
오파(吳派) 251, 252
옥기(玉器) 254
와공(臥功) 284
와식(臥式) 280
왕랑 296
왕몽(王蒙) 252

왕실보(王實甫) 130
왕안석(王安石) 59, 133
왕유(王維) 251, 252
왕의영(王懿榮) 97
왕자웨이(王家衛) 161
왕종악 297
외기요법(外氣療法) 283
요 27
요녕성 18, 25, 37, 38, 165
요동(窯洞) 주택 243
용문석굴 30, 56
용산문화 48
용천요 270
우루무치(烏魯木齊) 44
우슈 289
우전차(雨前茶) 219
우진각(隅-閣) 234
우진각지붕 233
우후차(雨後茶) 219
욱달부(郁達夫) 135
운강석굴(雲岡石窟) 30, 31, 56
운남성(雲南省) 48
운율 120, 123
워쥐(蝸居) 167, 168, 170
원기(元氣) 277
원단(元旦) 180, 181
원모(元謀) 48
원소절(元宵节) 182
월병 184, 185
웨이보(微博) 176
웨이신(微信) 177
위구르족 22, 23, 25, 43, 209
위진승류화찬 248
유귀진 275, 276
유방 53
유비 55
유영 123
유조(油條) 210
유종원 133
육례 188, 189
육방옹 252
육우 215

율시 121
은천 43
의화권(義和拳) 291
이가권 295
이공린 251
이대교 81
이백 59
이사훈 251
이소 118
이십사수매화검(二十四手梅花劍) 299
이쭈(蟻族) 170
이청조 123
이호(二胡) 142, 175
이홍지 286
이황(二簧) 146, 152
인쇄술 60, 111, 265, 266
임수 주택 240
입식 280

ㅈ

자금성(紫禁城) 233
자사호(紫砂壺) 220
자장면(炸醬麵) 206, 207
자호(瓷壺) 221
작설차(雀舌茶) 219
장가계(張家界) 35
장강 41
장궈룽 164
장권(長拳) 291, 294
장로(張路) 252
장만위 164, 165
장비(張飛) 126
장사(長沙) 35, 247, 272
장삼봉(張三奉) 291, 302
장안 30
장이머우 158, 159, 160, 165, 166
장자(莊子) 132
장족(壯族) 24, 25, 45
장중경(張仲景) 264
장쩌민(江澤民) 73, 84
장쯔이 166
장택단(張擇端) 253

장형(張衡) 263
장호(藏壺) 220
장흡단호(長吸短呼) 281
장흡장호(長吸長呼) 281
재식(齋食) 208
저우룬파 165
전국인민대표대회 77, 79, 84, 87, 88
전국인민정치협상회의 88
전국칠웅(戰國七雄) 51
전기 54
전발효차(全醱酵茶) 218
전법륜(轉法輪) 강독 288
전욱(顓頊) 49
전주(轉注) 105
전지(剪紙) 254, 256
전진도가(全眞道家) 305
전화(塼畵) 248
절강성(浙江省) 28, 220, 225, 227
절구(切句) 121
절파(浙派) 251
점창산 303
점창파(點蒼派) 300
정공(靜功) 284
정기(精氣) 277
정명종교록(淨命宗敎錄) 275, 276
정방(正房) 237, 239
정찬(正餐) 211
정초(鄭樵) 105
정판교(鄭板橋) 252
정화(鄭和) 63, 270
제갈량(諸葛亮) 126
제갈세가(諸葛世家) 300
제곡(帝嚳) 49
제발(題跋) 246
제백석(齊白石) 252
제석(除夕) 181
제순(帝舜) 49
제요(帝堯) 49
조간(趙幹) 252
조광윤(趙匡胤) 59, 291
조맹부(趙孟頫) 252
조백구(趙伯駒) 252

조설근(曹雪芹) 125
조셉 니덤(Joseph Needham) 262
조식(調息) 280, 281
조신(調身) 280, 284
조심(調心) 280, 281, 293
조조(曹操) 55, 126, 148
조충지(祖沖之) 264
조칠(雕漆) 255
졸정원(拙政園) 31, 32, 233
종남파(終南派) 301
종이 99
종자(粽子) 184, 185
좌공(坐功) 284
좌식(坐式) 280
좌전(左傳) 132
주(周) 49, 50, 97, 98, 189, 191, 200
주(做) 152
주강 19, 20, 46, 94, 203
주구점(周口店) 48
주단(朱端) 251
주령(酒令) 228
주마등(走馬燈) 182
주세걸(朱世傑) 264
주연(酒筵) 227
주원장(朱元璋) 61, 62
주은래 192, 226
주작인(周作人) 135
중국 공산당 6, 29, 69, 76, 77, 78, 79, 80, 81, 82, 83, 84, 85, 86, 87, 88, 89, 186
중국 공산당 전국대표대회 78, 86
중국공산주의청년단 89
중국인민해방군(中國人民解放軍) 84
중앙서기처(中央書記處) 87
중양절 185
중전회(中全會) 80
중정(中庭) 237, 239
중추절(仲秋節) 184
증공(曾鞏) 133
증류기(蒸餾器) 224
증류주 226, 227
지기(地氣) 277
지능기공 283

지사(指事) 103
지아오쯔(餃子) 182
지음(知音) 143
지전(紙錢) 191
진가구(陳家溝) 297
진기 279
진기운행(眞氣運行) 280
진독수 81
진독수(陳獨秀) 81, 134
진령(秦嶺) 11, 16
진령산맥(秦嶺山脈) 14
진복 297
진상 149, 150
진시황 29, 32, 36, 39, 51, 52, 53, 98, 191, 194
진식태극권 298
진씨태극권 298
진왕정 297
진융(金庸) 169
징기스칸 42, 60, 61

ㅊ

차오메이쭈(草莓族) 170, 171
차이담분지 41
차호 220, 221
참장공 284
창(唱) 152
창법 152, 153, 174, 175, 299
창조사(創造社) 135
창힐 95, 96
채륜(蔡倫) 265
채시관(採詩官) 139
천기(天氣) 277
천불동(千佛洞) 40, 144
천안문(天安門) 73
천주(泉州) 34
천카이거 158, 159
청기(請期) 188, 189
청년절(青年節) 187
청룽(成龍) 160
청명상하도(清明上河圖) 253
청명절(清明節) 185
청방(廳房) 239

청산도인 288
청성파(靑城派) 299, 300
청운적하검(靑雲赤河劍) 299
청일전쟁 64, 66
청장고원(靑藏高原) 13, 15
청주(淸酒) 225
청진(淸眞) 208, 209
청차(淸茶) 217, 221
청해성 14, 15, 19, 20, 25, 39, 40, 41, 302
청화(靑花)자기 270
초백서(楚帛書) 273
초사(楚辭) 35, 112, 118
초서(草書) 99, 100
최고인민법원 77
춘련(春联) 181
춘절(春節) 180
춘추오패 50, 51
취권(醉拳) 164, 297
취두부(臭豆腐) 213
측천무후(則天武后) 57
치우(蚩尤) 114, 289
친영(親迎) 188, 189
칠기(漆器) 254

ㅋ
쿵푸 160, 278, 297

ㅌ
타(打) 152
타구봉 305
타림분지 17, 18
타클라마칸사막 18
탕원(湯圓) 207
탕웨이 166
태극공(太極功) 286
태극권(太極拳) 291, 294, 297
태극권보(太極拳譜) 297
태산(泰山) 21, 249
태평천국(太平天國) 65
태항산맥(太行山脈) 15, 30
토납술(吐納術) 297
토루(土樓) 242

토장(土葬) 192
통종(筒粽) 184, 185
투루판(吐魯番) 17
투루판분지 17
티벳족(藏族) 25

ㅍ
파미르고원 10, 11, 12, 15
파양호(鄱陽湖) 20
팔음(八音) 140
팔작(八作) 234
팔작지붕 233
팔진요리(八珍料理) 200
패왕별희 32, 54, 150, 154, 158, 159, 164, 166
편경(編磬) 140
편작(扁鵲) 264
편종(編鐘) 140
평측(平仄) 123
포자(包子) 205, 213
포청천(包靑天) 148
포탈라궁(布達拉宮) 44, 236
피휘(避諱) 193
필승(畢勝) 266

ㅎ
하(夏) 43, 49, 74, 180, 224
하규(夏珪) 252
하남성 18, 20, 21, 25, 31, 50, 237, 297, 302
하단전 281
하목수음(夏木垂陰) 250
하문(廈門) 34, 65, 72
하북성 18, 25, 29, 31
하북팽가(河北彭家) 300
하서주랑(河西走廊) 40
하얼빈 38, 224
하엽도(荷葉圖) 252
한류 155, 167, 170, 171, 173
한식(寒食) 185
한유(韓愈) 132
항산(恒山) 21
항아(姮娥) 116
항우(項羽) 32, 53

항주 21, 28, 32, 33, 56, 61, 208, 271
항해혁명 259
해남성 36
해서(楷書) 100
해음 195, 196, 204
해자(垓子) 235
행서(行書) 100
행식(行式) 280
향채(香菜) 212
허손(許遜) 275, 276
허우샤오셴 158, 162
현종(玄宗) 39, 57, 58, 142
형산(衡山) 21
형성(形聲) 104
형의권(形意拳) 291, 294, 295
형호(荊浩) 248, 252
호남성(湖南省) 247, 252
호머(Homeros) 115
호북성(湖北省) 140
호악(胡樂) 141
호적(胡適) 134
호화호특(呼和浩特) 42
혼천론(渾天論) 263
홍가권(洪家拳) 295
홍궁(紅宮) 237
홍루몽 125, 127, 128
홍차(紅茶) 216
홍콩 누아르(HongKong Noir) 160
홍콩특별행정자치구 45
화검 150, 299
화과(火鍋) 203, 209
화권(義和拳) 291
화두(話頭) 281
화부(花部) 145
화산(華山) 21
화산파(華山派) 299, 300
화상석(畵像石) 248
화약 60, 265, 267
화조화(花鳥畵) 249
화초(花椒) 212
화타(華陀) 264
황공망(黃公望) 251, 252

황보세가(皇甫世家) 300
황제(黃帝) 49, 95
황주(黃酒) 224, 225
황차(黃茶) 216, 218
황토고원(黃土高原) 15
황하 11, 13, 14, 16, 18, 19, 20, 21, 29, 30, 39, 40, 41, 43, 47, 48, 49, 50, 52, 56, 60, 112, 117, 118, 158, 204, 205, 242
회의(會意) 103
회족(回族) 25, 209
회하(淮河) 11, 18, 20
후발효차(後醱酵茶) 218
후원(後院) 239
후조방 239
후진타오(胡錦濤) 73, 85
훈식 208
휘주(徽州) 239, 240
흑룡강 10
흑룡강성 10, 11, 18, 25, 38
흑차(黑茶) 216, 218
희곡(戱曲) 129
희주(喜酒) 227
히말라야산맥(喜馬拉雅山脈) 15

중국지도

- 우루무치 烏魯木齊
- 영하회족 寧夏回族자치구
- 흑룡강 黑龍江
- 하얼빈 哈爾濱
- 신강위구르 新疆維吾爾자치구
- 내몽고 內蒙古자치구
- 장춘 長春
- 길림 吉林
- 심양 瀋陽
- 후허하오터 呼和浩特
- 하북 河北
- 요녕 遼寧
- 북경 北京
- 천진 天津
- 은천 銀川
- 산서 山西
- 석가장 石家莊
- 청해 靑海
- 서녕 西寧
- 감숙 甘肅
- 태원 太原
- 제남 濟南
- 서장 西藏자치구
- 난주 蘭州
- 산동 山東
- 섬서 陝西
- 정주 鄭州
- 강소 江蘇
- 서안 西安
- 하남 河南
- 안휘 安徽
- 라싸 拉薩
- 사천 四川
- 남경 南京
- 성도 成都
- 호북 湖北
- 상해 上海
- 무한 武漢
- 합비 合肥
- 중경 重慶
- 항주 杭州
- 절강 浙江
- 호남 湖南
- 남창 南昌
- 귀주 貴州
- 강서 江西
- 곤명 昆明
- 귀양 貴陽
- 장사 長沙
- 복주 福州
- 복건 福建
- 대북 臺北
- 운남 雲南
- 광서장족 廣西壯族자치구
- 광주 廣州
- 대만 臺灣
- 남녕 南寧
- 광동 廣東
- 홍콩특별행정구
- 마카오특별행정구
- 해구 海口
- 해남 海南